KARLA FERNANDES CIPRESTE

SÉRIE LITERATURA EM FOCO

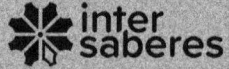

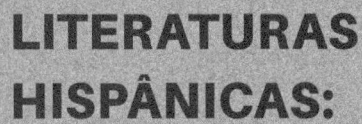

LITERATURAS HISPÂNICAS:
IDADE MÉDIA, SÉCULO DE OURO E A HISPANIDADE

Rua Clara Vendramin, 58 ♦ Mossunguê ♦ CEP 81200-170 ♦ Curitiba ♦ PR ♦ Brasil
Fone: (41) 2106-4170 ♦ www.intersaberes.com ♦ editora@intersaberes.com

Dr. Alexandre Coutinho Pagliarini; Drª Elena Godoy; Dr. Neri dos Santos; Mª Maria Lúcia Prado Sabatella ♦ conselho editorial

Lindsay Azambuja ♦ editora-chefe

Ariadne Nunes Wenger ♦ gerente editorial

Daniela Viroli Pereira Pinto ♦ assistente editorial

Letra & Língua Ltda. ♦ preparação de originais

Palavra do Editor; Camila Rosa ♦ edição de texto

Luana Machado Amaro ♦ design de capa

ArtKio/Shutterstock ♦ imagem de capa

Raphael Bernadelli ♦ projeto gráfico

Carolina Perazzoli ♦ diagramação

Sílvio Gabriel Spannenberg; Luana Machado Amaro ♦ equipe de design

Maria Elisa Sonda; Regina Claudia Cruz Prestes ♦ iconografia

1ª edição, 2024.

Foi feito o depósito legal.

Informamos que é de inteira responsabilidade da autora a emissão de conceitos.

Nenhuma parte desta publicação poderá ser reproduzida por qualquer meio ou forma sem a prévia autorização da Editora InterSaberes.

A violação dos direitos autorais é crime estabelecido na Lei n. 9.610/1998 e punido pelo art. 184 do Código Penal.

Dados Internacionais de Catalogação na Publicação (CIP)
(Câmara Brasileira do Livro, SP, Brasil)

Cipreste, Karla Fernandes
    Literaturas hispânicas : idade média, século de ouro e a hispanidade / Karla Fernandes Cipreste. -- Curitiba, PR : Editora InterSaberes, 2024. -- (Série intercâmbios linguísticos)

    Bibliografia.
    ISBN 978-85-227-0693-8

    1. Língua espanhola – Estudo e ensino 2. Literatura espanhola – Estudo e ensino 3. Professores – Formação profissional I. Título. II. Série.

23-156921   CDD-370.71

Índices para catálogo sistemático:

1. Língua e literatura : Ensino : Formação de professores : Educação   370.71

Eliane de Freitas Leite – Bibliotecária – CRB 8/8415

sumário

apresentação, xi

como aproveitar ao máximo este livro, xviii

introdução, xxiii

- um ¡Tant' amáre! ¡Campeador! – Baixa Idade Média I, 41
- dois Santa Maria Strela do Dia. Reyna de los cyelos, madre del pan de trigo – Baixa Idade Média II, 85
- três Nascido no rio: o pícaro no reino católico de Carlos I, 121
- quatro Na noite escura. A flecha *enherbolada* de amor. A mística no reino de Felipe II, 173
- cinco Un pueblo granada. Una gente *in* día. Ave sin pluma alada. A transfiguração da colônia, 199

seis   Num lugar de la Mancha, de cujo nome não quero me lembrar... Dom Quixote, 255

sete   Era do ano a estação florida. Pó serão, mas pó apaixonado, 311

considerações finais, 339

referências, 343

bibliografia comentada, 351

respostas, 357

sobre a autora, 367

Aos meus pais, Nazaré e Pedro Paulo.
À Graciela Ravetti (*in memoriam*).

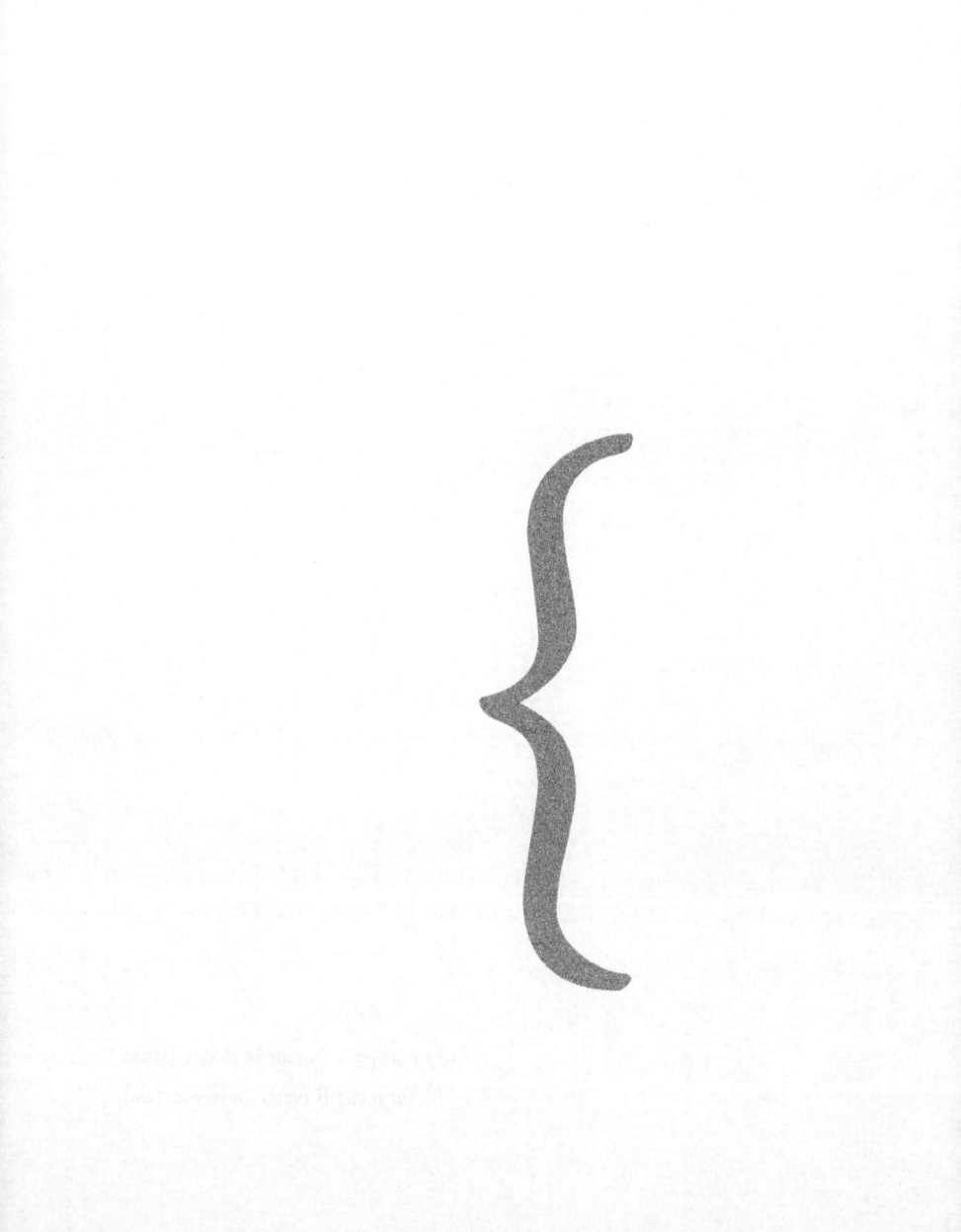

À minha família, por tudo o que sou.

À Graciela Ravetti e ao Thiago Saltarelli, por tudo o que sei.

À Nylcea Pedra, que gentilmente me indicou para ser autora deste livro.

À Sara Rojo, à Ana Lúcia Esteves, ao Marcos Alexandre, à Prosolina Alves Marra, à Elzimar Costa, à Elisa Amorim, meus mestres da UFMG, minha *Alma Mater*, que me formaram hispanista.

Ao Marcus Vinicius Freitas, que me formou humanista.

Ao Wander Melo Miranda, meu guia em meu doutorado.

Ao Renarde Freire Nobre, um de meus maiores professores.

A todos os meus alunos, os quais também me formaram hispanista.

Aos meus colegas da UFPR.

Aos amigos que fiz na UFU: Fernanda Sylvestre, Igor Lourenço, Zeina Khoury, Betina Cunha, Maria Inês Felice, Maria Ivonete Santos Silva e os hispanistas (Leandro Araújo, Rosemira Mendes de Sousa, Carolina Afonso).

Ao David Roas, à Lola López Martín, ao Manu Oriol, ao Alex Samon, ao Juan Carlos Benítez e à Rosa Mateu, minha Espanha-Barcelona.

Aos meus amigos.

A Eles, que sempre me dão sinais, sensibilidade e discernimento para senti-los, entendê-los e segui-los.

apresentação

❨ ESTIMADO LEITOR, ESTE livro foi escrito especialmente para você, que certamente sonha em se graduar como professor de Línguas e Literatura. Neste caso, mais especificamente do mundo hispânico, considerando toda a sua beleza e importância, assim como toda a riqueza do campo da literatura para a formação humana e para a educação em geral. Quero explicar a você em que concepções de ensino este trabalho se fundamenta e quais são as perspectivas de contribuição para sua formação acadêmica.

Em primeiro lugar, compartilho com você algo que sempre defendo em minhas aulas e que, por consequência, fundamenta este livro: estude este material não só para que aprenda algo para se formar como um professor de Línguas, mas para que tenha conhecimento profundo o suficiente para se formar como um hispanista. A diferença? Desde o instante em que você teve a oportunidade de aprender (para depois, inclusive, ensinar) a língua dos hispânicos no Brasil, recebeu também a missão de ser representante desses povos em nosso país. É evidente que representar um povo significa saber e compartilhar sua história, sua cultura, sua ética e sua estética. Por isso, nós, profissionais de língua, literatura e cultura hispânica, somos professores e temos muito orgulho disso, mas somos mais ainda: somos hispanistas. Por esse motivo, toda a literatura deste livro, o qual se dedica aos textos fundadores da literatura hispânica – ou seja, a espanhola e a hispano-americana –, dialoga com seus contextos histórico, filosófico e estético. O objetivo é que você conheça também os fatos históricos principais de cada período do total ao qual se dedica o livro: do século XII ao XVIII (da Baixa Idade Média até o *Siglo de Oro*[1]).

Em segundo lugar, é importante refletir sobre o papel da literatura na formação do professor e na formação dos alunos do ensino básico. Preocupo-me em falar sobre isso porque, muitas vezes, estudantes me perguntam qual é o motivo de ter de aprender essa disciplina no ensino superior, já que só terão de ensinar língua nas escolas. Embora o parágrafo anterior já tenha contestado essa questão, gostaria de apresentar outros argumentos, os quais você, caro leitor, poderá ver refletidos em todo este livro. Com respeito à sua formação como hispanista, lembre-se de que uma língua como entidade não se qualifica apenas como

---

[1] Optamos por manter a nomenclatura na língua original por se tratar de um período importante para a Hispanidade. O *Siglo de Oro* (Século de Ouro) abarca épocas importantes que representaram o auge artístico, cultural, intelectual e político do Império Espanhol. Apesar de não haver uma data específica para seu domínio, costuma-se considerar sua origem em 1492, ano da Reconquista, da Descoberta da América e da publicação da primeira gramática em língua espanhola, e seu declínio em 1659, quando Espanha e França assinaram o Tratado dos Pirineus.

instrumento de comunicação. Isso significa que não basta saber os códigos linguísticos de uma língua para se comunicar bem. Para interagirmos bem com um estrangeiro, devemos conhecer bem sua cultura como sinal de respeito. Ademais, o estudo profundo das representações artístico-culturais do povo a cuja língua nos dedicamos nos revela melhor sua alma, estreita nossos vínculos comunitários e, ainda, esclarece muitas dúvidas e curiosidades linguísticas. Já sabemos que a aprendizagem de língua estrangeira nos ensina a sair de nosso mundo particular e a entrar na alteridade, o que é de grande contribuição para a civilidade no mundo. Contudo, o que pouco se diz da literatura nas escolas é que ela também é uma disciplina que contribui para esse processo. Quando nos dedicamos à leitura ética e estética, que é a leitura literária, praticamos um exercício de saída de nós mesmos e entrada em outros mundos por meio do imaginário. Esse exercício ético e estético educa para a cidadania e para a solidariedade.

Por último, sobre o conceito de Hispanidade, você vai perceber que, apesar da data de início dos textos fundadores que compõem este livro, que é o século XII, as *jarchas*, poemas escritos em língua romance[2], com origem bastante anterior a esse período, estão presentes justamente para recordar que a formação hispânica deve muito à herança árabe, ao Império Al-Andalus. Além disso, o fato histórico que marca o Dia da Hispanidade – a Descoberta da América – e que, ultimamente, tem sido contestado pelas teorias pós-modernas recebe, aqui, o ponto de vista dos

---

2 Título geral dado às línguas derivadas do latim vulgar. Nesse caso específico, era a dos moçárabes – cristãos que viviam no território muçulmano de Al-Andalus – e apresenta uma fusão do árabe com vocábulos romances.

espanhóis (e com o cuidado de não incorrer em anacronismos e inférteis discursos de ódio) com o maravilhoso épico *La Araucana*, homenagem do espanhol Alonso de Ercilla aos valentes mapuches chilenos, bem como o ponto de vista dos pré-colombianos com o genial *Nueva crónica y buen gobierno*, do inca Guamán Poma de Ayala. Entre os textos hispano-americanos ainda se inclui a magnífica humanista mexicana Sor Juana Inés de la Cruz, uma poeta, escritora, ensaísta, intelectual impressionante de personalidade tão complexa a ponto de mesclar em sua produção e suas reflexões traços barrocos e ilustrados. De fato, o que você pode perceber é que a Hispanidade é formada pelas heranças e pelas aquisições orientais, pré-colombianas e ocidentais.

Com relação ao método teórico-crítico de análise, interpretação e contemplação proposto, cabe notar que os títulos de cada capítulo demonstram a escolha pela especificidade da literatura, ou seja, pela reflexão estética e ética, em conexão com outras áreas de conhecimento, claro, mas centralizada na palavra feita imagem e, logo, em tudo o que essa imagem pode estimular em termos de sensibilidade e de conceitos por meio tanto imaginário quanto do conhecimento.

O objetivo principal é incentivar a livre circulação de ideias, o livre pensar, o debate e, sobretudo, a possibilidade de que todos compartilhem as experiências sensíveis particulares proporcionadas pelas obras estudadas. Ainda sobre os títulos, é necessário explicar que, como o diálogo com o contexto histórico é importante, a linha do tempo histórico se manteve como espinha dorsal da estrutura dos capítulos. No decorrer dos exatos 20 anos de carreira docente universitária, pude observar que a desvinculação dos temas literários do tempo histórico na graduação causou uma incapacidade, por parte de um grande número de estudantes, em localizar escritores na época em que viveram, além de uma dificuldade em saber quais se conheceram ou compartilharam estilos ou não.

A Hispanidade é rica e complexa, exige de nós grande esforço, mas nos retribui com seu encanto e com o conhecimento que nos doa. Para que você fique mais entusiasmado com a dedicação aos hispânicos, oferecemos parte do discurso que o escritor nicaraguense Sergio Ramírez fez na inauguração do VI Congreso Internacional de la Lengua Española, que ocorreu no Panamá, em 2013:

> Sou um escritor de uma língua vasta, mutável e múltiple, sem fronteiras nem compartimentos, que, em lugar de se recolher sobre si mesma, expande-se a cada dia, tornando-se mais rica à medida que caminha por territórios, emigra, muta, se veste e se desveste, se mescla, ganha, no que pode, outros idiomas, se hospeda, fica, retoma viagem e segue andando, língua caminhante, revoltosa e intrometida, supreendente, maleável. Posso voar a noite toda, de Manágua a Buenos Aires, ou da Cidade do México a Los Angeles, e sempre estarão me ouvindo em meu espanhol centro-americano[3][4]. (Ramírez, 2013)

---

3 Todas as traduções desta obra, salvo indicado em caso específico, são da autora.
4 No original: "Soy un escritor de una lengua vasta, cambiante y múltiple, sin fronteras ni compartimentos, que en lugar de recogerse sobre sí misma se expande cada día, haciéndose más rica en la medida en que camina territorios, emigra, muta, se viste y se desviste, se mezcla, gana lo que puede otros idiomas, se aposenta, se queda, reemprende viaje y sigue andando, lengua caminante, revoltosa y entrometida, sorpresiva, maleable. Puedo volar toda una noche, de Managua a Buenos Aires, o de la ciudad de México a Los Ángeles, y siempre me estarán oyendo en mi español centroamericano".

Mais especificamente sobre a literatura, destacamos:

Não posso me sentir só. Não tenho minha língua como um cárcere, senão como o reino sem limites de uma incessante aventura, de Cervantes a García Márquez, de Góngora a Rubén Darío, de Alonso de Ercilla a Pablo Neruda, de Bernal Díaz del Castillo a Juan Rulfo, de Lope de Vega a Julio Cortázar, de Sor Juana a Xavier Villaurrutia, de Miguel Hernández a Ernesto Cardenal, de Inca Garcilaso a César Vallejo, de Pérez Galdós a Carlos Fuentes, de Rómulo Gallegos a Vargas Llosa, de García Lorca a José Emilio Pacheco[5]. (Ramírez, 2013)

Caro leitor, você está convidado a entrar no reino sem limites desta incessante aventura que é a literatura e, no caso específico de nosso livro, a literatura hispânica. ¡*Disfrútalo, estudia, investiga y aprende todo lo que puedas!*

---

5 No original: "No puedo sentirme solo. No tengo mi lengua por cárcel, sino el reino sin límites de una incesante aventura, de Cervantes a García Márquez, de Góngora a Rubén Darío, de Alonso de Ercilla a Pablo Neruda, de Bernal Diaz del Castillo a Juan Rulfo, de Lope de Vega a Julio Cortázar, de Sor Juana a Xavier Villaurrutia, de Miguel Hernández a Ernesto Cardenal, del Inca Garcilaso a César Vallejo, de Pérez Galdós a Carlos Fuentes, de Rómulo Gallegos a Vargas Llosa, de García Lorca a José Emilio Pacheco".

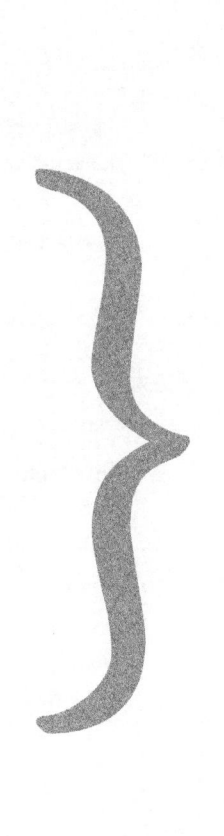

como aproveitar ao máximo este livro

Empregamos nesta obra recursos que visam enriquecer seu aprendizado, facilitar a compreensão dos conteúdos e tornar a leitura mais dinâmica. Conheça a seguir cada uma dessas ferramentas e saiba como estão distribuídas no decorrer deste livro para bem aproveitá-las.

INTRODUÇÃO DO CAPÍTULO
Logo na abertura do capítulo, informamos os temas de estudo e os objetivos de aprendizagem que serão nele abrangidos, fazendo considerações preliminares sobre as temáticas em foco.

INDICAÇÕES CULTURAIS
Para ampliar seu repertório, indicamos conteúdos de diferentes naturezas que ensejam a reflexão sobre os assuntos estudados e contribuem para seu processo de aprendizagem.

IMPORTANTE!
Algumas das informações centrais para a compreensão da obra aparecem nesta seção. Aproveite para refletir sobre os conteúdos apresentados.

PRESTE ATENÇÃO!
Apresentamos informações complementares a respeito do assunto que está sendo tratado.

PARA REFLETIR
Aqui propomos reflexões dirigidas com base na leitura de excertos de obras dos principais autores comentados neste livro.

Síntese

Neste capítulo, apresentamos três nomes muito importantes da literatura colonial hispano-americana, ainda que um, Alonso de Ercilla, seja espanhol. No caso de sua obra, *La Araucana*, é importante considerar que se trata de uma épica cujos homenageados são os mapuches chilenos, os quais conquistaram o respeito e a admiração do poeta e soldado por sua coragem e pela organização de sua comunidade.

O tema principal de abordagem das três obras estudadas foi a transfiguração da dor do trágico em visão estética, inspirado na epígrafe deste livro e definido pelo intelectual, escritor e poeta mexicano Octavio Paz.

No caso de Ercilla, inspiramo-nos em duas imagens criadas por ele: o Estreito de Magalhães, o qual representa bem o encontro conflituoso entre conquistadores e pré-colombianos, os quais entram em batalha, mas ao mesmo tempo se mesclam culturalmente; e o povo granada, representação da coragem e da união dos mapuches.

Com relação a Guamán Poma de Ayala, destacamos sua imensa capacidade de resiliência por se compreender como um escultor de si mesmo. Nosso cronista inca, cristão convertido, aceita a cultura e a fé que lhe são impostas, mas sabe selecionar o que faz sentido para ele e infiltra sua cultura nativa em tudo o que mantém puro aí. Ademais, com sincero humanismo que se forma, o cronista faz denúncias dos maus-tratos e abusos cometidos pelos homens na colônia, porém não oculta a parte dos andinos e mestiços porque sabe e não quer dissimular que

---

Síntese
Ao final de cada capítulo, relacionamos as principais informações nele abordadas a fim de que você avalie as conclusões a que chegou, confirmando-as ou redefinindo-as.

Atividades de Autoavaliação

1. Leia as seguintes *jarchas* e assinale a alternativa correta de acordo com seus temas:

JARCHA 1	JARCHA 2
ben 'indī habībī	¿evā amo mīo bālī
as tu loǧo moraton	benǧe hālī qad bārī
traxutī naxiǧa	ke fumy yā limmī
freni al xarūne	fātaǧ bad lebare
EM ESPANHOL	**EM ESPANHOL**
¡Ven a mi lado, amigo!	La muerte es mi rivale
Si te vas, el enganador	porque mi estado [es] desesperado
traerá alguir malo	¡Qué haré, oh madre mía!
¡Ven a la tarde!	El que me tiene es a maridamiento!

JARCHA 3	JARCHA 4
qultū es	yā ǧermanellos kero bon amar
yuḫayā ḫōbiĕlǧa	mio al dorde
bulā mio esquel	los 3 tu nos le lexas de amar
EM ESPANHOL	**EM ESPANHOL**
Dijo: Como	¡Oh creatura mía, que quiero amar bien!
encima a una boquita	Mi corderito
algo dulce como eso!	se va y no se le deja de amar.

a. Na *jarcha* 2, o amado não corresponde ao amor da voz feminina.
b. Na *jarcha* 4, o vocativo do poema é "cordeiro".
c. Na *jarcha* 1, a voz feminina resiste à ausência do amado com humor.
d. Na *jarcha* 3, a sublimação da ausência do amado é impossível.
e. Na *jarcha* 2, o recurso do vocativo é ausente.

Atividades de autoavaliação
Apresentamos estas questões objetivas para que você verifique o grau de assimilação dos conceitos examinados, motivando-se a progredir em seus estudos.

ATIVIDADES DE APRENDIZAGEM
Aqui apresentamos questões que aproximam conhecimentos teóricos e práticos a fim de que você analise criticamente determinado assunto.

BIBLIOGRAFIA COMENTADA
Nesta seção, você encontra comentários acerca de algumas obras de referência para o estudo dos temas examinados.

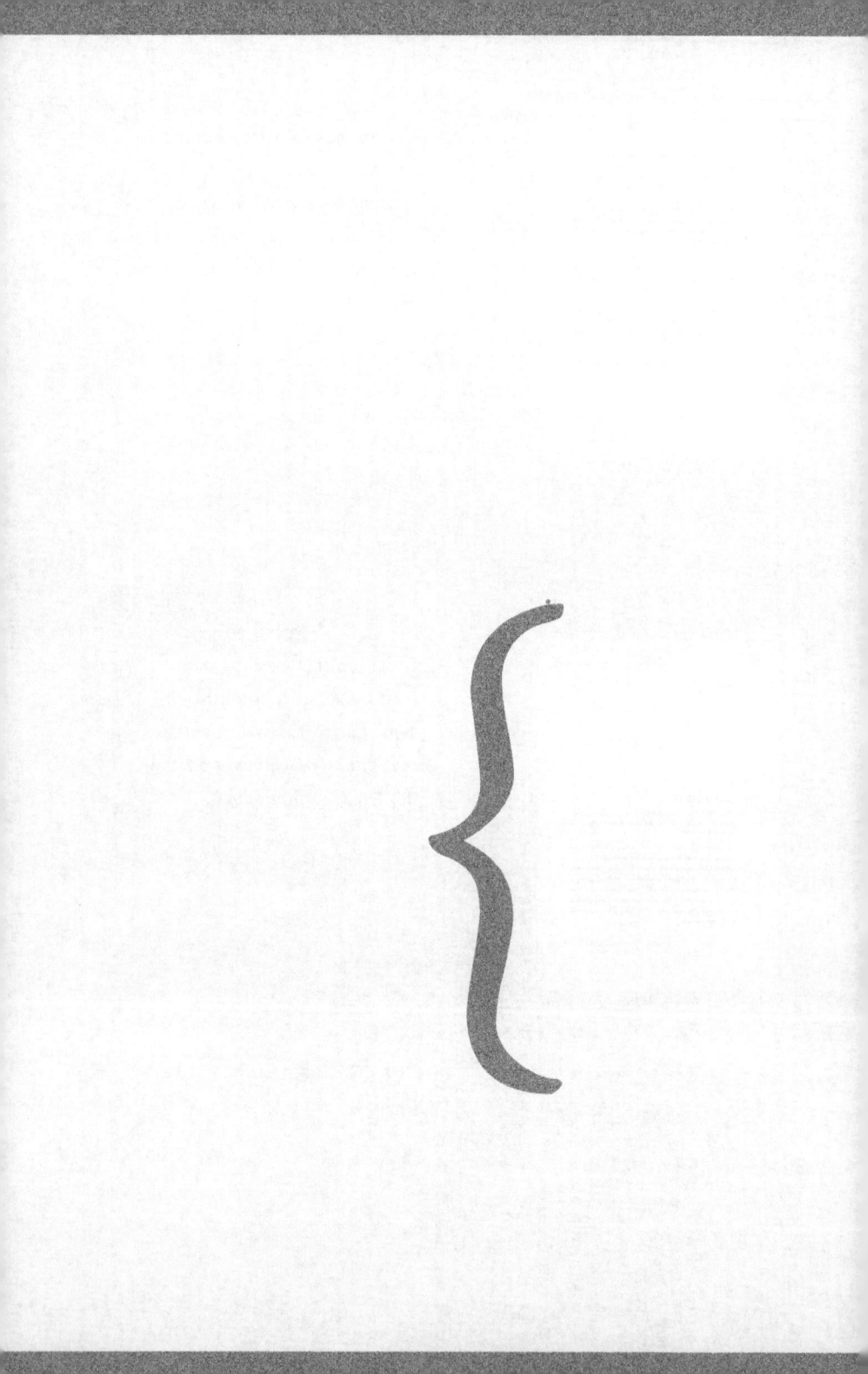

introdução

> *"Yo no tengo ideología,*
> *lo que tengo es biblioteca.*
> *Una ideología sin biblioteca*
> *es muy peligrosa.*
> *Una ideología sin lucidez crítica*
> *también es muy peligrosa".*
> (Pérez-Reverte, 2020)

A MISSÃO ASSUMIDA com muita honra por este livro é a de homenagear a literatura hispânica – e, portanto, a Hispanidade – por meio da análise de seus textos fundadores. O objetivo principal dessa missão é contribuir para a formação de estudantes da graduação em Letras. Diante disso, na "Apresentação", pareceu-nos importante destacar a heterogeneidade do mundo hispânico, além de defender a necessidade de uma abordagem respeitosa e racional a respeito dos temas inevitavelmente conflituosos em razão das diferenças entre as mentalidades de época, uma vez que vamos lidar com textos antigos.

Tendo em vista que o período a ser estudado compreende do século XII até o XVIII, fatos históricos complexos, como as Cruzadas, a Reconquista e a Descoberta da América, foram abordados nos capítulos desta obra. É notório que a história da Península Ibérica e da Hispanidade está relacionada com temas que, atualmente, estudos mais em voga, como os pós-modernos, os pós-coloniais e os decoloniais, optam por analisar e ensinar mediante fragmentos descolados do contexto macro-histórico com base em linhas socioantropológicas que apostam mais ou unicamente em forças reativas e menos em potências criativas.

Aqui, por se tratar de um livro dedicado à literatura, a especificidade literária se privilegia como campo muito possível para se oferecer como análise e proposta para as questões político-históricas próprias de cada contexto estudado. Para evitar anacronismos ao lidar com esses temas, vale a pena conhecer a reflexão que o Prof. Dr. Jacyntho Lins Brandão, um dos maiores helenistas de nosso país, apresentou em uma entrevista ao também Prof. Dr. Guilherme Gontijo Flores para o *Suplemento Pernambuco*:

> Eu sempre comentei com meus alunos que estudar a Antiguidade é basicamente esse entrar em contato com o outro, cuja consequência deve ser a perda da mesmice do que nos é próprio. Nós costumamos pensar a alteridade em termos espaciais, os outros sendo os diferentes de nós, mas que se encontram, como nós, aqui e agora, esquecendo-nos de que os antigos, incluindo os nossos antigos, também são outros com relação a nós. No caso dos nossos antigos a relação fica mais complicada, pois temos muito deles, nossa visão de mundo se expande até eles, ao mesmo tempo que eles guardam, diante de nós, inúmeras diferenças. Gosto de pensar que, menos em que eles serem o nosso passado, o sentido deles está em que nós somos o seu futuro. (Brandão, 2018, p. 9)

Com respeito a isso, é bastante comum encontrar muita resistência prévia de alunos em relação à Espanha e, até mesmo, aos espanhóis em virtude de fatos pretéritos, como a colonização. Os argumentos, enunciados de maneira reativa, sempre são os mesmos: eles não respeitaram a cultura pré-colombiana, foram violentos com os povos originários e roubaram suas terras. Como nosso objetivo é estimular que os futuros professores hispanistas eduquem cidadãos para a ação por meio de potências criativas, e não reativas, e como, para isso, em primeiro lugar, é preciso saber analisar os fatos racionalmente com a justa ação de considerar as razões de cada parte implicada sem fazer juízo de valor acerca do outro, apresentamos aqui argumentos que não justificam violências de nenhuma parte no decorrer da história hispânica, mas que explicam fatos históricos. Ademais, apostamos, claro, na parte sensível, ou seja, na criação literária, que é sempre capaz de transfigurar o trágico em estética.

Por fim, se há tempos a predominânica de ações reativas na educação em todos os níveis fez com que determinadas abordagens ideolgógicas tenham suplantado a liberdade de pensamento e a potência criativa que a estética literária e a ética filosófica proporcionam, este livro se alinha com novas correntes que se inspiram em alguns preceitos humanistas clássicos pela percepção de que é necessário formar cidadãos autodeterminados, criativos, vigilantes em relação às próprias crenças, pois é louvável identificar equívocos passados para analisá-los, aprender com eles e propor algo novo diante de situações semelhantes no presente, mas não para apontar o dedo para o outro e fazer juízo de valor como um juiz arbitrário que recorta um fato a seu gosto e oculta os fragmentos que contradizem sua tese.

Expostas essas considerações, é importante comentar o período mais complexo da história hispânica e, precisamente por isso, o que mais tem sido ensinado e analisado de maneira reativa: da **Descoberta da América** até a **colonização dos povos pré-colombianos**. Tendo em vista a proposta de análise racional dos fatos históricos, vale a pena ter em conta as ponderações da escritora Selena Millares, que também é doutora em Literatura e professora na Universidade Complutense de Madrid. Em artigo publicado no jornal espanhol *El País*, intitulado "Ni gesta, ni genocidio", Millares (2021) oferece argumentos e fatos históricos para contestar os já conhecidos discursos reativos proferidos e incentivados por políticas populistas as quais, segundo a própria intelectual, fazem-no de propósito para estimular o ódio em relação ao outro e desviar o foco de seus próprios erros. O caso em questão, mencionado pela articulista, refere-se ao ditador venezuelano Nicolás Maduro, que exigiu da Espanha um pedido de perdão pela colonização, a qual ele denominou "genocídio de 300 anos". Selena Millares recupera um discurso de Juan Villoro no qual o escritor mexicano contesta a fala de Maduro, recordando que os povos originários seguem sofrendo injustiças até hoje, 200 anos depois das independências dos países hispano-americanos, inclusive, evidentemente, no próprio governo tirânico da Venezuela. Este é o fragmento:

> A estas últimas respondeu na sua vez o escritor Juan Villoro com lúcidas argumentações que falavam de como essa colocação é

anacrônica e errada e que incidiam em algo que convém recordar: o abandono desses povos durante os 200 anos posteriores à independência. Observou, ademais, um detalhe importante: que um mandatário alheio aos aborígenes se desse o direito de fala em nome deles perante o mundo[1]. (Millares, 2021)

Sobre a colonização dos pré-colombianos, não podemos negar que houve violência e que os colonizadores não puderam compreender os costumes desses povos. Contudo, o que a crítica reativa oculta é toda a formação ética dos conquistadores antes de sua chegada à América. Esses povos já tinham uma história de enfrentamentos contra os muçulmanos nas **Cruzadas** e, ademais, já estavam completamente educados na fé cristã. A respeito de sua formação de cavaleiros cruzados, a qual, a propósito, está retratada na obra *El cantar de mio Cid*, Millares (2021) comenta:

> A conquista e a evangelização espanhola eram impulsionadas *manu militari* por uma mentalidade medieval formada no espírito intolerante das cruzadas e que via nos hábitos religiosos dos aborígenes, em especial o canibalismo e o politeísmo, um novo inimigo a combater[2].

---

1 No original: "A estas últimas respondió en su momento el escritor Juan Villoro con lúcidas argumentaciones que hablaban de lo anacrónico y errado del planteamiento, y que incidían en algo que conviene recordar: el abandono de esos pueblos durante los 200 años posteriores a la independencia. Observó además un detalle importante: que un mandatario ajeno a los aborígenes se arrogara el derecho a hablar en nombre de ellos ante el mundo".
2 No original: "La conquista y evangelización española era impulsada *manu militari* por una mentalidad medieval formada en el espíritu intolerante de las cruzadas, y que veía en los hábitos religiosos de los aborígenes, en especial el canibalismo y el politeísmo, un nuevo enemigo a combatir".

A violência que os conquistadores usaram para corrigir as práticas sacrificiais dos pré-colombianos não é justificada por Millares, e não se justifica por nada nem por ninguém. Aliás, a autora considera intolerante o espírito em que se baseavam essas ações. Condenar, no entanto, toda a Espanha e todo o povo espanhol que viveu e vive posteriormente àquela época é igualmente intolerante.

Acerca do estudo que se detém no período analisado, não podemos lançar sobre aqueles povos antigos as luzes do raciocínio que a humanidade alcançou após sua existência. Em outras palavras, era impossível que homens integralmente entregues à fé cristã aceitassem práticas como o sacrifício de crianças e mulheres (Os defensores dos direitos humanos hoje aceitariam, apesar das teorias antropológicas que pedem respeito às culturas não ocidentais?).

Ainda sobre o tema, Selena Millares (2021) cita o escritor paraguaio **Augusto Roa Bastos** para recordar que, embora tenha havido violências, houve também quem de dentro do próprio sistema colonial defendeu os indígenas e denunciou os abusos dos conquistadores.

A autora recorda **frei Bartolomé de las Casas**, que denunciou os maus-tratos sofridos pelos indígenas e escreveu vários livros sobre o tema. Millares (2021) ressalta o fato de que, apesar do conteúdo de seus livros, ele nunca foi censurado pelo rei da Espanha, **Carlos I**, ao contrário, sempre foi publicado:

> Las Casas, no rastro do erasmismo utópico, escreveu uma denúncia radical dessa violência, a *Brevísima relación de la destrucción de las Indias*: um panfleto – hiperbólico por necessidade – que na

Espanha foi publicado sem censura e atendido pelo rei, que proibiu de imediato a via armada da conquista e colonização[3].

É importante destacar algo mais além do que a autora recorda, pois o rei **Carlos I da Espanha e V do Sacro Império Romano Germânico** não só não censurou o frei las Casas como também o convocou para o **Conselho das Índias**, instaurado para discutir as denúncias das violências sofridas pelos indígenas e para estabelecer medidas de proteção desses povos. Justamente dos conselhos do frei Bartolomé de las Casas nasceram as *Leyes Nuevas*, promulgadas em 20 de novembro de 1542. Com essas leis, a escravidão dos indígenas foi proibida e, ainda, eles deixaram de ser posse legal dos senhores de terra para ficar sob a proteção direta da Coroa. Sobre a exploração de terras desconhecidas, a partir daquele momento as leis estabeleceram que dois religiosos sempre deveriam participar dessas iniciativas, com a incumbência de vigiar as ações dos exploradores e garantir os direitos dos nativos para que tudo se fizesse de modo pacífico e para que a conversão ao catolicismo se realizasse apenas por meio de diálogo.

Com respeito à consciência sobre os horrores inevitáveis de todo combate – guerras, conquistas de povos, disputas de terras etc. – e às reflexões que decorrem das experiências vividas – o dilema entre preservar o direito à vida individual e privada ou arriscar a própria vida e defender os interesses públicos de seu

---

3 No original: "Las Casas, en la estela del erasmismo utópico, escribió una denuncia radical de esa violencia, la *Brevísima relación de la destrucción de las Indias*: un panfleto – hiperbólico de necesidad – que en España fue publicado sin censura y atendido por el rey, quien prohibió de inmediato la vía armada de la conquista y colonización".

povo ou pátria, viver somente para si mesmo ou submeter-se à lei de um rei, estar pronto para o combate ou não se ver preparado para presenciar todas as violências e a morte alheia etc. –, ambos, horrores e reflexões, estão presentes na épica *La Araucana*, escrita pelo conquistador espanhol **Alonso de Ercilla**. Como obra épica, essa publicação é uma homenagem aos mapuches chilenos, considerados por Ercilla heróis por sua coragem e pelo fato de se mostrarem como aqueles que, de acordo com os próprios versos do colonizador-poeta, "a nenhum rei obedecem[4]" (Millares, 2021).

Selena Millares (2021) comenta que o pensamento de Bartolomé de las Casas influenciou a reflexão de Alonso de Ercilla:

> Estamos falando de meados do XVI, e o pensamento lascasiano terá uma infinidade de seguidores nesse século colonial e nos seguintes. Em seu rastro, o madrilenho Alonso de Ercilla escreveu o mais importante poema épico do século de ouro hispânico, *La Araucana*, dedicado a seu amigo o rei Felipe II, e cuja singularidade é que seus heróis são os inimigos, ou seja, o povo mapuche: ao mesmo tempo que denuncia a cobiça de espanhóis como Valdivia, enaltece o heroísmo de aborígenes como Caupolicán, Lautaro ou Galvarino. Novamente, uma consciência crítica aberta e sem censuras[5].

---

4 No original: "A ningún rey obedecen".
5 No original: "Hablamos de mediados del XVI, y el pensamiento lascasiano tendrá infinidad de seguidores en ese siglo colonial y en los siguientes. En su estela, el madrileño Alonso de Ercilla escribió el más importante poema épico del siglo de oro hispánico, *La Araucana*, dedicado a su amigo el rey Felipe II, y cuya singularidad es que sus héroes son los enemigos, es decir, el pueblo mapuche: al tiempo que denuncia la codicia de españoles como Valdivia, enaltece el heroísmo de aborígenes como Caupolicán, Lautaro o Galvarino. De nuevo, una conciencia crítica abierta y sin censuras".

É igualmente importante voltar à citação que se refere à obra de Bartolomé de las Casas e atentar ao fragmento que menciona a herança do humanista **Erasmo de Rotterdam** na formação ética do jesuíta e, por consequência, na de Ercilla. O pensamento erasmista e toda a filosofia humanista ofereceram reflexões sobre a experiência interior e em comunidade, as quais contribuíram para a educação e a civilidade do homem europeu moderno ocidental que se formava naquele momento. Além de Erasmo, humanistas como **Pico della Mirandola, Michel de Montaigne** e, um pouco mais tarde, o espanhol **Baltasar Gracián** pensaram sobre a formação humana do homem e se preocuparam com os ideais de justiça, liberdade e igualdade.

Montaigne (1595) escreveu um ensaio no qual questionou a colonização da América em razão de sua preocupação humanista independentemente de raça, religião ou outra representatividade. Em "Des coches", o filósofo expressa sua preocupação com os métodos utilizados e questiona se tinha valido a pena impor a cultura ocidental a outra cultura: "Temo bastante que tenhamos acelerado em boa medida seu ocaso e ruína com nosso contágio, e que lhe tenhamos vendido a altíssimo preço nossas opiniões e nossas artes[6]" (Montaigne, 1595).

Apesar da boa intenção desses humanistas, cabe refletir sobre a imagem do bom selvagem na qual sempre se baseiam quando se referem aos pré-colombianos. Todos os argumentos contrários às imposições da cultura ocidental partem de uma pré-concepção de que esses povos viviam em paz e em harmonia, mas, se isso

---

6 No original: "Bien crains-je, que nous aurons tres-fort hasté sa declinaison et sa ruyne, par nostre contagion: et que nous luy aurons bien cher vendu nos opinions et nos arts".

realmente existiu, fato é que não se tratou de uma verdade geral, tampouco de uma característica predominante entre esses povos. Selena Millares (2021) comenta em seu texto:

> Para além de todas essas reflexões, ninguém pode negar a estas alturas a crueldade da conquista da América. A crueldade de todas as conquistas e de todos os impérios de todos os tempos. Tampouco se pode negar que esses espanhóis que chegaram em seus barcos conseguiram dominar um território tão imenso porque se aliaram a uma infinidade de tribos americanas cansadas de seus próprios tiranos locais. Por exemplo, desses que necessitavam incessantemente de vítimas para dar seus corações como oferenda ao deus Huitzilopochtli[7].

Sabemos que a conquista dos astecas foi mais fácil para o conquistador Hernán Cortés precisamente porque Moctezuma, o imperador dessa civilização pré-colombiana, era bastante tirânico e tinha muitos inimigos em seu império. Trata-se de algo que, pelo que podemos notar, vai além dos problemas dos sacrifícios humanos, apesar de isso não estar descartado. A maioria desses povos não se concebia como seres irmanados por nascimento em uma mesma terra, ou seja, não havia consciência de pátria, e as

---

7 No original: "Más allá de todas esas reflexiones, nadie puede negar a estas alturas la crueldad de la conquista de América. La crueldad de todas las conquistas y de todos los imperios de todos los tiempos. Tampoco se puede negar que esos españoles llegados en sus barcos lograron dominar un territorio tan inmenso porque se aliaron con infinidad de tribus americanas hartas de sus propios tiranos locales. Por ejemplo, de esos que necesitaban incesantemente víctimas para ofrendar sus corazones al dios Huitzilopochtli".

tribos nas quais estavam divididos costumavam disputar terras umas das outras em batalhas sangrentas.

Com relação a práticas religiosas difíceis de ser compreendidas pela concepção cristã-ocidental, a questão não é condená-las com base em juízos de valor, mas também não devemos fazer o mesmo com os conquistadores e os jesuítas, pois eles não tinham condições de aceitá-las. Uma tese importante sobre a falta de requisitos para que os colonizadores compreendessem e aceitassem eventos como os sacrifícios de mulheres e crianças, o canibalismo e os rituais de morte, como a famosa dança das tesouras, é a de Georges Bataille. Esse filósofo, que foi um grande pesquisador da cultura asteca, compreendeu que o substrato das práticas sacrificiais estava no fato de que esses povos não temiam a morte e, até mesmo, gostavam de desafiá-la. Em um capítulo de um livro publicado no México, já explicamos esse tema. Em primeiro lugar, convém saber de onde vem o conhecimento de Bataille e em que obras dele estão os estudos sobre os pré-hispânicos:

> Entre as experiências e estilos de vida que inspiraram Georges Bataille em seus estudos sobre o erotismo, o México pré-hispânico recebeu especial atenção. Sabe-se que o filósofo francês trabalhou como bibliotecário na Bibliothèque Nationale de Paris e teve oportunidade de estudar as obras do frei Bernardino de Sahagún e do frei Juan de Torquemada. Isso lhe possibilitou um bom conhecimento da história e da cultura pré-colombiana, o que resultou na escrita de dois trabalhos muito importantes para os estudos latino-americanos: *L'Amérique Disparue* (A América Desaparecida), publicada em uma edição dedicada à arte pré-colombiana em

Les Cahiers de la République des Lettres, des Sciences et des Arts, em 1928, e o capítulo "Sacrificios y las Guerras de los Aztecas" do livro *La Parte Maldita*, publicado em 1949[8]. (Cipreste, 2018, p. 154)

Sobre a diferença com que os astecas lidavam com a morte, cabe destacar:

O que os rituais astecas inspiraram em Bataille sobre o erotismo se relaciona com seu caráter de experiência de morte para a reafirmação das energias vitais. Trata-se de um *ethos* tão pautado na exuberância, ou seja, excessivo, que foi rejeitado no processo de ocidentalização dos pré-hispânicos. A essa cultura asteca que cultivava fascinação pela morte e que inclusive jogava com ela, impôs-se a crença cristã, a qual estimula o temor à morte como recurso de normalização de condutas[9]. (Cipreste, 2018, p. 154)

---

8 No original: "Entre las experiencias y estilos de vida que le inspiraron a Georges Bataille en sus estudios sobre el erotismo, el México prehispánico recibió especial atención. Se sabe que el filósofo francés trabajó como bibliotecario en la Bibliothèque Nationale de París y tuvo oportunidad de estudiar las obras de fray Bernardino de Sahagún y fray Juan de Torquemada. Eso le brindó un buen conocimiento de la historia y la cultura precolombina lo que resultó en la escritura de dos trabajos muy importantes para los estudios latinoamericanos: *L'Amérique Disparue* (La América Desaparecida), publicada en una edición dedicada al arte precolombino de *Les Cahiers de la République des Lettres, des Sciences et des Arts*, en 1928, y el capítulo 'Sacrificios y las Guerras de los Aztecas' del libro *La Parte Maldita*, publicado en 1949".

9 No original: "Lo que los rituales aztecas le inspiraron a Bataille sobre el erotismo se relaciona con su carácter de experiencia de muerte para la reafirmación de las energías vitales. Se trata de un *ethos* tan pautado en la exuberancia, excesivo se puede decir, que fue rechazado en el proceso de occidentalización de los prehispánicos. A esa cultura azteca que cultivaba fascinación por la muerte y que incluso jugaba con ella, se impuso la creencia cristiana, la cual estimula el temor a la muerte como recurso de normalización de conductas".

A reflexão de Bataille após sua real dedicação à alteridade, que são os astecas, é muito importante, pois nos revela que a ausência de temor à morte entre as civilizações pré-colombianas fazia com que elas tivessem mais vontade de viver o tempo presente e, portanto, não deixassem seus instintos serem domesticados facilmente. O filósofo francês defende que o homem moderno, já ocidentalizado, devia se inspirar nesse *ethos* pré-hispânico e se dar ao direito de ter experiências do excesso, as quais ele qualifica como instantes de experimentação imaginária da morte ou de desafio dela para a reafirmação das forças vitais.

Nas obras *O erotismo* e *A parte maldita*, Bataille explica sua tese sobre as experiências do excesso – o riso, o sexo, a poesia, o êxtase –, instantes de vivência individual e visceral que revelam ao indivíduo seu direito à liberdade de ser e de fluir em sua vida sem se deixar domesticar completamente por instâncias normalizadoras de conduta. No entanto, é necessário advertir que não se trata, de maneira alguma, de predicar por uma vida totalmente liberada das normas de convivência em sociedade, pois o que a tese batailleana defende é o direito a instantes privados e subjetivos de liberação inspirados na coragem do excesso tal como as civilizações não ocidentais a tinham. Em outras palavras, Bataille defende que o homem busque fruição para sua vida íntima e saiba equilibrar seus prazeres com as normas que regulam a vida em sociedade, uma moderação entre o *ethos* pré-hispânico e o ocidental.

É indispensável considerar que nem sempre a violência colonial foi praticada por decisão política centralizada na Coroa espanhola. Aliás, quando soube dos padecimentos dos indígenas por estarem sendo escravizados por Colombo, a rainha Isabel I não só proibiu imediatamente a escravização deles como também estabeleceu a pena de morte para os que insistissem com essa prática. Colombo ainda tentou justificar a situação com o argumento da correção de costumes como o canibalismo, mas a rainha contra-argumentou que bastaria converter os indígenas à fé cristã. A rainha faleceu em 1504 e registrou em seu testamento a exigência de que os povos originários fossem tratados com dignidade.

Uma obra estudada neste nosso livro, *Nueva crónica y buen gobierno*, do inca Guamán Poma de Ayala (1615), demonstra bem que as violências não eram caso de política instituída, mas de decisão pessoal, em virtude do caráter de cada um. Guamán denuncia casos de agressões e corrupções tanto de conquistadores, jesuítas e comendadores espanhóis quanto de indígenas e mestiços. Contudo, o autor não omite os casos de condutas exemplares de espanhóis dignos e, inclusive, muito admirados pelos indígenas, pois o que esse escritor inca faz muito honestamente é mostrar que problemas de moral e caráter não estão relacionados com raça e nacionalidade, evidentemente, senão com educação e escolhas pessoais. Guamán escreve esse livro com o argumento de que falta uma gestão mais firme sobre os empregados da Coroa, ou seja, o indígena, um mestiço cultural, compreende que, para que uma sociedade funcione bem, é preciso haver normas rígidas e justas com desempenho equânime.

Uma contribuição para a formação intelectual e humana do indivíduo com o objetivo de que ele atue de maneira a respeitar a si mesmo e ao outro, sempre vigilante de seus instintos, paixões e crenças para que não esteja em cativeiro com suas ideologias e, por consequência, intolerante em relação a teorias e pessoas que o contradigam, é a proposta do humanismo secular. Três instâncias são importantes para essa proposta na qual se baseia este livro e as quais vemos como fundamentais para lidar com o conhecimento de maneira criativa e não reativa, ou seja, de modo construtivo, e não destrutivo. Para enfocar resumidamente essas três instâncias, o pensamento de Luc Ferry (2010) é uma valiosa contribuição. O filósofo francês e humanista secular propõe o pensamento alargado, a sabedoria do amor e a experiência do luto.

Sobre o pensamento alargado, trata-se de saber calar as próprias demandas para se colocar no lugar do outro. A sabedoria do amor é a educação para a contemplação estética em sua manifestação universal, local, mas também no mais singular possível. Já a experiência do luto é a experiência profunda, e sem encobrimentos, com a morte, viver o tempo presente ao máximo com a memória de que somos finitos para, assim, darmos nosso melhor em tudo o que fazemos e para todos aqueles com quem convivemos.

Todos os povos hispânicos são nossos outros, os pré-colombianos colonizados, os muçulmanos e os judeus expulsos da Península Ibérica na Reconquista, os catalães, galegos, peruanos, argentinos, cubanos... e, claro, os espanhóis. Para sermos hispanistas e lidarmos com toda essa complexa cultura, teremos sempre o pensamento alargado por respeito a eles, independentemente do tempo em que viveram; teremos também a sabedoria do amor porque todos eles, durante sua história, nos ofereceram sua cultura, sua arte, seus costumes; teremos, mais, a experiência do luto como consideração por seu passado e por esta vida presente, a qual, por ser efêmera, justifica ainda mais que estejamos aqui e agora dedicando nosso tempo a considerar e compreender todo ser humano.

Disso se trata quando falamos em potências criativas, e não reativas. Por isso citamos o escritor **Arturo Pérez-Reverte** como epígrafe desta "Introdução". Esse intelectual humanista é muito consciente do quão maléfico pode ser suplantar o exercício do livre-pensar pela obediência ideológica. Nestes tempos em que a América Latina está tomada por políticos populistas que se valem de técnicas carismáticas e que conseguiram sequestrar até as mentes das classes intelectual e artística, vale a pena recordar outro humanista, o qual seguramente é uma das inspirações para Pérez-Reverte, a fim de reforçar nosso marco teórico: **Michel de Montaigne**, o pai o gênero *ensaio*.

Montaigne escreveu alguns ensaios em cujas páginas refletiu sobre o cuidado de si. Em um deles, intitulado "Governo da vontade", o filósofo pensa precisamente sobre os prejuízos acarretados a uma vida entregue às paixões. No primeiro parágrafo, Montaigne (2011, p. 129) afirma: "Comparado com a maioria dos homens, poucas coisas me impressionam ou, melhor dizendo, me dominam, pois entendo que nos afetem, desde que não nos possuam[10]". Temos de considerar, aqui, a expressão "maioria dos homens" e os verbos "dominar" e "possuir", pois Montaigne já esclarece que se coloca como um intelectual e que, a partir desse lugar, não pode ser um homem que se deixe dominar e ter por paixões e ideologias. De fato, isso costuma obnubilar a capacidade

---

10 No original: "Comparado con el común de los hombres pocas cosas me impresionan o, por mejor decir, me dominan, pues es razón que nos hagan mella, con tal de que no nos posean".

de raciocínio. Por esse motivo, o filósofo continua com seu pensamento: "Ponho muito empenho em aumentar, por reflexão e estudo, este privilégio de insensibilidade, que naturalmente adiantou já bastante em mim; por conseguinte, contam-se nos dedos as coisas que adoto, e também aquelas pelas quais me apaixono[11]" (Montaigne, 2011, p. 129). Como afirma Montaigne (2011), é por reflexão e estudo, pelo uso da razão e pelo refinamento cultural que se deixa de ser vítima de discursos carismáticos e de ideologias calculadas para estimular ódios e manipular consciências.

O dia 12 de outubro, em que se celebra a Hispanidade, referência ao dia do ano 1492, quando Colombo descobriu a América, merece comemoração por consideração ao encontro de dois mundos, o pré-colombiano e o ocidental, dos quais se formou nossa América Latina. Para tudo de conflituoso, mas também belo, desse encontro, Alonso de Ercilla forma uma imagem precisa, trabalhada neste nosso livro, o **Estreito de Magalhães**, aproximação atribulada de dois oceanos que se afrontam entre rochas, mas acabam por se fundir por debaixo, na areia. Nosso tempo presente já é o resultado dessa junção. Selena Millares (2021) destaca o caráter populista de discursos que lançam a culpa dos padecimentos atuais de nosso continente em representantes do passado, e aqui adicionamos, com a reflexão de Jacyntho Lins Brandão e com os princípios do humanismo secular, que, ademais, já sabemos que os antigos também são uma alteridade em relação a nós. Dessa forma, para tratá-los com justiça e sem ódios

---

11 No original: "Pongo gran cuidado en aumentar, por reflexión y estudio, este privilegio de insensibilidad, que naturalmente adelantó ya bastante en mí; por consiguiente, son contadas las cosas que adopto, y pocas también aquellas por que me apasiono".

manipulados, não podemos analisá-los à luz de conceitos aos quais a intelectualidade e a ciência chegaram após sua vida neste mundo. Sobre essa consideração, citamos:

> Os povos originários da América estão exigindo há tempos o respeito por seus direitos. Demonizar Colombo e a conquista a estas alturas não resolve os problemas reais que as repúblicas latino-americanas têm com essa parte de sua população. Tampouco resolve esses problemas demonizar esse 12 de outubro que projetou uma nova ponte entre os povos do mundo[12]. (Millares, 2021)

---

12 No original: "Demonizar a Colón y la conquista a estas alturas no resuelve los problemas reales que tienen las repúblicas latinoamericanas con esa parte de su población. Tampoco resuelve esos problemas demonizar ese 12 de octubre que tendió un nuevo puente entre los pueblos del mundo".

- **um** ¡Tant' amáre! ¡Campeador! – Baixa Idade Média I
- **dois** Santa Maria Strela do Dia. Reyna de los cyelos, madre del pan de trigo – Baixa Idade Média II
- **três** Nascido no rio: o pícaro no reino católico de Carlos I
- **quatro** Na noite escura. A flecha *enherbolada* de amor. A mística no reino de Felipe II
- **cinco** Un pueblo granada. Una gente *in* día. Ave sin pluma alada. A transfiguração da colônia
- **seis** Num lugar de la Mancha, de cujo nome não quero me lembrar... Dom Quixote
- **sete** Era do ano a estação florida. Pó serão, mas pó apaixonado

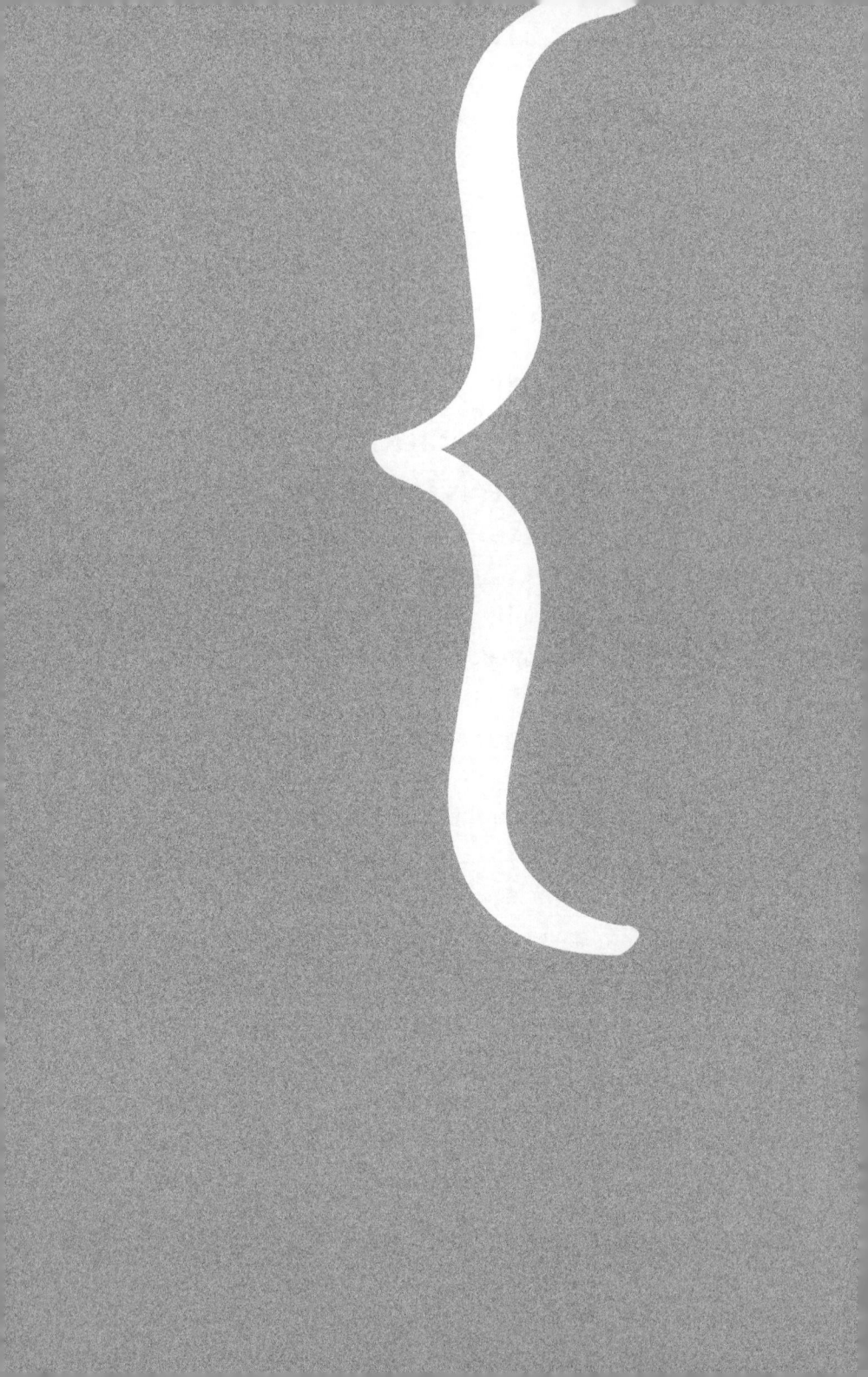

❰ COMEÇANDO PELA IDADE Média, neste capítulo, vamos tratar das *jarchas*, representadas no título pelo verso "¡Tant' amáre!", escrito em língua romance. Nossa intenção é que você entre em contato com algo da produção literária do Império Al-Andalus e que, ademais, conheça esses poemas cujo eu lírico é feminino e tem uma voz carregada de erotismo. Por outro lado, com a imagem de "¡Campeador!", você vai conhecer aquele que é considerado o grande herói espanhol, Dom Rodrigo Díaz de Vivar, líder dos cristãos nas Cruzadas, batalhas católicas da Península Ibérica contra os muçulmanos, e, mais especificamente, da Reconquista, luta contra o Império Al-Andalus. *Campeador* é adjetivo para guerreiros que vencem em campos de batalha e assim se chama a Dom Rodrigo Díaz de Vivar na épica *El cantar de mio Cid*, a primeira obra literária completamente escrita em língua espanhola. Esse herói também é conhecido como El Cid, título que tem sua origem no árabe *saiyd* e significa "senhor".

umpontoum
¡Tant' amáre! *Jarchas*: poemas em língua romance

Os textos fundadores da literatura hispânica selecionados para este livro têm como data de publicação o período que compreende do século XII ao século XVIII. Essa data foi escolhida em razão de fatos históricos, muitos dos quais se concretizaram em decorrência de um espírito ético-estético que já inspirava a cultura de cada época abarcada por tão longo tempo. Vejamos um pouco do contexto histórico.

1.1.1 Centúria de grande vitalidade

O século XII é identificado como o tempo do **renascimento cultural** em virtude do auge intelectual que abrangeu desde um refinamento do latim até a aparição das literaturas em língua romance. Carlos Alvar, José-Carlos Mainer e Rosa Navarro (2009, p. 18), reconhecidos filólogos hispanistas, afirmam:

> Desde finais do século XI se apreciam no ocidente europeu alguns signos de reviltalização intelectual, que levarão, definitivamente, ao denominado "renascimento cultural" do século XII, com tudo o que esse auge intelectual leva consigo, desde uma melhora do latim a uma maior difusão da cultura graças à incorporação das mulheres aos centros de estudos, desde um incremento dos leitores

até a aparição da literatura em línguas romances como consequência dessa difusão[1].

Todo esse furor cultural possibilita aberturas precisamente pela circulação de ideias, artes e informações. Nesse caso, podemos perceber que o século XII assiste à aparição das línguas romances, originárias do latim vulgar, ou seja, da apropriação que o **vulgo** fez da língua clássica. O trânsito da arte e das ideias obriga que setores marginalizados da partilha cultural sejam incorporados ao processo; assim ocorreu com os não eruditos que elaboraram sua própria língua e conquistaram seu espaço. O lugar das mulheres, ainda que apenas as nobres, nos centros de estudos seria outra consequência da livre circulação cultural.

Importante!

Quando se diz que as pessoas comuns infiltraram sua oralidade (a língua romance que estava se formando) e sua cultura no que se considerava alta cultura ou erudita, isso não significa uma liberação política do povo. *Vulgo*, nesse contexto, é usado para assinalar a distinção em relação ao latim clássico e denomina os homens que tinham certo prestígio intelectual na sociedade, mas uma formação cultural constituída fora das escolas religiosas de monastérios e

---

1 No original: "Desde fines del siglo XI se aprecian en el occidente europeo algunos signos de revitalización intelectual, que llevarán en definitiva al denominado 'renacimiento cultural' del siglo XII, con todo lo que ese auge intelectual lleva consigo, desde una mejora del latín a una mayor difusión de la cultura gracias a la incorporación de las mujeres a los centros de estudio, desde un incremento de los lectores, hasta la aparición de la literatura en lenguas romances como consecuencia de esa difusión".

> catedrais. Os plebeus seguiam sem direito aos estudos, ao conhecimento e à partilha cultural.

Outro fato interessante desse período é que entre as literaturas em língua romance que conquistaram prestígio estão as *jarchas*, da tradição dos moçárabes, portanto uma mistura de árabe com romance. É certo que estamos examinando um período no qual reinavam ainda os muçulmanos no Império Al-Andalus. O século XII, porém, é também o tempo das Cruzadas e da Reconquista, justamente as batalhas dos cristãos contra os árabes.

Por isso, trata-se de um contexto histórico que ofertou à humanidade tanto os poemas dos moçárabes quanto os cantares de gesta com épicas dedicadas aos heróis cristãos que venceram os árabes na Reconquista. Dessas épicas, você já sabe, querido leitor, que vai analisar aquela que é considerada a primeira manifestação literária em língua espanhola: *El cantar de mio Cid*.

Sobre isso, os três filólogos hispanistas seguem comentando no livro *Breve historia de la literatura española*: "mas o século XII é, ademais, o do auge da cavalaria e das Cruzadas, entre outros aspectos; definitivamente, trata-se de uma centúria de grande vitalidade[2]" (Alvar; Mainer; Navarro, 2009, p. 18).

> ## Importante!
>
> Os autores iniciam essa afirmação com um conectivo adversativo – *mas* – e essa sentença é continuação da primeira citação que fizemos. Ou seja, os autores colocam de modo evidente a contradição

---

2 No original: "pero el siglo XII es, además, el del auge de la caballería y de las Cruzadas, entre otros aspectos; en definitiva, se trata de una centuria de gran vitalidad".

> desse período no qual tanto as *jarchas* têm prestígio quanto, ao mesmo tempo, a épica, a qual homenageia aqueles que derrotaram os árabes.

1.1.2 *Jarchas*

Como você pôde ler na "Apresentação" e na "Introdução" deste livro, as *jarchas* são poemas curtos que costumavam ser cantados pelos moçárabes – cristãos que viviam no reino Al-Andalus, o império muçulmano que, desde o século VIII até o XV, ocupou a Península Ibérica e dominou o território que hoje é a Andaluzia.

Esses poemas faziam parte da tradição popular oral dos moçárabes e foram recolhidos por autores de idioma árabe ou hebreu e inseridos no final de suas *moaxajas*, poemas de várias estrofes com cinco ou seis versos, os quais, portanto, tinham em seu desfecho as *jarchas*.

> PRESTE ATENÇÃO!
>
> As *moaxajas* eram escritas em outro idioma – árabe ou hebreu – e seu desfecho, as *jarchas*, era escrito na língua dos moçárabes, uma mistura de árabe com romance.

O significado do nome *jarcha* tem relação com a função desses versos nas *moaxajas*. *Jarcha* é uma palavra árabe que significa "saída" ou "final". Lembre-se, caro leitor, de que os poetas inseriam as *jarchas* no final de seus poemas.

A tradição dos estudos dessas duas formas de poesia costuma usar uma imagem interessante para ilustrar sua forma e seu fundo. Em primeiro lugar, *moaxaja* significa "adornado com um tipo de cinto de volta dupla[3]" (Alvar; Mainer; Navarro, 2009, p. 25). A imagem desse cinto se deve à forma desses poemas, nos quais os quatro primeiros versos das estrofes rimam entre si e o último da mesma estrofe rima com o último da estrofe seguinte. O cinto de volta dupla que simboliza esses poemas era feito, naquela época, de pérolas e pedras preciosas, o que também simboliza o refinamento estético das *moaxajas*.

Quanto à imagem que representa as *jarchas*, como estas correspondem ao desfecho, são consideradas como o broche de ouro que finaliza o cinto que são as *moaxajas*. Essa representação também demonstra o prestígio que as *jarchas* tinham, e têm, na literatura.

> IMPORTANTE!
>
> Com relação ao refinamento mencionado, é importante saber que, naqueles tempos, muçulmanos e judeus tinham uma rica cultura que contribuiu muito para a formação da Hispanidade e, até mesmo, para toda a cultura ocidental. Poetas, escritores e filósofos ilustres merecem ser citados aqui para que você, leitor, conheça pelo menos alguns deles e pesquise mais sobre suas vidas e sua contribuição ética-estética para nossa cultura. Entre os mais reconhecidos estão **Ibn Rushd**, conhecido no Ocidente como **Averroes**, célebre filósofo e tradutor de Aristóteles, e **Ibn al-Arabi**, poeta muçulmano místico que escreveu *moaxajas* e influenciou a mística de Santa Teresa de Ávila e San Juan de la Cruz.

---

[3] No original: "adornado con un tipo de cinturón de doble vuelta".

Sobre a riqueza cultural árabe do período, Alvar, Mainer e Navarro (2009, p. 21-22) discorrem:

> Enquanto isso, os muçulmanos e judeus da Península desenvolvem uma florescente literatura, com alguns autores de primeira linha. Entre os muçulmanos se encontram: Ibn Bassam, que levou a cabo a grande antologia da poesia andaluza; Ibn Quzman, autor de uma extraordinária coleção de *zéjeles*[4]; o Saragoçano Ibn Batjatja (Avempace), poeta e filósofo, possível iniciador das formas *zejelescas*; Ibn Tufayl (Abentofáil), autor do *Filósofo autoditada*, obra de grande repercussão e cuja influência chegou até *Robinson Crusoe*; Ibn al-Arabi, poeta místico, autor de *moaxajas*; Ibn Rushd (Averroes, 1126-1198), o tradutor e comentarista de Aristóteles[5]...

Dessa extensa produção cultural, há de se mencionar que, de acordo com pesquisas acadêmicas sobre os tratadistas árabes medievais, os poetas andaluzes (de Al-Andalus) foram os criadores das *moaxajas*. Os estudos apontam que **Muqaddam ibn Mu'afa e Muhammad ibn Mahmud**, da cidade de **Cabra**, na província de **Córdoba**, as escreveram no início do século X.

---

4 "Poesía popular escrita en árabe vulgar con algunas palabras romances. Suele ser más narrativo y satírico que la moaxaja y, a diferencia de esta, presenta estribillo inicial con tres versos de misma rima y no tiene jarchas".

5 No original: "Mientras tanto, los musulmanes y judíos de la Península desarrollan una floreciente literatura, con algunos autores de primera fila. Entre los musulmanes se encuentran: Ibn Bassam, que llevó a cabo la gran antología de la poesía andalusí; Ibn Quzman, autor de una extraordinaria colección de zéjeles; el zaragozano Ibn Batjtja (Avempace), poeta y filósofo posible iniciador de las formas zejelescas; Ibn Tufayl (Abentofáil), autor del *Filósofo autodidacto*, obra de gran repercusión y cuyo influyo llega hasta *Robinson Crusoe*; Ibn al-Arabi, poeta místico, autor de moaxajas; Ibn Rushd (Averroes, 1126-1198), el traductor y comentarista de Aristóteles...".

> ## Preste atenção!
>
> A província de Córdoba faz parte do território que hoje é a Andaluzia. Como já afirmamos, da Península Ibérica povoada pelos árabes, essa parte foi a mais desenvolvida econômica e culturalmente. As *jarchas*, nosso objeto de estudo aqui, vão dar mostra disso muitas vezes.

Para ilustrar o que representou o século XII para os povos que formariam o que hoje é a Espanha e para discutir isso a partir de nossa especificidade — a literatura —, parece-nos importante examinar alguns exemplos das *jarchas*, os primeiros textos literários a serem estudados nesta seção.

Quadro 1.1 – **Exemplos de *jarchas* I**

JARCHA[6] no se kedad ni me kered gaïre kilmâ non ayo kon seno esusto dormire ma(m)â **EM ESPANHOL**[7] No se queda[8] ni me quiere decir palabra No dormiré con el seno abrasado[9], madre.	**JARCHA** baido-me ad isbilyâ fî zayî tâgir qebrare al-gudures de aben muhâgir **EM ESPANHOL** Me voy a Sevilla en traje de mercader quebrar los muros de Ibn Muhâgir

---

6 Todas as *jarchas* são de domínio público e anônimas. Pertencentes à sabedoria popular e traduzidas para o espanhol há anos, não há referência de autoria nem das traduções. Todas estão disponíveis no *site* da Biblioteca Virtual Cervantes: <https://www.cervantesvirtual.com/obra-visor/literatura-hispanoarabe--0/html/ff53f93e-82b1-11df-acc7-002185ce6064_36.html>. Acesso em: 15 abr. 2023.
7 Em razão da ausência de tradução oficial para o português e do fato de serem curtas e de fácil entendimento, optamos por manter as *jarchas* em espanhol.
8 Do verbo *quedarse*, significa "ficar, permanecer".
9 Como se o seio estivesse tomado por brasa.

Chamamos sua atenção para algumas características com base nas quais vamos analisar a forma e o fundo desses poemas.

Na primeira *jarcha*, como você já deve ter notado, a voz do poema é feminina, pois menciona uma parte do corpo da mulher: não quer dormir com o **seio** feito brasa. Ademais, observe a presença do vocativo quando a voz poética fala com sua mãe. Trata-se de duas características desses poemas, ou seja, **a voz é feminina e, em geral, fala com a mãe, com uma amiga ou com seu amado**, com frequência chamado de *amigo*.

Pelo tema dessa segunda *jarcha*, também podemos notar algo recorrente: **a voz feminina se queixa da ausência do amado**. Muitas vezes, essa ausência decorre do fato de o amado ter ido lutar nas batalhas, uma alusão às Cruzadas e à Reconquista. Nem sempre a reação da voz poética é de profunda tristeza, pois, como vamos ver em outras *jarchas*, é também comum que a mulher reaja com um senso de humor refinado.

Sobre o verso do seio abrasado, provavelmente você notou a liberdade com que essa representação feminina expressa seu desejo, ou seja, **o erotismo feminino está assumido livremente nas *jarchas***. E mais: em outros poemas, vamos ver que a mulher expressa seus desejos e também os exige de seu amado.

A primeira *jarcha* foi escolhida por nós em virtude do registro da cidade de Sevilha, importante centro de Al-Andalus e, atualmente, capital da Andaluzia. A intenção é mostrar que essa região foi tão predominante no reino árabe da Península Ibérica que **suas cidades aparecem com frequência nas** *jarchas*. Além disso, sobre o verso "em traje de mercader", há também um dado social, pois as *jarchas* têm **contexto urbano**; logo, os trabalhadores mencionados não são pastores como costumavam ser em outros poemas do período, contextualizados no campo. Sobre essas características, Alvar, Mainer e Navarro (2009, p. 28) explicam:

> A *jarcha* se desenrola em um ambiente urbano: as cidades que servem de cenário são Guadalajara, Sevilha ou Valência; ou seja, centros muito distantes, núcleos da vida árabe na Península Ibérica durante os séculos XI e XII. E, se alguma vez se faz alusão a algum ofício, não será o de pastor, nem o de moendeiro, senão o de comerciante ou o de ourives[10].

Vejamos mais algumas *jarchas* para refletirmos sobre suas características.

Quadro 1.2 – **Exemplos de *jarchas* II**

JARCHA	JARCHA
tanto amare tanto amare habîb tanto amare enfermeron olios nidios e dolen tan male	bai-se mio qoragon de mib yâ rabbî su se tornarad tan mal mio doler al-garîb enfermo ÿed quan sanarad
EM ESPANHOL ¡Tanto amar, tanto amar, amigo, tanto amar! ¡Enfermaron[11] unos ojos brillantes y duelen[12] tan mal!	**EM ESPANHOL** Mi corazón se va de mí ¡Oh Dios! ¿Acaso me volverá[13]? Tan mal (es) mi doler extraño[14] (que) enfermo está (mi corazón), ¿cuándo sanará?

---

10 No original: "La jarcha se desarrolla en un ambiente urbano: las ciudades que sirven de escenario son Guadalajara, Sevilla o Valencia; es decir, centros muy distantes, núcleos de la vida árabe en la Península Ibérica durante los siglos XI y XII. Y si alguna vez se alude a un oficio, no será el de pastor, ni al del molinero, sino al del comerciante o al del orfebre".
11 Adoeceram.
12 Doem (verbo *doer*).
13 Voltará.
14 Doer raro.

Nesses dois casos, a voz feminina se queixa da dor de amar. Na primeira *jarcha*, ela fala diretamente com o amado, e seu mal foi amar demais. Já na segunda, ela explora o tema mais frequente, que é a partida de seu amor por causa das batalhas. Se nessas *jarchas* a mulher sofre, isso nem sempre é o que ocorre, pois, às vezes, a reação se faz pela transfiguração da dor em erotismo ou em humor, como podemos ver a seguir.

Quadro 1.3 – EXEMPLOS DE *JARCHAS* III

JARCHA si si ben yâ sîdî k(u)ando benis vos y la bokella hamrâ sibarey ka-al-warsi	*JARCHA* Ya Mamma, me-w-l-habibe Bais e no más tornarade. Gar ké fareyo, ya mamma: ¿No un bezyello lesarade?
EM ESPANHOL Sí, sí, ven, oh señor mío, cuando (si) venís[15] aquí, la boquita roja[16] alimentaré (de besos) como la paloma rojiza[17].	**EM ESPANHOL** Madre, mi amigo se va y no tornará más. Dime qué haré[18], madre: ¿no me dejará[19] [siquiera] un besito?

A primeira *jarcha* traz uma voz tão segura de si e de seu desejo que chega a negociar a presença de seu amado com a oferta de jogos eróticos. Os sentidos aos quais recorre – a visão com a cor vermelha e o tato com a maciez da boca e da pomba – são sua sensualidade e a do próprio poema.

---

15 Quando vier aqui.
16 Vermelha.
17 Pomba avermelhada.
18 Me diz o que farei, mãe.
19 Não me deixará sequer um beijinho.

Na segunda, por sua vez, a mulher conversa com sua mãe e, apesar de seu desespero, consegue lidar com a dor com um pouco de senso de humor quando opta por uma personalidade mais frívola que sofrida, sonhando ao menos com um beijinho.

É importante observar que esses poemas funcionavam bem para alçar o ânimo da comunidade árabe, em batalha pelas Cruzadas e na Reconquista. Muito se pesquisa sobre a autoria das *jarchas*, ou seja, se os poetas eram homens que assumiam uma voz feminina ou se eram mulheres. Contudo, o que mais importa é considerar que, em um momento tão difícil, esses poemas eram feitos para sublimar o horror da guerra por meio do imaginário, da arte, do erotismo. O homem era o valente que renunciava à vida cômoda ao lado de sua família para defender seu povo, ao passo que a mulher era aquela que suportava a ausência de seu amado pela força do diálogo com sua mãe ou com suas amigas e por meio do imaginário e da estética.

Das *jarchas* eróticas, uma menos inocente apresenta um tom mais ousado da voz feminina e independente, além da sensualidade provocada pela beleza de joias e elementos íntimos como a cama:

> ¿Qué haré, madre?
> Mi amado está a la puerta.
>
> Deja mi brazalete y afloja mi cinto,
> [amado Ahmad].
> Sube conmigo a la cama, acuéstate[20]
> [desnudo].

---

20 Deita-te nu.

No te amaré sino con la condición
de que juntes mi ajorca de tobillo
[em mis pendientes].

O vocativo da conversa com a mãe segue presente. A voz feminina pede conselhos para saber se recebe o amado que está à porta. Notamos que não só o recebe como também o convida a deitar nu em sua cama. A atitude mais ousada dessa mulher é que ela impõe uma condição a seu amado – só se entrega se ele lhe satisfizer um capricho sexual: juntar sua "ajorca de tobillo" (uma joia como uma tornozeleira) com seus colares, em uma clara alusão a uma posição sexual.

Para refletir

Analise as seguintes *jarchas*, redija um texto destacando as principais características estudadas e justifique-as com elementos de cada poema.

JARCHA 1	JARCHA 2
ben yâ sahhârâ	ben 'indî habîbî
alba ma stá kon bi-al-fogore	si te bais mesture
k(u)and bene bide amore	trahirá samâga
	imsi ad unione
EM ESPANHOL	**EM ESPANHOL**
Em, oh hechicero[21]:	¡Em a mi lado, amigo!
un alba que está con fogor[22]	Si te vas, el engañador
cuando viene pide amor.	Traerá[23] algo malo.
	¡Ven a la unión!

21 Feiticeiro.
22 Uma aurora que está com fulgor.
23 Trará (presente do verbo *trazer*).

umpontodois
¡Campeador! Cantar de gesta em língua castelhana

Continuando nossa viagem pela Idade Média, vamos passar de uma voz feminina e seu olhar em um contexto de batalhas para as homenagens aos heróis que se sacrificaram nessas lutas. Se, por um lado, pudemos ver que as *jarchas* eram bastante comuns no reino árabe cristão da Península Ibérica, bem sabemos que o Medievo foi um período no qual se destacou a poesia épica. No caso específico do território que hoje corresponde a Portugal e Espanha, a épica era escrita com **objetivos muito claros, pois os heróis celebrados eram os que defendiam os valores cristãos**. Sobre isso, afirmam Alvar, Mainer e Navarro (2009, p. 49-50):

> Na poesia épica, um dos aspectos que mais chamam a atenção é seu caráter não problemático, asseverativo: "não descreve um lento e incerto processo que leve à aquisição de novos valores (ou que submeta os valores já adquiridos a crítica), mas, sim, que descreve a defesa e o triunfo de valores coletivamente reconhecidos, dos quais são portadores os heróis (em sua carga positiva) e os inimigos (em sua carga negativa)"[24].

---

24 No original: "En la poesía épica, uno de los aspectos que más llaman la atención es su carácter no problemático, aseverativo: 'no describe un lento e incierto proceso que lleve a la adquisición de nuevos valores (o que someta a la crítica valores ya adquiridos), sino que más bien describe la defensa y el triunfo de valores colectivamente reconocidos, de los cuales son portadores los héroes (en su carga positiva) y los enemigos (en su carga negativa)'".

Em outras palavras, a épica tem um tom didático, pois se volta ao propósito de educar para os valores compartilhados pela comunidade – nesse caso, a cristã –, mirando-se no exemplo do herói, o qual funciona muito mais como modelo pelo fato de ter existido, ou seja, de não ser ficcional. Outras características são mencionadas pelos três filólogos: "Naturalmente, este caráter asseverativo incide na 'objetividade' da epopeia como gênero e se apoia ou em uma base histórica ou em uma tradição unanimemente admitida pelo público e considerada como verdadeira[25]" (Alvar; Mainer; Navarro, 2009, p. 50). Isso significa que o que a épica tem de objetividade, sua porção possível de objetividade, j que se trata de literatura, apoia-se **ou em um fato histórico ou em uma tradição compartilhada pelo público** (no caso já explicado, a fé cristã).

Por ter como objetivo a confirmação de valores comunitários e por se referir a fatos históricos, a épica é um **poema narrativo**. Isso se deve à condição de que esses poemas **expõem feitos louváveis realizados e transmitem fatos com caráter objetivo**, o que por si os despoja de características líricas. Por todos esses aspectos, **o que mais importa na épica é a ação** e, portanto, não há tanto aprofundamento na caracterização psicológica ou em análises de sentimentos dos personagens.

Geralmente, os poemas épicos eram cantados pelos **trovadores**, os quais eram artistas de rua que ofereciam sua arte em troca de comida. Esses poemas cantados, somados aos líricos,

---

25 No original: "Naturalmente, este carácter aseverativo incide en la 'objetividad' de la epopeya como género y se apoya o bien en una base histórica o bien en una tradición unánimemente admitida por el público y considerada como verdadera".

também cantados pelos trovadores, são denominados, em espanhol, *mester de juglaría*. Como os épicos eram feitos para consolidar os valores da comunidade, também se chamam **cantares de gesta**. Com o desenvolvimento das línguas romances e com o uso do latim como língua de cultura, os poemas épicos passaram da oralidade à escrita.

Da tradição castelhana, pouco se conservou dos cantares de gesta, o que de maneira alguma significa que houve poucos, pois, como comentam Alvar, Mainer e Navarro (2009), a historiografia medieval tem rastreado continuamente lendas épicas desde o final do século IX. Dessa forma, um número alto de lendas orais certamente foi registrado por escrito em épicas que se perderam.

A tradição costuma ordenar em três ciclos temáticos os cantares de gesta conservados e que formam a epopeia espanhola:

1. **Condes de Castilha:** *Cantar de los Siete Infantes de Lara, Cantar de la Condesa Traidora, Romanz del Infant García, Cantar de Fernán Gonçález.*
2. **Ciclo del Cid:** *Cantar del mio Cid, Cantar de Sancho II, Mocedades de Rodrigo.*
3. **Ciclo francês:** *Roncesvalles, Mainete, Bernardo del Carpio.*

Como você já sabe, estimado leitor, neste livro vamos nos concentrar na obra *El cantar de mio Cid*, a história de Dom Rodrigo Díaz de Vivar, herói das Cruzadas.

1.2.1 Mio Cid Ruy Díaz de Dios, alcance graça!

O herói homenageado nesse cantar de gesta anônimo, Dom Rodrigo Díaz de Vivar, foi um nobre que viveu na segunda metade do século XI e que conquistou Valência para os cristãos em 1094. El Cid morreu em 1099. A obra é composta por 3.735 versos com distintos números de sílabas e relata os feitos heroicos inspirados nos últimos anos de vida desse herói.

Sobre o tema, trata-se do comum na épica: a **honra**. A luta para recuperar a honra perdida, indispensável para uma vida nobre, é o que estimula o herói a se arriscar nas batalhas. O motivo da perda da honra de El Cid é uma injusta acusação de roubo, pela qual ele é desterrado. Naquela época, o desterro já era uma desonra.

Com a conquista de Valência, o campeador conquista o perdão do rei e recupera sua honra inclusive com o senhorio das terras conquistadas. O herói também consegue outro feito importante para confirmar sua nobreza, ao acordar o casamento de suas filhas com os infantes de Carrión.

No entanto, outra perda de honra atravessa seu caminho: os infantes ultrajam suas filhas com agressões físicas em público, o que para as leis da época era uma desonra inaceitável para uma mulher nobre e para sua família. Contudo, El Cid já contava com a admiração do rei e reage com uma petição de anulação dos matrimônios em um julgamento da Coroa. Os infantes de Carrión ficam difamados publicamente e são despojados dos privilégios que antes detinham como membros do séquito real. Já as filhas do herói conseguem um acordo de casamento com reis da Espanha, alcançando o auge da ascensão social.

> Importante!
>
> Como você pôde notar, caro leitor, a honra é tratada de duas maneiras: pela moral política, pois a primeira vez que o campeador a perde é uma injusta acusação de roubo; e por descrédito familiar, já que suas filhas são humilhadas em público, o que também podia colocar seu papel de pai em xeque. É importante destacar que esses valores tinham muito peso naquela época. El Cid empreende uma luta difícil, arrisca sua vida para limpar seu nome e o de sua família. Ademais, preocupa-se com o futuro de sua família e com as gerações vindouras que levarão seu sobrenome e lhe darão continuidade. Agora você já sabe por que esses poemas recebem a denominação de **cantares de gesta**. O exemplo de esmero com o próprio nome, com a família e com a posteridade mostra como são essenciais em homens que vão formar uma pátria, porque são características de quem tem valor, caráter e, por isso, construirá uma comunidade justa.

Para esclarecer como esses temas estão simbolizados na obra, vamos examinar fragmentos divididos em cada um dos três cantares.

1.2.1.1 Cantar do desterro

Dom Rodrigo Díaz de Vivar é desterrado por **Alfonso VI de Castilha** injustamente por uma mentira que García Ordóñez conta ao rei para se vingar do campeador. El Cid era aquele que, em nome do rei, cobrava os tributos atrasados. Quando foi cobrar de Ordóñez, este o humilhou; para não perder a honra, El Cid o desafiou para uma batalha, conhecida como Combate de Labra, a qual ganhou. O mau perdedor inventa, então, para o rei que Cid havia ficado com parte do dinheiro do tributo. O rei acredita em Ordóñez e decreta o desterro de El Cid, retirando-lhe também o poder paternal de suas filhas.

Vejamos alguns fragmentos (Cantar..., 2023) que narram os feitos de El Cid como protótipo de nobreza heroica:

I

El Cid sai de Vivar para o desterro

Narrador

Pelos seus olhos	tão fortemente chorando
volvia a cabeça	e estava-o fitando.
Viu portas abertas	e entradas sem cadeados,
alcândoras vazias	sem peles e sem mantos
e sem falcões	e sem açores mudados. 5
Suspirou meu Cid	por ter muito grandes cuidados.
Falou meu Cid	bem e tão ponderado:

Cid

"Louvor a Vós, Senhor,	Pai que estais no alto!
Isto me armaram	inimigos malvados!"

Antes de comentar o conteúdo, vamos analisar a **forma**:

- A obra já se inicia com a orientação "El Cid sai de Vivar para o desterro", ou seja, não há uma introdução ao tema. Nesse caso, dizemos que a obra se inicia *in medias res*.

- Os versos estão ordenados em dois dos hemistíquios (cada uma das partes de um verso de arte maior) separados por cesura (pausa interna).
- Não há estrofes, mas os versos se agrupam em tiradas (séries de versos com uma mesma rima assoante).

Sobre o **conteúdo**, há aspectos muito importantes, como o pranto do campeador por causa de seu imenso amor por sua terra, o que é prova de seu valor, de seu bom caráter. Além disso, o verso "Falou meu Cid bem e tão ponderado" é bastante relevante, pois não ser instintivo, ou seja, saber agir com mesura, é igualmente prova de hombridade.

> **Importante!**
>
> O valor da mesura está na filosofia clássica com Aristóteles em sua *Ética a Nicômaco*, na qual o filósofo reflete a favor da **justa medida**, ou seja, o ponto equidistante entre dois extremos opostos como a verdadeira virtude moral. Para alcançar a justa medida, é necessário ter **prudência**, a qual é resultante da mediação racional dos impulsos (Aristóteles, 2002).

Apesar de El Cid ter sido desterrado pelo rei e de, por consequência, todo o povo ficar proibido de ajudá-lo, ele não deixa de ser admirado e respeitado por todos precisamente em virtude de seu bom caráter, pautado nos valores cristãos ocidentais. Passagens da obra demonstram como o herói é especial tanto para o povo quanto para os seres divinos. Vejamos a admiração do povo primeiro (Cantar..., 2023):

3
Entrada desoladora em Burgos

Narrador

Meu Cid Ruy Díaz	por Burgos entrava,	15
em sua companhia	sessenta pendões levava.	
Saíam a vê-lo	mulheres e varões,	
burgueses e burguesas	até as janelas vão,	
chorando pelos olhos,	tanto sentiam a dor.	
Por suas bocas	todos só davam uma razão:	
"Deus, que bom vassalo!	Se tivesse bom senhor!"	20

El Cid é tão querido que o povo sofre por ter de obedecer à proibição do rei. De qualquer maneira, os versos indicam que não era só nosso herói que chorava por seu infortúnio; também todas as mulheres e homens daquelas terras o faziam: "chorando pelos olhos, / tanto sentiam a dor". Ademais, todos reconhecem o bom homem cristão e de valor que é o campeador: "'Deus, que bom vassalo! / Se tivesse bom senhor!'". Aqui, percebemos que a crítica se faz ao rei, que deu ouvidos à mentira de um invejoso e acabou por castigar seu vassalo fiel e honrado.

Por se tratar também de uma obra didática, a jornada do herói que humildemente luta para recuperar sua honra com mesura e com respeito ao rei, sempre mantendo, ainda, sua fé em Deus, é exemplar. Não há sede de vingança, não há contestação em relação aos desígnios de Deus; o que há é uma força de vontade para se salvar e, sobretudo, para salvar sua família por amor próprio e por amor ao próximo.

As atitudes do rei nada têm de mesura, muito pelo contrário, ele faz graves ameaças aos súditos que queiram ajudar o campeador. Os humildes não podem desobedecer-lhe (Cantar..., 2023):

4

Ninguém da hospedagem a El Cid por temor ao Rei. Só uma menina de nove anos pede a El Cid que se vá. El Cid acampa no cascalho do rio Arlanzón[26]

Narrador

O convidariam de bom grado,   mas ninguém ousava;
O rei dom Alfonso   tinha tão grande sanha;
Antes da noite,   em Burgos aonde chegou sua carta,
Com grande recato   e fortemente selada:
Que a meu Cid Ruy Díaz,   que ninguém lhe desse pousada, 25
E aquele que lhe desse   soubesse veraz palavra,
Que perderia os haveres   e ademais os olhos da cara,
E ainda mais   os corpos e as almas.
Grande dor teria   a gente cristã;
Escondam-se de meu Cid,   que não lhe ousem dizer nada,   30
O Campeador   se alinhou a sua pousada.
Assim que chegou à porta,   achou-a bem fechada;
Por medo do rei Alfonso   que assim o concordaram:
Que se não a quebrasse por força,   que não a abrissem por nada.
[...] 35

Menina

Ah, Campeador,   que em boa hora cingiste espada!
Pelo Rei está vedado,   pela noite chegou sua carta
Com grande recato   e fortemente selada.

---

[26] As próximas versões são da própria autora.

Não te ousaríamos abrir	nem acolher por nada;	
Se não, perderíamos	os haveres e as casas,	45
E, ademais,	os olhos das caras.	
Cid, no nosso mal	não ganhas nada;	
Mas o Criador te valha	com todas as tuas virtudes santas.	

Sobre a admiração divina enquanto está lutando para recuperar sua honra, El Cid tem uma epifania (Cantar..., 2023):

19
O anjo Gabriel aparece em sonhos a El Cid

Ali se deitava meu Cid,	depois que ceou;	
Colheu um doce sonho,	tão bem adormeceu.	405
O anjo Gabriel	em sonho lhe apareceu:	

Anjo

Cavalga, Cid,	o bom Campeador,	
Que nunca em tão bom ponto	cabalgou varão;	
Enquanto viverdes	bem sairá tudo a vós.	

Narrador

Quando despertou el Cid,	a cara se santiguou;	410
Se persignava a cara,	a Deus se encomendou;	
Estava muito contente	do sonho que sonhou.	

> ### Para refletir
>
> No fragmento 4 de *El cantar de mio Cid* (Cantar, 2023), vemos a desmesura do rei, a obrigação de obediência dos vassalos pelas ameaças reais e o apreço que todos têm por El Cid. Reflita sobre

> o poder do rei, o qual só pode incidir sobre as coisas materiais, e outros dois poderes, representados pela menina e pelo anjo Gabriel. Redija um parágrafo no qual discorra sobre que força, segundo a concepção cristã, tem mais importância para a vida digna e como está representada nos fragmentos.

1.2.1.2 Cantar das bodas das filhas de Cid

O campeador conquista Valência e o perdão do rei. Em razão disso, consegue também que suas filhas, novamente honradas por terem um pai nobre, contraiam matrimônio com filhos de nobreza superior (Cantar..., 2023):

> 82
>
> Missão de Minaya ao Rei. Irritação de García Ordóñez. O Rei perdoa El Cid e sua família e dá autorização para os que queiram ir com El Cid. Os infantes de Carrión planejam o matrimônio com as filhas de Cid
>
> Minaya
>
> | ¡Mercê, senhor Alfonso, | por amor do Criador! | |
> |---|---|---|
> | Beijava vossas mãos, | meu Cid lidador, | |
> | Os pés e as mãos, | como a tão bom senhor, | |
> | Que vos tenha mercê, | assim vos valha o Criador! | |
> | O tocastes da terra, | não tem vosso amor; | 1325 |
> | Ainda que em terra alheia, | ele bem por vós obrou; | |
> | Ganhando a Jérica | e a Onda por nome; | |
> | Tomou a Almenar | e a Murviedro que é melhor; | |
> | Assim fez com Cebolla | e depois com Castellón, | |
> | E Peña Cadiella, | que é uma penha forte; | 1330 |
> | Com estas todas, | de Valência é senhor | |

Bispo fez de vossa mão	o bom Campeador;	
E fez cinco lidas campais	e todas as ganhou	
Grandes são as vantagens	que lhe deu o Criador.	
Há aqui os sinais,	verdade digo ao senhor:	1335
Cem cavalos	fortes e corredores,	
De selas e de freios,	todos guarnecidos são;	
Beijai-vos as mãos	e que vós os tomeis;	
Tende esse por vosso vassalo	e a vós tem por senhor.	

Narrador

Alçou a mão destra,	o Rei se santigou:	1340

Rei

De tão grandes vantagens,	como fez o Campeador,
Assim me valha são Isidro!,	me apraz de coração,
E me apraz das novas	que faz o Campeador;
Recebo estes cavalos	que me envia de dom.

Minaya encontra com o rei e quer informá-lo sobre a lealdade de El Cid e sobre todos os feitos heroicos dele em nome de sua majestade. Observe, caro leitor, que Minaya destaca o ato concessivo do campeador, já que o rei não teve comedimento ao lidar com ele. Isso está nos seguintes versos (considere o conectivo concessivo "ainda que"): "O tocastes da terra, / não tem vosso amor; // Ainda que em terra alheia, / ele bem por vós obrou".

Depois de mencionar que El Cid cumpriu seu dever de fidelidade ao rei mesmo tendo sido maltratado por ele, Minaya cita todas as terras conquistadas pelo herói, assim como os cavalos conquistados, os quais o herói manda de presente ao rei como prova de sua fidelidade irrestrita.

O rei, então, anuncia seu perdão (Cantar..., 2023):

82
[...]

Minaya
    Mercê vos pede El Cid, se vos caísse em sabor,
    Por sua mulher dona Jimena e suas filhas ambas por amor:
    Sairiam do monastério, onde ele as deixou,
    E iriam para Valência ao bom Campeador.

Narrador
    Então disse o Rei:

Rei
    Apraz-me de coração.   1355
    Eu lhes mandarei dar conduto enquanto por minha terra forem;
    De afronta de mal cuidá-las e de dissabor.
    Quando ao cabo de minha terra estas donas forem,
    Cuidai como as sirvais vós e o Campeador.
    Ouvi-me, exércitos, e toda a minha corte: 1360
    Não quero que nada perca o Campeador;
    A todos os exércitos, que a ele dizem senhor,
    Porque os deserdei, todos eu os solto;
    Sirvam-lhes suas herdades por onde for o Campeador;
    Protejo-lhes os corpos do mal e da sem-razão;   1365
    Por tal faço isto que sirvam a seu senhor.

Narrador
    Minaya Álvar Fáñez as mãos lhe beijou.
    Sorriu o Rei, tão agraciado falou:

Rei
    Os que quiserem ir a servir o Campeador
    De mim sejam livres e vão com a graça do Criador;   1370
    Mais ganharemos nisto que em outro dissabor.

Observe, leitor, que El Cid pede perdão mais por sua mulher e por suas filhas que por si mesmo: "Mercê vos pede El Cid, / se vos caísse em sabor, // Por sua mulher dona Jimena / e suas filhas ambas por amor".

Dos versos 1355 a 1365, vemos que o rei perdoa o campeador ("Eu lhes mandarei dar conduto") e lhes devolve a honra ("De afronta de mal cuidá-las e de dissabor"). O perdão tem relação com a moral, mas também com os bens materiais: "Porque os deserdei, / todos eu os solto; // Sirvam-lhes suas herdades / por onde for o Campeador".

1.2.1.3 Cantar da afronta de Corpes

As filhas se casam com os infantes de Carrión, mas eles se revelam vis e, para manchar a honra de El Cid, escarnecem das duas na "Afronta de Robledal de Corpes" (Cantar..., 2023):

128
[...]

Infantes
   Crede bem,   dona Elvira e dona Sol,
   Aqui serais escarnecidas   nestes ferozes montes.   2715
   Hoje nos partiremos   e deixadas sereis de nós;
   Não tereis parte   em terras de Carrión.
   Irão estes mandados   a Cid Campeador;
   Nos vingaremos nesta   pela do leão.

[...]

Sol

Por Deus vos rogamos,	dom Diego e dom Fernando, nós!	2725
Duas espadas tendes	afiadas e fortes;	
A uma dizem Colada	e à outra Tizón;	
Cortai-nos as cabeças,	mártires seremos nós.	
Mouros e cristãos	falarão desta razão;	
Que, pelo que nós merecemos,	não o recebemos nós;	2730
Tão maus exemplos	não façais sobre nós.	
Se formos golpeadas,	vos desonrareis vós;	
Vos reprimirão	em vistas ou nas cortes.	

Observe, caro leitor, que as filhas de El Cid têm tanto valor quanto ele, pois, quando veem que a perda de sua honra é simplesmente para que seu pai caia em desgraça novamente, preferem perder a vida e pedem isso aos infantes covardes: "Cortai-nos as cabeças, / mártires seremos nós".

O pedido soa ingênuo justamente porque pessoas de bom coração sempre acreditam que os demais também são capazes de ter piedade. Infelizmente, porém, nem sempre é assim. Vejamos a crueldade dos infantes (Cantar..., 2023):

128

[...]

Narrador

O que rogam as donas	não lhes dá nada pró.	
Já lhes começam a golpear	os infantes de Carrión;	2735
Com as cilhas corrediças,	batem tão sem sabor;	
Com as esporas agudas,	onde elas têm mau sabor,	
Rompiam as camisas e as carnes	delas ambas em dor;	

Limpo saía o sangue	sobre seus *mantons*[27].	
Já o sentem elas	em seus corações	2740
Qual ventura seria esta,	se rogasse ao Criador	
Que chegasse agora	El Cid Campeador!	
Tanto as supliciaram	que sem alento são;	
Sangrentas nas camisas	e todos os *mantons*.	
Cansados são de ferir	eles ambos as duas,	2745
Competindo ambos	qual dará melhores golpes.	
Já não podem falar	dona Elvira e dona Sol;	
Por mortas as deixaram	no Robledo de Corpes.	

Os infantes se revelam tão vis que competem para decidir quem mais fere as duas: "Cansados são de ferir / eles ambos as duas, // Competindo ambos / qual dará melhores golpes".

Lembre-se de que dona Sol, a filha de nosso herói, avisa aos vilões que, se as machucam e desonram, terão de prestar contas ao rei. Isso está nos versos do fragmento 128, no primeiro que citamos: "Se formos golpeadas, / vos desonrareis vós // Vos reprimirão / em vistas ou nas cortes".

Pois dona Sol tinha razão: El Cid pede justiça ao rei e este lhe concede o direito ao julgamento nas Cortes. Toda a história de vida e todo o valor do campeador lhe servem de salvo-conduto e, por isso, as Cortes lhe devolvem uma vez mais a honra, desonrando os infantes de Carrión. As filhas de Dom Rodrigo Díaz de Vivar se casam com os infantes de Navarra e Aragón e se tornam rainhas. A narração faz questão de dizer que esses infantes são superiores aos de Carrión, pois têm parentesco com os reis.

---

[27] No original, "ciclatones", termo que designa uma peça de roupa em forma de túnica usada pela nobreza na Idade Média.

Esse prêmio faz parte da porção didática da obra, ou seja, é uma maneira de defender que uma vida pautada pelos bons valores sempre encontrará a felicidade.

Vejamos o feliz desfecho da história:

152
[...]

Cid

    Graças ao Rei do céu,   minhas filhas vingadas são!
    Agora as tenham livres   as herdades de Carrión!   3715
    Sem vergonha as casarei   doa a quem doa ou a quem não.

Narrador

    Andaram em pleitos   os de Navarra e de Aragón;
    Tiveram sua consulta   com Alfonso o de León;
    Fizeram seus casamentos   com dona Elvira e com dona Sol.
    Os primeiros foram grandes   mas estes são melhores;   3720
    Com maior honra as casa   que o que primeiro foi:
    Vede qual honra cresce   ao que em boa hora nasceu,
    Quando senhoras são suas filhas   de Navarra e Aragón.
    Hoje os reis da Espanha   seus parentes são;
    A todos alcança honra   pelo que em boa hora nasceu.   3725
    Deixado este século
        o dia de quinquagésima.   De Cristo haja perdão!
    Assim façamos todos   justos e pecadores!
    Estas são as novas   de meu Cid o Campeador;
    Neste lugar,   se acaba esta razão.   3730
    Quem escreveu este livro   dele Deus paraíso, amém!
    Per Abbat escreveu   no mês de maio,
    Na era de Mill e CC (e) XLV anos.

Antes de comentar alguns aspectos desse fragmento, é importante explicar a presença de **Per Abbat** como quem se declara escritor da obra. Na Idade Média, o que havia eram copistas de tradições orais ou de manuscritos. Tendo isso em vista, há duas linhas de estudo para o caso: os intitulados **individualistas**, que acreditam em uma possível escrita a partir da criação poética, e os **neotradicionalistas**, os quais defendem que os escritores do Medievo eram escrivães notários que copiavam as histórias que ouviam dos trovadores. Com relação a essas duas possibilidades, Alvar, Mainer e Navarro (2009, p. 57) esclarecem:

> No primeiro caso, supõe-se que Per Abbat era um homem culto, formado fora da Espanha, com conhecimentos profundos de várias matérias, que teve acesso a certa documentação relacionada com Rodrigo Díaz de Vivar e que, imitando as modas literárias ultrapirenaicas, decidiu escrever um cantar de gesta sobre o herói castelhano. No segundo caso, Per Abbat seria um simples e paciente notário, que se limitou a pôr por escrito um poema já existente na tradição, conhecido por todos: a origem do texto haveria de buscá-la muito antes desse mês de maio de 1207 com que encerra seu trabalho[28].

---

28 No original: "En el primer caso, se supondrá que Per Abbat era hombre culto, formado fuera de España, con conocimientos profundos de varias materias, que tuvo acceso a cierta documentación relacionada con Rodrigo Díaz de Vivar y que, a imitación de las modas literarias ultrapirenaicas, decidió escribir un cantar de gesta sobre el héroe castellano. En el segundo caso, Per Abbat sería un secillo y paciente notario, que se limitó a poner por escrito un poema ya existente en la tradición, conocido por todos: el origen del texto habría que buscarlo mucho antes de ese mes de mayo de 1207 con que cierra su trabajo".

O manuscrito de *El cantar de mio Cid* termina com uns versos adicionados que são especificamente para que o trovador que os cante peça sua recompensa:

> O romance está lido,
> Dai-nos do vinho;
> Se não tendes dinheiros,
> Lançai ali umas prendas,
> Que bem vos darão sobre eles. (Cantar..., 2023)

Para refletir

Agora, releia o fragmento 4, no qual a menina conversa com nosso herói. Ela usa um vocativo muito frequente na obra para se referir a El Cid: "Ah, Campeador, / que em boa hora cingiste espada!". Esse epíteto representa bem o caráter louvável de Dom Rodrigo, pois demonstra que ele é hábil com a espada, mas não a usa de maneira instintiva e por motivos torpes; ao contrário, pensa antes de usá-la ou o faz sem pensar somente em caso de defesa de si e dos demais.

Enquanto o destino de El Cid lhe exige que esteja em batalhas por sua honra e pela de sua família, seu epíteto ao longo da obra é "o que em boa hora cingiu espada!". Porém, quando alcança seu final feliz, o narrador troca o epíteto para "o que em boa hora nasceu". Reflita sobre essa mudança, considerando a transformação do destino, e redija um parágrafo para explicar sua interpretação para o fato.

Ainda sobre o epíteto, após o fim das batalhas, ele aparece duas vezes na fala final do narrador. No verso "A todos alcança honra /

pelo que em boa hora nasceu", há um contraste com as imposições do rei no início da narrativa. Redija um parágrafo no qual explicite esse contraste e, depois, discorra sobre o aspecto linear da narração e sua essencialidade para o final feliz do herói.

Indicações culturais

1. Se você quiser se aprofundar mais nos estudos sobre o convívio cultural harmônico entre cristãos, judeus e muçulmanos na Península Ibérica durante a Baixa Idade Média, não pode deixar de ler o estudo de quem foi a grande especialista em história medieval da Espanha, a pesquisadora cubana, naturalizada norte-americana, María Rosa Menocal. Seu livro em español é intitulado *El ornamento del mundo: cómo los musulmanes, judíos y cristianos crearon una cultura de tolerancia en la España medieval*. A seguir, deixamos as referências de edições da Espanha e do Brasil.

   MENOCAL, M. R. El ornamento del mundo: cómo los musulmanes, judíos y cristianos crearon una cultura de tolerancia en la España medieval. Barcelona: Plaza y Janés, 2003.

   MENOCAL, M. R. O ornamento do mundo: como muçulmanos, judeus e cristãos criaram uma cultura de tolerância na Espanha medieval. Rio de Janeiro: Record, 2004.

2. Se a história de El Cid lhe interessou, indicamos uma obra contemporânea do escritor Arturo Pérez-Reverte intitulada *Sidi: um relato de frontera*. O escritor espanhol, membro da Real Academia Espanhola (RAE), grande admirador do

Campeador e de filmes de faroeste, decidiu escrever a narrativa da vida e das batalhas do herói das Cruzadas de acordo com sua perspectiva pessoal sobre a Espanha e com base em seus estudos sobre o contexto da época.

PÉREZ-REVERTE, A. **Sidi**: un relato de frontera. Madrid: Alfaguara, 2019.

3. Os cantares de gesta eram feitos para ser cantados pelos trovadores. Graças às pesquisas do Prof. Dr. Thiago César Viana Lopes Saltarelli, da Universidade Federal de Minas Gerais (UFMG), professor de Filologia Românica e Literatura Medieval e violinista amador, e graças, obviamente, à sua generosidade, podemos compartilhar com você indicações preciosas: *links* da obra *El Cid* cantada por um filólogo e musicólogo da Universidad Autónoma de Barcelona, o Prof. Dr. Antoni Rossell.

ESTRENO em España de la película "El Cid cantado por Antoni Rossell". 24 nov. 2017. Disponível em: <https://www.youtube.com/watch?v=37iI6unbZjw>. Acesso em: 15 abr. 2023.

ANTONI Rossell: El Cantar de mío Çid (vol. 2). 31 jul. 2014. Disponível em: <https://www.youtube.com/watch?v=wQA5YR_DW00>. Acesso em: 15 abr. 2023.

ANTONI Rossell: El Cantar de mío Çid (vol. 2) – vv. 527-610. 31 jul. 2014. Disponível em: <https://www.youtube.com/watch?v=6ChIOqWmDFY>. Acesso em: 15 abr. 2023.

Síntese

Neste capítulo, analisamos dois estilos literários da Baixa Idade Média: as *jarchas* e a épica com o cantar de gesta representado pelo *Cantar de mio Cid*. Você pôde constatar que esses dois estilos se diferenciam bastante inclusive por sua origem cultural, já que as *jarchas* são criação dos moçárabes, árabes cristãos que viviam no reino muçulmano da Península Ibérica, ao passo que o cantar de gesta para El Cid é justamente uma homenagem ao grande herói que derrotou muitos árabes nas Cruzadas, batalhas dos cristãos contra os muçulmanos.

Além disso, vale destacar novamente que as *jarchas* são a voz feminina sobre a dor e a transfiguração do trágico diante da guerra e da perda do amado, enquanto as épicas são uma homenagem a esses guerreiros e, portanto, têm uma voz que ressalta a virilidade, a coragem de homens que não temem a morte quando a têm de enfrentar para defender seu povo e seus valores. Assim era o *ethos* do homem do Medievo. Isso só demonstra a heterogeneidade que a cultura hispânica abraça e reconhece como sua.

Atividades de autoavaliação

1. Leia as seguintes *jarchas* e assinale a alternativa correta de acordo com seus temas:

JARCHA 1	JARCHA 2
ben 'indî habîbî si te bais mesture trahirá samâga imsi ad unione **EM ESPANHOL** ¡Ven a mi lado, amigo! Si te vas, el engañador traerá algo malo. ¡Ven a la unión!	al-sa'amu mio hâli borqe hâlî qad bâri ke farey yâ ümmi fâniqî bad lebare **EM ESPANHOL** La muerte es mi estado, porque mi estado (es) desesperado ¿Qué haré, oh madre mía? El que me mima va a marcharse[29].
JARCHA 3	JARCHA 4
qultu es yuhayyî bokel(l)a hulú mitl esaquí **EM ESPANHOL** Dije: 'Cómo reanima a una boquita algo dulce como eso'.	yâ qoragonî ke keres bon amar mio al-furâr lesa ë tu non le lesas dë amar **EM ESPANHOL** ¡Oh corazón mío, que quieres amar bien! Mi corderito se va y tú no le dejas de amar.

a. Na *jarcha* 2, o amado não corresponde ao amor da voz feminina.
b. Na *jarcha* 4, o vocativo do poema é *"corderito"*.
c. Na *jarcha* 1, a voz feminina resiste à ausência do amado com humor.
d. Na *jarcha* 3, a sublimação da ausência do amado é impossível.
e. Na *jarcha* 2, o recurso do vocativo é ausente.

---

29 Ir embora.

2. Analise a seguinte *jarcha* e indique V para as afirmações verdadeiras e F para as falsas.

> Boquita de collar,
> dulce como la miel,
> ven, bésame.
> Dueño mío Ibrahim,
> ¡oh, dulce nombre,
> ven a mí de noche!
> Si no quieres, yo iré a ti.
> ¡Dime dónde puedo encontrarte!
> Amiguito, decídete.
> Ven a tomarme,
> bésame la boca,
> apriétame los pechos,
> junta ajorca[30] y arracada[31].
> Mi marido está ocupado.

( ) "Boquita de collar" é uma imagem para o amado Ibrahim.

( ) "Boquita de collar" é também um vocativo.

( ) Só o amado pode fazer o romance se realizar.

( ) A amada reprime seus desejos eróticos.

( ) A voz feminina sublima a ausência do amado pelo humor.

Agora, assinale a alternativa que apresenta a sequência correta:

a. V, F, V, F, F.
b. V, V, F, F, F.
c. F, F, V, F, V.
d. F, F, F, V, V.
e. V, F, F, V, V.

---

30 Joia em forma de argola, usada nos pulsos, braços ou tornozelos.
31 Brincos.

3. Sobre *El Cantar de mio Cid*, a seguir, analise os versos em que o rei proíbe seus súditos de ajudar El Cid e assinale a alternativa **incorreta**:

E aquele que lhe desse	soubesse veraz palavra,
Que perderia os haveres e	ademais os olhos da cara,
E ainda mais	os corpos e as almas.
Grande dor teria	a gente cristã; (Cantar..., 2023)

a. O rei ameaça primeiro de retirar os bens materiais dos desobedientes.
b. Um dos versos demonstra que o rei podia ameaçar a integridade física de seus vassalos.
c. No penúltimo verso, uma ameaça do rei mostra que o contexto lhe dava poder divino.
d. Os que eram cristãos de verdade obedeciam ao rei sem ter remorso em relação a El Cid.
e. Para retratar a fúria do rei, os versos de sua ameaça estão em gradação ascendente (da menor para a maior).

4. Quando Minaya pede o perdão do rei para El Cid, o soberano apresenta um discurso no qual fala como representante de Deus. Isso se deve ao contexto teocentrista e ao fato de que o rei era considerado vicário direto de Deus na terra. Assinale a alternativa na qual constam os versos que demonstram esse poder do rei:
a. "Eu lhes mandarei dar conduto".
b. "Protejo-lhes os corpos do mal e da sem-razão".
c. "Sirvam-lhes suas herdades".
d. "Os que quiserem ir a servir o Campeador".
e. "Porque os deserdei, todos eu os solto".

5. Sobre *El cantar de mio Cid* e o contexto do Medievo, é comum lermos, inclusive em livros de História, que se tratou de um período de trevas no qual não havia possibilidade de justiça para a plebe ou os menos favorecidos. Porém, há fatos na obra que mostram a justiça ao lado dos que agem pelo bem. Analise as afirmações a seguir e indique V para os fatos que mostram que não bastava ser nobre para ser perdoado das más ações e que os menos favorecidos alcançavam perdão pelas boas ações e F para os fatos que não confirmam isso.

( ) As filhas de El Cid, menos nobres que os Carrión, são desonradas por eles.

( ) El Cid, inferior ao rei, reconquista sua honra perdida depois de ser considerado traidor.

( ) As filhas de El Cid, mulheres sem honra após os Carrión, conseguem se casar com homens mais nobres que eles.

( ) Os Carrión, mais nobres que El Cid, perdem o julgamento que o Campeador pede ao rei em contra eles.

( ) O rei, mais nobre que El Cid, não é obedecido por seus vassalos quando os proíbe de ajudar o Campeador.

Agora, assinale a alternativa que apresenta a sequência correta:

a. F, V, F, V, V.
b. V, F, F, V, F.
c. F, F, V, F, V.
d. F, V, V, V, F.
e. V, V, F, F, V.

Atividades de aprendizagem

Questões para reflexão

1. A epígrafe deste livro é uma citação de Octavio Paz, escritor, poeta e intelectual mexicano, na qual ele diz que o trágico da história é um fato do qual o homem se libera apenas por transfiguração por meio da criação. Sobre o século XII, já se sabe dos fatos históricos, ou seja, as lutas sangrentas das Cruzadas e da Reconquista. Redija um parágrafo sobre o papel das *jarchas* como transfiguração do trágico e como justificativa para a denominação de Alvar, Mainer e Navarro (2009) para esse século como uma "centúria de grande vitalidade".

2. Ainda sobre a transfiguração de um fato trágico em estética, em 2020, durante a pandemia de covid-19, vários cantores da Espanha se reuniram para gravar uma canção famosa que fala sobre resistir perante os problemas da vida. Essa música fez parte de um filme de Pedro Almodóvar e é intitulada *Resistiré*. Seu vídeo circulou pelas redes sociais e de fato funcionou como resistência naqueles momentos de confinamento. Relembre um momento difícil de sua vida – particular ou político do país ou do mundo – quando algum campo estético o ajudou a resistir ou a combater a dor. Em um parágrafo, relate qual foi esse momento, que manifestação artística sensibilizou você e como contribuiu para a sublimação.

Atividade aplicada: prática

1. Elabore um plano de aula para o ensino médio no qual a atividade principal seja a prática do gênero *diário*. A ideia é que a escrita do aluno sobre seu dia funcione como uma transfiguração dos fatos cotidianos em um texto ético-estético.

um ¡Tant' amáre! ¡Campeador! – Baixa Idade Média I

dois Santa Maria Strela do Dia. Reyna de los cyelos, madre del pan de trigo – Baixa Idade Média II

três Nascido no rio: o pícaro no reino católico de Carlos I

quatro Na noite escura. A flecha *enherbolada* de amor. A mística no reino de Felipe II

cinco Un pueblo granada. Una gente *in* día. Ave sin pluma alada. A transfiguração da colônia

seis Num lugar de la Mancha, de cujo nome não quero me lembrar… Dom Quixote

sete Era do ano a estação florida. Pó serão, mas pó apaixonado

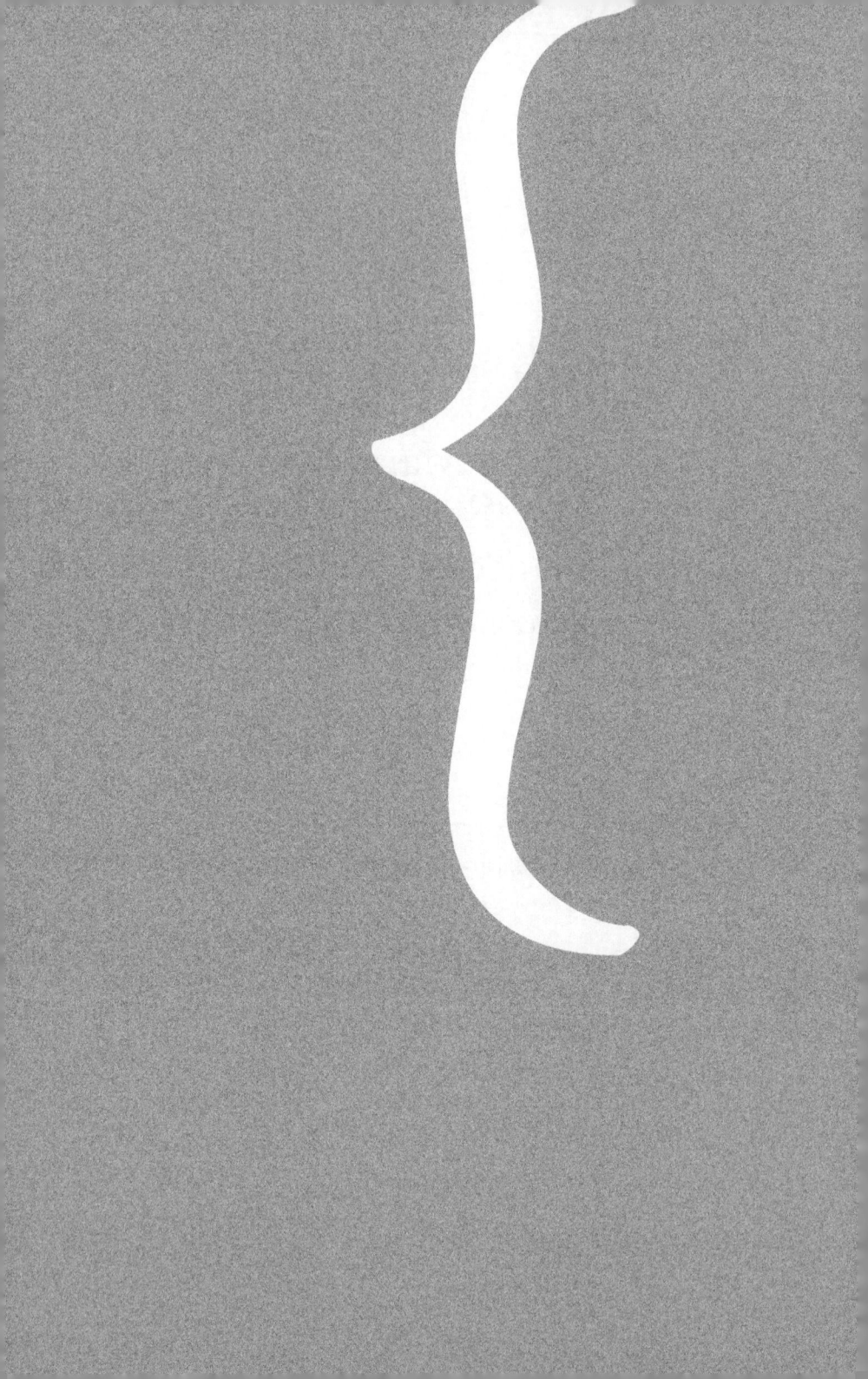

{

❈ NESTE CAPÍTULO, VAMOS apresentar a história de outra grande personalidade do mundo hispânico, o rei Alfonso X, conhecido como o Sábio – um humanista erudito referido na História como alguém com um total respeito pelas culturas estrangeiras, por ter patrocinado e participado da Escola de Tradutores de Toledo, a qual reunia intelectuais latinos, hebreus e islâmicos. Desse período literário, você vai conhecer as *Cantigas de Santa Maria*, compostas por ele, e o *mester de clerecía Milagros de Nuestra Señora*, composto por Gonzalo de Berceo.

doispontoum
Santa Maria Strela do Dia

Seguimos no contexto da Baixa Idade Média, mas agora entramos na segunda metade do século XIII, no reinado de **Alfonso X, o Sábio**. Para que você saiba um pouco da história desse grande humanista, vamos apresentar sua vida, a qual foi dedicada ao conhecimento e às artes.

2.1.1 Alfonso X, o Sábio

Grande incentivador e cultivador da ciência, das humanidades e das artes, Alfonso X legou à humanidade tratados científicos, obras jurídicas, livros de História e composições literárias.

Uma publicação muito importante, os *Libros de saber de astronomía*, merece uma explicação acerca de seu contexto histórico. Naqueles tempos, a astrologia fazia parte dos conhecimentos sobre a natureza. Intelectuais cristãos consideravam que os astros eram uma manifestação dos desígnios de Deus. Alfonso X fazia parte dessa tradição. Alvar, Mainer e Navarro (2009, p. 104-105) esclarecem a concepção do Rei Sábio:

> Creio que é significativa em Alfonso X a união da dupla faceta de historiador e astrônomo/astrólogo; a preocupação que impulsiona o rei de Castilha é uma só: conhecer os desígnios divinos tanto de caráter coletivo (História) quanto de tipo individual (Astronomia/Astrologia). Alfonso X dedicou grande parte de seus esforços (dos

esforços de seus colaboradores) ao estudo astronômico e, sobretudo, astrológico[1].

Quanto à sua produção historiográfica, o rei e seus colaboradores empreenderam grande trabalho de pesquisa para escrever e publicar *Estoria de España*, resultado da evolução do conceito de história, desenvolvido da crônica. Mais tarde, publicaram *La grande e general estoria*, a qual, como demonstra o título, abarcava a História universal desde a criação do mundo.

Já as *Siete Partidas* são seu trabalho jurídico. Trata-se de recopilação e desenvolvimento do *Setenario*, um *corpus* legal regulador de posses de terras e limites de territórios, instituído para regulamentar o que antes estava regido somente pelo direito consuetudinário, ou seja, por costumes combinados pela palavra e quase nunca registrados por escritura.

Essa erudição do rei já foi comentada anteriormente, com destaque para o respeito que Alfonso X tinha pelas outras culturas, por ter patrocinado e participado da **Escuela de Traductores de Toledo**, a qual reunia intelectuais latinos, hebreus e islâmicos.

Vejamos agora sua produção literária, mais especificamente as *Cantigas de Santa Maria*.

---

1 No original: "Creo que es significativa en Alfonso X la unión de la doble faceta de historiador y astrónomo/astrólogo; la preocupación que impulsa al rey de Castilla es una sola: conocer los designios divinos tanto de carácter colectivo (Historia) como de tipo individual (Astronomía/Astrología). Alfonso X dedicó gran parte de sus esfuerzos (de los esfuerzos de sus colaboradores) al estudio astronómico y, sobre todo, astrológico".

2.1.2 *Cantigas de Santa Maria*

As *Cantigas de Santa Maria* são manuscritos escritos em galaico-português[2], em notação musical mensurada[3], e constituem uma das coleções mais importantes da literatura medieval ocidental. No total, são 427 composições em louvor a Santa Maria, cantigas que narram milagres da Virgem ou que lhe rendem homenagem com louvores místicos. Alfonso X era tão devoto da Virgem que fundou uma ordem de cavalaria para Ela, a **Orden de Santa María de España**.

As cantigas estão conservadas em quatro códices:

1. Códice Toledano, que está na Biblioteca Nacional de Madrid;
2. Códice Rico, que está no Escorial (na Biblioteca del Monasterio de San Lorenzo);
3. Códice de Florencia, na Biblioteca Nacional de Florencia;
4. Códice de los Músicos, na Biblioteca de El Escorial.

As cantigas de Alfonso X têm sua origem predominantemente em fontes escritas, mas há também as de relatos orais dos folclores, recolhidos de várias regiões da Espanha. São dois tipos: milagres ocorridos por intervenção da santa em momentos de perigo ou alcançados por alguém que os mereceu por sua fé e por sempre ter sido um bom cristão; e louvores místicos em homenagem à santa.

---

2 Língua romance da Idade Média, falada do Mar Cantábrico ao Rio Doro.
3 Sistema de notação musical medieval.

Vejamos algumas das *Cantigas de Santa Maria*, começando pela mais conhecida delas, aquela cujo verso intitula nosso capítulo.

Quadro 2.1 – Cantiga "Santa Maria Strela do Dia"

SANTA MARIA STRELA DO DIA	SANTA MARÍA ESTRELLA DEL DÍA
Santa Maria, Strela do dia, mostra-nos via pera Deus e nos guia.	Santa María, estrella del día, muéstranos[4] la vía para Dios, y guíanos.
Ca veer faze-los errados que perder foran per pecados entender de que mui culpados son; mais per ti son perdõados da ousadia que lles fazia fazer folia mais que non deveria. Santa Maria...	Porque haces ver a los errados que se perdieron por sus pecados, y les haces entender que son culpables; pero que Tú los perdonas de la osadía que les hacía hacer locuras que no debieran. Santa María...
Amostrar-nos deves carreira por gãar em toda maneira a em par luz e verdadeira que tu dar-nos podes senlleira; ca Deus a ti a outorgaria e a querría por ti dar e daria. Santa Maria...	Debes mostrarnos el camino para ganar por todos modos la luz sin par y verdadera que sólo Tú puedes darnos; porque a Ti Dios te lo concedería y querría dárnosla[5] por Ti, y nos la daría. Santa María...

4 Mostra-nos.
5 Dá-la a nós.

Guiar em nos pod' o teu siso mais ca ren pera Parayso u Deus ten senpre goy' e riso pora quen en el creer quiso; e prazer-m-ia se te prazia que foss' a mia alm' em tal compannia. Santa Maria...	Tu juicio puede guiarnos[6], más que en nada, al Paraíso donde Dios tiene siempre gozo y sonrisa para quien quiso creer en Él; y me placería[7], si a Ti te place, que fuese mi alma en tu compañía. Santa María...

FONTE: Santa..., 2023.

Nessa cantiga de louvor, podemos destacar algumas características que costumam aparecer em todas desse estilo. A primeira estrofe traz a imagem de Santa Maria como **la luz natural** (estrela do dia) – a mais bela e fiel que pode haver por ser criação divina –, a qual **ilumina e guia** o caminho reto até Deus (mostra-nos a via e guia).

Na segunda estrofe, seu poder de estrela se revela também na capacidade de fazer com que os pecadores reconheçam seus erros. Aqui, a luz celestial de Santa Maria está relacionada com a habilidade da razão. Para aqueles que se deixam iluminar, **a santa oferece o perdão**.

A terceira estrofe elucida por que a santa é essa luz e que o é porque **Ela foi a escolhida por Deus para nos dar Seu filho**, nosso Salvador (a luz da salvação): "porque a Ti Deus / o concederia / e queria dar-nos por Ti, / e nos a daria". As cantigas de louvor

---

6 Guiar-nos.
7 Comprazer-me-ia.

rio, que passou pelo Portal e arrastou uma ponte de madeira, tão íntegra / como nele estivesse; nunca se viu melhor. // E pelo rio Guadalete a fez chegar, / tal como estava, ali onde / construíam a igreja, / para que não falhassem em terminar / a tempo a obra na que o mestre maior, // segundo soube, se havia comprometido de acabar/ em um tempo determinado, que lhe havia apontado o Rei; / e não a houvessem podido terminar, como na verdade comprovei, se a Virgem não lhes houvesse ajudado desse modo. E quando viram chegar a ponte até aquele lugar / para lhes prestar ajuda, foram logo recolhê-la; e depois foram com maior razão dar louvores / dizendo; "Bendita sejais Maria, a maior entre os santos."

Em primeiro lugar, cabe atentar aos versos que Alfonso X escreve antes de relatar o milagre: "Não é muito grande maravilha que saiba lavrar igrejas / a Mãe do Senhor que fez o mundo e dele se assenhora".

Saber construir igrejas é do homem, pois é um trabalho material. Contudo, Deus, aquele que fez o mundo, o pai da natureza, é pai, mas também filho de Santa Maria e, porque Ela é sua mãe, tem igual poder sobre as forças naturais; logo, do mundo Ela se assenhora se assim o quer, se assim os homens merecem.

Se esses versos não são suficientes para demonstrar o poder da Virgem, o Sábio o reforça: "Mãe de quem sofreu paixão e morte na cruz por nós, e nos livrou / do inimigo, o diabo enganador". Para o poeta, a senhora que padeceu todos os sofrimentos de seu filho pela humanidade e contra o diabo é a mais merecedora de nossa admiração e respeito.

Da natureza aquela gente estava quase inteiramente abastecida: "Isto ocorreu, como o ouvi, quando edificavam a Igreja / daquele lugar e tinham suficiência / de cal, pedra e areia, como recordam que Santa Maria é filha de Deus ao mesmo tempo que mãe, um chamado de atenção para a **Santíssima Trindade**.

A última estrofe traz novamente a imagem de Santa Maria como a **advogada do homem diante de Deus**: "Teu juízo pode nos guiar, / mais que em nada, ao Paraíso". É a Virgem quem pode convencer a Deus a **perdoar-nos de nossos pecados** e, para isso, avalia se optamos por crer n'Ele: "para quem quis crer n'Ele". Chama atenção a perspectiva do poema sobre o estado de ânimo de Deus no Paraíso, mais próximo de características humanas: "onde Deus tem sempre gozo e sorriso".

Vamos examinar agora uma cantiga de milagre, da qual, por ser muito extensa, transcreveremos somente a tradução (Cantigas..., 2023):

> Cantiga 356
>
> Como Santa Maria do Porto fez vir do rio Guadalete as madeiras de uma ponte para a Igreja que faziam, porque não tinham ali madeira para construir.
>
> Não é muito grande maravilha que saiba lavrar igrejas
> a Mãe do Senhor que fez o mundo e dele se assenhora
>
> Sobre isto contarei um milagre que aconteceu no Porto, / e que o fez Santa Maria, Mãe de quem sofreu paixão e morte na cruz por nós, e nos livrou / do inimigo, o diabo enganador. // Isto ocorreu, como o ouvi, quando edificavam a Igreja / daquele lugar e tinham suficiência / de cal, pedra e areia, como também de água. / Porém careciam de madeira, da que estavam pior // que de outra coisa alguma, que houvesse necessidade, / pois de tudo tinham abundância; e, como era lógico, / se afobavam em tê-la. Porém heis que esta santa Mulher os livrou daquele apuro, pois é conhecedora de tudo. // E para conseguir que terminassem a obra rápido e sem mais, / fez vir uma cheia do

também de água. / Porém careciam de madeira, da que estavam pior // que de outra coisa alguma, que houvesse necessidade, / pois de tudo tinham abundância; e, como era lógico, / se afobavam em tê-la".

Portanto, a dádiva de Deus estava quase plena, só faltava de onde retirar madeira. Na natureza, entretanto, está o divino. Se o trabalho era para dignificar ainda mais a Deus, a Virgem soube encantar o rio para que, por meio de uma cheia, levasse a ponte de madeira, intacta, até a igreja em construção.

> ### Importante!
>
> Observe como é interessante o jogo que faz Alfonso X entre o que representa o reino natural, domínio divino, e o reino material, mundano, domínio humano. Santa Maria é aquela que a Igreja Católica elege em suas narrativas para intermediar os dois reinos e quem sempre aparece para pastores, operários, camponeses, ou seja, o povo humilde.

> ### Para refletir
>
> Analise as cantigas a seguir e redija um parágrafo para cada uma, discorrendo sobre as principais características dessas poesias.
>
> Cantiga 300
>
> O homem bem devia
> muito louvar
> a Santa María
> e suas graças pregar.

Pois bem deve ser louvada
a que Deus quis por Mãe,
e sendo Ele seu Pai
e Ela sua filha e criada, a fez
honrada e amada,
que sem igual
é apreciada
e exaltada;
e o será enquanto o mundo perdurar.

E, ademais, louvá-la devemos
já que por Ela somos honrados
de Deus e, ainda mais, perdoados
dos pecados que fazemos;
pois temos
que devemos
sofrer por isso,
mas cremos
e sabemos
que Ela pode nos salvar.

Defendê-la bem, sem falta,
devemos, pois por nós advoga
perante Deus, e padroeira
é nossa e por nós trabalha
e luta
e vigia
o demônio, e o faz um ser
sem nenhuma
pequena valia
que possa buscar-nos mal.

E por isso lhe suplico
que não lhe venha às mentes

o que diz a má gente
porque sou de seu bando,
e que a ando
louvando
e a Ela quero trovar,
procurando
e buscando
como a pudesse honrar;

ao contrário, que lhes dê galardões
tais quais eles merecem,
já que tão mal agradecem
meus cantares e meus sons
e as razões' e as tensões[8]'
que por Ela manterei;
pois corazões
traidores
me vão por isso mostrar.

E ainda mais, que tenha piedade
de como perdi meus dias
buscando caminhos e vias
com que dar haver e herdade[9]
a quem
nem verdade nem lealdade
pude neles achar,
senão maldade
e falsidade
com a que pensam me matar. (Cantigas..., 2023)

---

8 Composição poética provençal com tema de amores.
9 Herança.

Cantiga 378

Como um homem bom e sua mulher, de San Salvador de Sevilla, tinham uma filha enferma com um mal de morte, até o extremo que permaneceu quatro días sem falar; e a prometeram a Santa Maria do Porto, e se curou.

Muito grande mercê nos faz Deus Pai, Nosso Senhor, / que fez Santa Maria nossa advogada e seu Filho, Salvador. // Já que, ao ser Ela nossa advogada e defender nossa causa, / não pode seu Filho fazer outra coisa que julgar-nos favoravelmente; / pelo qual não temos estorvo do demônio em nada, / apesar de que ele se esforça em ser nosso inimigo. // Nos perturba na saúde, fazendo-nos adoecer, fazendo-nos crer em seu conselho, com o qual nos induz a pecar, / e causa mal aos pequenos para mostrar o poder/ que tem de produzir dano; já que é dos maus, o pior. // Porém nossa advogada, que defende nossa causa, / roga por nós a seu Filho que nos guarde / da tentação do maléfico e nos livre do perigo / e nos dê a saúde que cada qual necessita. // E referente a isto fez Ela um tal milagre em Sevilha / o qual quero agora lhes contar; e uma vez que o ouçais / o tereis por maravilhoso, posto que aquela que pode e vale / mostrou nele seu grande poder, já que sempre fez o melhor. // E é um milagre digno de se escutar, se os compraz, / que fez Santa Maria do Porto, e quem queira conhecê-lo / saiba que em Sevilha ocorreu com uma mulher / que estava muito bem casada com um mercador. // Estes tinham uma filha que amavam mais que a si mesmos, / a quem sobreveio uma enfermidade tão grande, segundo soube, / que punha tanto sangue pelos narizes e os olhos / que chegou até a perder a cor.// E não só isto, senão que esteve três dias e noites que não falou; e tendo-a por morta, a mortalha lhe mandou fazer / seu pai e imediatamente comprou as velas./ Porém um compadre seu se fez seu conselheiro // e lhe disse: – "Faça o que lhes quero dar a entender, / Vão a prometer esta pequena a El Puerto / da Virgem

> Santa Maria, e se Ela a cura, ofereçam-na; / e em seguida perderá esta enfermidade. // Pois tinha a minha mulher a ponto de morrer, / mas como eu a havia ofertado, Santa Maria a curou; e por conseguinte lhes rogo que me escutem / e prometam a filha, e estejam seguros // que, uma vez que a ofertem, a pequena sanará."/ Eles se comprometeram que a levariam lá / com suas oferendas muito grandes; e a moça viveu / e abriu os olhos e olhou ao redor. // E depois lhes pediu de comer, e lhe deram pouco a pouco / um ovo assado muito suave, e o comeu com pão. / E então todos louvaram a Senhora da boa graça, / dizendo: – "Bendita sejas, pois és guarda dos teus."/ Então tomaram a moça e se foram diretamente / ao Porto, e passaram por Jerez; / e uma vez que estiveram na igreja da Rainha honrada, / tiveram ali suas novenas, sempre diante do altar maior. (Cantigas..., 2023)

doispontodois
Reyna de los cyelos, Madre del pan de trigo

Depois de conhecer alguns milagres de Santa Maria por meio das cantigas de Alfonso X, agora você vai estudar outros, mas pelo *mester de clerecía*, representado aqui pelos *Milagros de Nuestra Señora*, escritos por Gonzalo de Berceo.

Para tanto, veremos o que são *mesteres* e, mais especificamente, o de *clerecía*. *Mester* significa "ofício" (do latim *ministerium*). São três os *mesteres* literários da Idade Média, cada um relativo aos três estamentos sociais que existiam (a plebe, a nobreza e o clero):

- *Mester de juglaría*: popular, feito para a plebe, baseado na oralidade para ser cantado pelos trovadores e, portanto, com retórica simples para ser facilmente memorizado.
- *Mester de cortesía*: feito para a nobreza, de origem na Corte, com forma predominante em prosa e com fins didáticos para formação política.
- *Mester de clerecía*: originário do ambiente clerical, o mais culto da época. Dedicavam-se a esses textos os clérigos, monges ou não, mas eram sempre os que tinham se formado nas escolas confessionais. Esse *mester* tinha forma e linguagem mais cultas e elaboradas.

> **Preste atenção!**
>
> A palavra *clérigo* não designava somente monges naquela época. Todos os eruditos que haviam estudado nas escolas confessionais eram designados por esse nome.

Os *Milagros de Nuestra Señora*, como um *mester de clerecía*, têm em sua autoria um clérigo de muita erudição: Gonzalo de Berceo, que não era monge, mas tinha vínculo com o Monastério de San Millán. Suas obras são organizadas em três grupos:

1. **Vidas de Santos:** *La vida de San Millán, La vida de Santo Domingo de Silos, El martirio de San Lorenzo*.
2. **Obras Litúrgicas:** *El sacrificio de la misa, Signos que aparecerán antes del Juicio*.
3. **Obras Marianas:** *Milagros de Nuestra Señora, Loores de Nuestra Señora, El duelo que fizo la Virgen el día de la Pasión de su Hijo*.

2.2.1 *Milagros de Nuestra Señora*

Para que você, caro leitor, possa conhecer esses poemas e refletir sobre eles, vamos reproduzir alguns aqui, seguidos de análises de forma e conteúdo (Berceo, 2023).

El clérigo y la flor

101   Leemos de un clérigo   que era tiestherido[10],
       ennos vicios seglares[11],   ferament embebido;
       pero que era loco,   habié un buen sentido,
       amaba la Gloriosa   de corazón complido.

102   Comoquiere que era   en ál mal costumnado,
       en saludar a ella   era bien acordado;
       nin irié a eglesia   nin a ningún mandado,
       que el su nomne ante   non fuese aclamado.

103   Decir no lo sabría   sobre cuál ocasión,
       ca nos no lo sabemos   si lo buscó o non,
       diéronli enemigos   salto a est varón,
       hobieron a matarlo: ¡Domne Dios lo perdón!

104   Los homnes de la villa   e los sus compañeros
       esto como cuntiera   com non eran certeros,
       defuera de la villa   entre unos riberos[12],
       allá lo soterraron,   non entre los dezmeros[13].

105   Pesó'l a la Gloriosa   con est enterramiento,
       que yacié el su siervo   fuera de su conviento;

---

10 Do espanhol, *testa* + *herida* (testa ferida = louco).
11 Vícios seculares, ou seja, mundanos.
12 Margem de rio.
13 *Dezmeros* eram aqueles fiéis que pagavam o dízimo, ou seja, merecedores de sepultura abençoada. Como o fiel a Santa Maria em questão não era de frequentar a igreja, foi enterrado como pagão.

	pareció'l a un clérigo	de buen entendimiento,
	dísoli que ficieran	en ello falimiento[14].
106	Bien habié treinta días	que era soterrado:
	en término tan luengo	podié ser dañado;
	díso'l Sancta María:	"Ficiestes desguisado[15],
	que yaz el mi notario	de vos tan apartado[16]".
107	Mándote que lo digas:	que el mi cancelario[17]
	non merecié ser	echado del sagrario;
	dilis que no lo dejen	y otro trentanario[18],
	métanlo con los otros	en el buen fosalario[19]."
108	Demandóli el clérigo	que yacié dormitado:
	"¿Quí eres tú que fablas?	Dime de ti mandado,
	ca cuando lo disiero	seráme demandado
	quí es el querelloso	o quí el soterrado."
109	Dísoli la Gloriosa:	"Yo so Sancta María
	madre de Jesu Cristo	que mamó leche mía;
	el que vos desechastes	de vuestra compañía,
	por cancellario mío	yo a esi tenía.
110	El que vos soterrastes	lueñe[20] del cimiterio,
	al que vos non quisiestes	facer nul ministerio,

---

14 "pareció'l a un clérigo de buen entendimiento, dísoli que ficieran en ello falimiento": a Virgem se entristece com o enterro indigno de seu fiel e aparece para um clérigo teólogo para pedir enterro digno em seu convento.

15 Ato incorreto aos olhos da lei do homem ou da lei de Deus.

16 O clérigo se preocupa pelo fato de o fiel já estar enterrado há 30 dias e o corpo já estar em decomposição. Porém, a Virgem não desiste e diz que, se eles fazem o malfeito agora, têm de corrigir.

17 Representante (a Virgem considera o morto tão seu devoto que é como um vigário seu).

18 Trinta dias.

19 "métanlo con los otros en el buen fosalario": a Virgem exige que coloquem o corpo do fiel no cemitério dos bons cristãos.

20 *Lueñe* significa "longe" (longe do cemitério). A Virgem diz ao clérigo quem Ela é e defende seu fiel como bom cristão.

	yo por esti te fago	todo est reguncerio[21]:
	si bien no lo recabdas,	tente por en lacerio[22]."
111	El dicho de la dueña	fue luego recabdado[23],
	abrieron el sepulcro	apriesa e privado;
	vidieron un miraclo[24]	non simple ca doblado,
	el uno e el otro,	fue luego bien notado.
112	Isiéli por la boca	una fermosa flor
	de muy grand fermosura,	de muy fresca color;
	inchié toda la plaza	de sabrosa olor,
	que non sentién del cuerpo	un punto de pudor[25].
113	Trobáronli la lengua	tan fresca e tan sana
	cual parece de dentro	la fermosa mazana;
	no la tenié más fresca	a la meredïana
	cuando sedié fablando	en media la quintana.
114	Vidieron que viniera	esto por la Gloriosa,
	ca otri non podrié	facer tamaña cosa;
	trasladaron el cuerpo,	cantando "Specïosa",
	após de la eglesia	en tumba más preciosa.

Sobre a **forma**, quando explicamos o *mester de clerecía*, comentamos que se trata de composições muito sofisticadas, as mais eruditas do período. Isso se deve ao fato de que os clérigos que as

---

21 Exposição de um fato.
22 "si bien no lo recabdas, tente por en lacerio": a Virgem repete que eles agiram mal ao enterrar seu fiel como mau cristão e diz que, se não corrigirem o malfeito, terão miséria por castigo ("tente por en lacerio").
23 Obedecido.
24 Milagre.
25 Quando abriram o sepulcro, viram o milagre do cadáver intacto ("que non sentién del cuerpo un punto de pudor"), que ainda tinha uma flor fresca na boca, a qual perfumou toda a praça.

escreviam eram instruídos no modelo educacional superior do *quadrivium*, ao passo que os outros estudos, menos elaborados, eram do *trivium*. Vejamos as características:

- Os *Milagros* estão escritos em **verso alexandrino**, ou seja, com catorze sílabas e divididos em dois hemistíquios isométricos de sete sílabas cada um, separados por uma pausa forte:

Le/e/mos/ de un/ clé/ri/go	que/ e/ra/ ties/the/ri/do, [14 sílabas com 7 em cada]
ennos vicios seglares	ferament embebido; [4 versos, rima AAAA]
pero que era loco,	habié un buen sentido,
amaba la Gloriosa	de corazón complido.

- As estrofes são de esquema **tetrástrofo monorrimo**, quatro versos alexandrinos com uma só rima. O conjunto está denominado *cuaderna vía*, justamente por ter origem nos estudos mais elevados do *quadrivium*.

Como quiere que era	en ál mal costumnado, [4 versos, rima BBBB]
en saludar a ella	era bien acordado;
nin irié a eglesia	nin a ningún mandado,
que el su nomne ante	non fuese aclamado.

- Observa-se o uso de **cultismos**, ou seja, palavras do latim sem adaptação, tradução ou explicação sobre seu significado: "transladaron el cuerpo, cantando 'Specïosa'".

Sobre o **conteúdo**, você pode perceber, leitor, que o tema é religioso com **fins didáticos**. Há sempre **esperança e salvação** para aquele que tem fé e louva a Virgem Maria. O objetivo é ensinar o povo a viver sob a virtude, a ser fiel a Deus e a ter piedade do próximo.

> Demandóli el clérigo
> "¿Quí eres tú que fablas?
> ca cuando lo disiero
> quí es el querelloso
>
> que yacié dormitado:
> Dime de ti mandado,
> seráme demandado
> o quí el soterrado."
>
> Dísoli la Gloriosa:
> madre de Jesu Cristo
> el que vos desechastes
> por cancellario mío
>
> "Yo so Sancta María
> que mamó leche mía;
> de vuestra compañía,
> yo a esi tenía".

A Virgem destaca seu papel de mãe de Jesus e a virtude de ter dado de seu leite a Ele. É uma imagem forte – Ela sabe que basta isso para convencer o clérigo de que não se trata de um engano. Então, Ela lhe diz que o morto era seu devoto ("cancellario").

O clérigo faz com que a vontade da Virgem se cumpra e o milagre se revela:

> Isiéli por la boca
> de muy grand fermosura,
> inchié toda la plaza
> que non sentién del cuerpo
>
> em fermosa flor
> de muy fresca color;
> de sabrosa olor,
> em punto de pudor.
>
> Trobáronli la lengua
> cual parece de dentro
> no la tenié más fresca
> cuando sedié fablando
>
> tan fresca e tan sana
> a fermosa mazana;
> a la meredïana
> em media la quintana.

A flor, fresca, com cor e cheirosa, perfumou todo o lugar e com isso nada havia de putrefação do corpo: "que non sentién del cuerpo em punto de pudor". A língua do morto seguia intacta; a menção à maçã lembra sua cor saudável (vermelho), como se ainda pudesse falar ("cuando sedié fablando em media la quintana").

Todos reconhecem o milagre de Nossa Senhora e rendem louvor a Ela e ao clérigo morto:

Vidieron que viniera   esto por la Gloriosa,
ca otri non podrié   facer tamaña cosa;
transladaron el cuerpo,   cantando "Specïosa",
aprés de la eglesia   en tumba más preciosa.

O encerramento do milagre traz seu objetivo didático:

Todo homne del mundo   fará grand cortesía
qui ficiere servicio   a la Virgo María;
mientre que fuere vivo   verá placentería,
e salvará el alma al   postremero día.

Note, querido leitor, que os versos são claros: de acordo com a concepção do homem medieval cristão, todo homem que for fiel à Virgem Maria (o que, evidentemente, significa viver conforme os preceitos cristãos) enquanto estiver vivo terá recompensa e, quando chegar seu último dia, Ela salvará sua alma.

Para refletir

Analise o seguinte *Milagro de Nuestra Señora* e redija um texto no qual discorra sobre suas características de forma e conteúdo, com exemplos de estrofes e versos.

La imagen respetada por el incendio

317 San Miguel de la Tumba   es un grand monesterio,
     el mar lo cerca todo,   elli yace en medio,
     es logar perigloso   do sufren grand lacerio
     los monjes que y viven   en esi ciminterio.

318 En esti monesterio   que habemos nomnado,
     habié de buenos monjes   buen convento probado,
     altar de la Gloriosa   rico e muy honrado,
     en él rica imagen   de precio muy granado.

319 Estaba la imagen   en su trono posada,
     so fijo en sus brazos,   cosa es costumnada,
     los reïs redor ella,   sedié bien compañada,
     como rica reina   de Dios santificada.

320 Tenié rica corona   como rica reina,
     de suso rica impla[26]   en logar de cortina,
     era bien entallada,   de labor muy fina,
     valié más esi pueblo   que la habié vecina.

321 Colgaba delant ella   un buen aventadero,
     en el seglar lenguage   dícenli[27] moscadero;
     de alas de pavones   lo fizo el obrero,
     lucié como estrellas,   semejant de lucero[28].

---

26 Véu.
27 O dizem (o chamam).
28 Vênus.

322 Cadió rayo del cielo   por los graves pecados,
     encendió la eglesia   de todos cuatro cabos,
     quemó todos los libros   e los paños sagrados,
     por poco fue los monjes   que non foron quemados.

323 Ardieron los armarios   e todos los frontales,
     las vigas, las gateras,   los cabrios, los cumbrales[29];
     ardieron las ampollas,   cálizes e ciriales[30],
     sufrió Dios esa cosa   como faz otras tales.

324 Maguer que fue el fuego   tan fuert e tan quemant,
     nin plegó a la dueña   nin plegó al ifant[31],
     nin plegó al flabelo   que colgaba delant[32],
     ni li fizo de daño   un dinero pesant.

325 Nin ardió la imagen   nin ardió el flabelo,
     nin prisieron de daño   cuanto val un cabello;
     solamiente el fumo   non se llegó a ello,
     ni'l nunció más que nuzo   yo al obispo don Tello.

326 Continens e contentu   fue todo astragado,
     tornó todo carbones,   fo todo asolado,
     mas redor la imagen,   cuanto es un estado,
     non fizo mal el fuego   ca non era osado.

327 Esto tovieron todos   por fiera maravella,
     que nin fumo nin fuego   non se llegó a ella,
     que sedié el flabelo   más claro que estrella,
     el niño muy fermoso,   fermosa la poncella.

---

29 Topo do telhado.
30 Grandes velas de cera, usadas em procissões católicas.
31 "nin plegó a la dueña nin plegó al ifant": o fogo não queimou nem a Virgem nem o Menino Jesus (a imagem era uma Madona, ou seja, a Virgem amamentando o Menino Jesus).
32 Nem pegou o cabelo que pendia na testa.

328 El precioso miraclo
    fue luego bien dictado,
    mientre el mundo sea
    algún malo por ello
    non cadió en oblido,
    en escripto metido;
    será él retraído;
    fo a bien convertido.

329 La Virgo benedicta,
    como libró su toca
    asín libra sus siervos
    liévalos a la Gloria
    reina general,
    de esti fuego tal,
    del fuego pereñal,
    do nunca vean mal. (Berceo, 2023)

INDICAÇÕES CULTURAIS

1. Assim como os cantares de gesta, as *Cantigas de Santa Maria* eram feitas para ser cantadas. Outro trabalho primoroso de um grande especialista em música antiga é este que consta no *link* indicado a seguir. Trata-se do músico catalão Jordi Savall, reconhecido internacionalmente por seu magnífico repertório. Contemple as *Cantigas de Santa Maria* executadas após muita pesquisa sobre como eram tocadas e cantadas naquela época.

Alfonso X el Sabio – Cantigas Santa Maria (1221-1284) [FULL ALBUM]. 6 nov. 2013. Disponível em: <https://www.youtube.com/watch?v=nj5Bc8zwwUo>. Acesso em: 15 abr. 2023.

2. No Brasil, temos uma grande especialista nas *Cantigas de Santa Maria*, pesquisadora reconhecida internacionalmente: Ângela Vaz Leão, professora emérita da Universidade Federal de Minas Gerais (UFMG), que mantém até hoje um grupo de pesquisa sobre as cantigas. São muitas as publicações da estudiosa sobre o tema.

> LEÃO, Â. V. Cantigas de Santa Maria de Afonso X, o Sábio: aspectos culturais e literários. Belo Horizonte: Veredas & Cenários, 2007.
>
> LEÃO, Â. V. (Org.). Novas leituras, novos caminhos: cantigas de Santa Maria de Afonso X, o Sábio. Belo Horizonte: Veredas & Cenários, 2008.
>
> LEÃO, Â. V. Cantigas de Afonso X a Santa Maria: antologia, tradução e comentários. Belo Horizonte: Veredas & Cenários, 2011.
>
> LEÃO, Â. V. (Org.). Cantigas autobiográficas de Afonso X, o Sábio. Tradução de Ângela Vaz Leão et al. Belo Horizonte: Ed. da PUC Minas, 2016.
>
> LEÃO, Â. V. Milagres de ressurreição nas Cantigas de Santa Maria, de Afonso X, o Sábio. Belo Horizonte: Ed. da UFMG, 2021.

Síntese

Neste capítulo, o qual encerra o período da Baixa Idade Média, analisamos os poemas que rendem homenagem à Virgem Maria. Em primeiro lugar, conhecemos o respeitado rei Alfonso X, o Sábio, autor das *Cantigas de Santa Maria*, as quais têm um tom mais popular e são dedicadas ou aos louvores à Virgem ou aos milagres que eram narrados pelo folclore de várias regiões da Península Ibérica.

As outras homenagens, os *Milagros de Nuestra Señora*, pertencentes ao *mester de clerecía*, já se diferenciam das cantigas por terem um tom mais elevado, mais erudito, justamente por terem sido escritas por um clérigo secular, o senhor Gonzalo de Berceo. As características formais que demonstram sua erudição estão nos versos alexandrinos e nas estrofes ao estilo tetrástrofo monorrimo, da tradição *cuaderna vía*, formada na educação superior do *quadrivium*.

Esses poemas tinham um objetivo didático, pois estimulavam o povo a viver sob os preceitos cristãos, visto que sempre garantiam a salvação na vida terrena e na hora da morte.

Atividades de autoavaliação

1. Analise a cantiga de Santa Maria a seguir e indique V para as afirmações verdadeiras e F para as falsas.

Cantiga 357

Como Santa Maria do Porto curou uma mulher que tinha vindo à sua casa em romaria
e tinha a boca e os membros tortos; e começa assim:

Como torce o demônio
os membros do homem por seus pecados;
do mesmo modo os conserta a Virgem
uma vez que os tem confessados.

Acerca disto fez um milagre / a que é chamada horto de delícias / do paraíso em sua igreja do Porto, / em favor de uma desgraçada mulher / que tinha todo o rosto / e a boca tortos, / e os olhos muito extraviados./ / Esta mulher tinha como nome *sem it*. / Dona Sancha e havia vindo / ali para obter a saúde, / já que a tinha muito angustiada / aquela dor tão forte / que sofria fazia longo tempo, / até o ponto que quase não podia / comer três bocados seguidos. / Uma vez, entrou na igreja / desta Santa Rainha, / chorando e dizendo: "Senhora / socorrei-me rapidamente,/ pois em situação tão angustiosa / só Tu és a medicina;/ a não ser assim, tem por certo / que meus dias estão acabados"./ / E quando dito isto estava, / pôs velas diante do altar / e esteve ali nove dias / Cumprida sua novena,/ a liberou a Virgem santa / como soltan das correias / os reis a seus presos, / para que não sejam ajustiçados./ / De tal modo que tudo / seu rosto e sua boca vieram / a estar tão curados e maravilhosos /

como jamais o haviam estado. / Então toda aquela gente / que havia vindo / teve seus milagres / como os mais apreciados entre os demais". (Cantigas..., 2023)

( ) A imagem "horto de delícias" se refere à Virgem Maria.
( ) O poema sugere que o demônio deformou a mulher por seus pecados.
( ) A mulher tinha como curar-se de outra maneira.
( ) O poema associa a Virgem a um remédio.
( ) Os milagres da Virgem foram desconsiderados pelo povo.

Agora, assinale a alternativa que apresenta a sequência correta:

a. V, V, F, V, F.
b. F, F, V, V, V.
c. V, F, F, F, V.
d. V, F, F, V, F.
e. F, V, V, F, V.

2. Analise a cantiga de louvor a Santa Maria a seguir e indique a alternativa incorreta:

Cantiga 360

Alabar debemos a la Virgen
porque siempre nos obtiene
el amor de Dios y si conviene
lucha por librarnos de su ira.

Pues, en cuanto que de Dios es Hija,
y criada y amiga, en rogarle
a Dios que nos ame no hay otra,
ni habrá más que Ella

que con derecho lo diga;
y en cuanto que Él es su Hijo,
y quien al mundo juzga,
no es extraño que nos perdone por Ella

Pues desde que quiso ser hombre,
y tomar carne de Ella,
parientes suyos nos hizo
para amarnos por Ella;
y por esta razón misma
debe olvidar ya su queja
con nosotros, y guardarnos del demonio
que nos engaña con tretas.

Y además, a Dios su Padre
y a su Hijo rogará el día de la cuenta,
cuando mostrando la cruz
donde llagas y afrentas
sufrió y dura muerte.
Para alivio de las penas
de nosotros, y le dirá: "Nunca piedad existió ni existirá como ésta".

Y aun más, ¿cómo airado puede estar
Dios con nosotros[33],
cuando su Madre le muestre
las tetas que amamantaron
la su real existencia

y le diga: "Hijo, por éstas
te ruego que perdonado ya sea
este mi pueblo y obtenga
la tu compañía eterna?"

---

33 E inclusive mais, como irado pode estar Deus com todos nós.

> Pues por esto yo te ruego,
> Virgen santa coronada
> porque eres de Dios Hija
> y Madre y nuestra abogada,
> que obtengas por Ti de Dios
> esta tal gracia acabada:
> que pueda echar de España
> la secta mahometana[34]. (Cantigas..., 2023).

- a. Na quinta estrofe, há uma prova material da maternidade divina da Virgem.
- b. Os versos "donde llagas y afrentas sufrió y dura muerte" fazem alusão ao filho da Virgem.
- c. No sexto verso da segunda estrofe, é mencionado o papel da Virgem como filha de Deus.
- d. Na sexta estrofe, é mencionado o papel da Virgem como advogada dos humanos na hora de sua morte.
- e. A última estrofe faz uma referência ao contexto histórico das Cruzadas.

3. Ainda sobre a Cantiga 360, assinale a alternativa em que constam os versos nos quais se pede à Virgem a vitória católica contra os árabes:
- a. "siempre nos obtiene el amor de Dios".
- b. "y si conviene lucha por librarnos de su ira".
- c. "y guardarnos del demonio que nos engaña con tretas".
- d. "que pueda echar de España la secta mahometana".
- e. "Nunca piedad existió ni existirá como ésta".

---

34 Que possa expulsar da Espanha a seita maometana.

Analise o seguinte *Milagro de Nuestra Señora* e resolva as atividades 4 e 5 (Berceo, 2023).

El galardón de la Virgen

116   D'un clérigo otro   nos diz la escriptura
      que de Sancta María   amaba su figura:
      siempre se inclinaba   contra la su pintura,
      habié muy grand vergüenza   de la su catadura[35].

117   Amaba al so Fijo   e amaba a ella[36],
      tenié por sol al Fijo,   la Madre por estrella;
      querié bien al Fijuelo   e bien a la poncella[37],
      porquelos servié poco   estaba con grand querella[38].

118   Apriso cinco motes[39],   motes de alegría,
      que fablan de los gozos   de la Virgo María;
      diciéselos el clérigo   delante cada día,
      habié ella con ellos   muy grand placentería[40].

119   "Gozo ayas, María,   que el ángel credist,
      gozo ayas, María,   que virgo concebist;
      gozo ayas, María,   que a Cristo parist,
      la ley vieja cerresti   e la nueva abrist."

120   Cuantas fueron las plagas   que el Fijo sufrió,
      dicié él tantos gozos   a la que lo parió;

---

35 "habié muy grand vergüenza de la su catadura": literalmente, o clérigo tinha vergonha ao fitar a imagem da Virgem, o que, na verdade, significa que a fitava com humildade.
36 Amava a Seu filho e amava a Ela (a figura era da Madona, ou seja, da Virgem amamentando Jesus).
37 Donzela.
38 "porquelos servié poco estaba con grand querella" (porque lhes servia pouco se via em grande questão): ele era muito devoto, mas sempre achava que ainda não era o bastante.
39 Cinco palavras.
40 Muito grande prazer.

si bono fo el clérigo   e bien lo mereció,
hobo gualardón bueno,   buen grado recibió.

121 Por estos cinco gozos   debemos ál catar:
    cinco sesos[41] del cuerpo que nos facen pecar,
    el ver, el oír,   el oler, el gostar,
    el prender de las manos   que dicimos tastar.

122 Si estos cinco gozos   que dichos vos habemos
    a la Madre gloriosa   bien gelos[42] ofrecemos,
    del yerro que por estos   cinco sesos facemos
    por el so sancto ruego   grand perdón ganaremos.

123 Enfermó esti clérigo   de muy fuert manera,
    que li querién los ojos   esir de la mollera[43];
    tenié que era toda   complida la carrera,
    e que li venié cerca   la hora postremera[44].

124 Apareció'l la Madre   del Reï celestial
    que en misericordia   nunca hobo egual[45].
    "Amigo -díso'l- sálvete   el Señor spiritual,
    de cuya Madre fust   tú amigo leal.

125 Afuérzate, non temas,   non seas desmarrido[46],
    sepas serás aína[47];   d'esti dolor guarido[48];
    tente con Dios aúna   por de cuita esido[49],
    ca dizlo el tu pulso   que es bueno complido.

---

41 Cinco sentidos do corpo.
42 "bien se lo ofrecemos", ou seja, bem lhe oferecemos.
43 Moleira.
44 A hora da morte.
45 Nunca houve igual.
46 Desfalecido.
47 A palavra *aína* significa "facilmente".
48 Desta dor protegido.
49 Tenha com Deus unido por anseio apegado.

126 Yo cerca ti estando,   tú non ayas pavor,
    tente por mejorado   de toda la dolor;
    recebí de ti siempre   servicio e amor,
    darte quiero el precio   de esa tu labor."

127 Bien se cuidó el clérigo   del lecho levantar,
    e que podrié por campo   en sos piedes andar,
    mas em grand diferencia   de saber a cuidar:
    hóbose otro guisa   esto a terminar.

128 Bien se cuidó el clérigo   de la presón esir
    con sus conocientes   deportar e reír;
    mas non podió la alma   tal plazo recebir,
    desamparó el cuerpo,   hobo end a esir.

129 Prísola la Gloriosa,   de los cielos Reina,
    fuese la afijada   con la buena madrina;
    prisiéronla los ángeles   con la gracia divina,
    leváronla al Cielo   do el bien nunca fina[50].

130 La Madre glorïosa   lo que li prometió,
    benedicta sea ella   que bien gelo cumplió;
    como lo dicié ella   él no lo entendió,
    mas en cuanto que diso   verdadera isió.

131 Cuantos la voz udieron   e vidieron la cosa,
    todos tenién que fizo   miráculo la Gloriosa;
    tenién que fue el clérigo   de ventura donosa,
    glorificaban todos   a la Virgo preciosa.

4. Transcreva os versos de acordo com o que se pede:
   a. Versos que representam a luz que são a Virgem e seu Filho.
   b. Versos que representam a história e a Paixão de Cristo.

---

50 Onde o bem nunca finda.

5. De acordo com o fragmento a seguir, assinale a alternativa incorreta:

> Por estos cinco gozos   debemos ál catar:
> cinco sesos del cuerpo   que nos facen pecar,
> el ver, el oír,   el oler, el gostar,
> el prender de las manos   que dicimos tastar.
>
> Si estos cinco gozos   que dichos vos habemos
> a la Madre gloriosa   bien gelos ofrecemos,
> del yerro que por estos   cinco sesos facemos
> por el so santo ruego   grand perdón ganaremos.

a. O vocábulo referente ao sentido do corpo humano para perceber os alimentos é do verbo *gustar* (*gostar* em espanhol antigo).
b. Os sentidos do corpo estão livres do pecado quando desvinculados do gozo.
c. É possível livrar-se do pecado do gozo dos sentidos se os oferecemos à Virgem Maria.
d. A Virgem aparece novamente como advogada do homem porque com seu "sancto ruego" há perdão.
e. Agir na vida sob o gozo que os cinco sentidos oferecem é um erro que conduz ao pecado.

Atividades de aprendizagem

Questões para reflexão

1. Compare os textos que rendem louvor aos milagres da Virgem – as *Cantigas de Santa Maria* e os *Milagros de Nuestra Señora* – e redija um parágrafo no qual comente as diferenças de forma e

conteúdo. Lembre-se de que os *Milagros de Nuestra Señora* são cantares de *clerecía*.

2. Ainda sobre o *Milagro* de "La imagen respetada por el incendio", redija um parágrafo no qual discorra sobre a aproximação que o poema faz entre o incêndio e o fogo do inferno (destaque os versos em que essa aproximação está presente) e seus fins didáticos.

Atividade aplicada: prática

1. Você já deve ter ouvido a expressão *Idade das Trevas* em alusão à Idade Média. Título generalizante e, portanto, injusto, muitas vezes as explicações que tentam ratificá-lo são igualmente injustas. Como você pôde ver, todo tipo de contemplação e fruição na vida era possível naquele período. Nesta atividade, escreva um diário sobre os dias em que você esteve aprendendo sobre a Baixa Idade Média na Espanha.

{

um	¡Tant' amáre! ¡Campeador! – Baixa Idade Média I
dois	Santa Maria Strela do Día. Reyna de los cyelos, madre del pan de trigo – Baixa Idade Média II
três	**Nascido no rio: o pícaro no reino católico de Carlos I**
quatro	Na noite escura. A flecha *enherbolada* de amor. A mística no reino de Felipe II
cinco	Un pueblo granada. Una gente *in* día. Ave sin pluma alada. A transfiguração da colônia
seis	Num lugar de la Mancha, de cujo nome não quero me lembrar… Dom Quixote
sete	Era do ano a estação florida. Pó serão, mas pó apaixonado

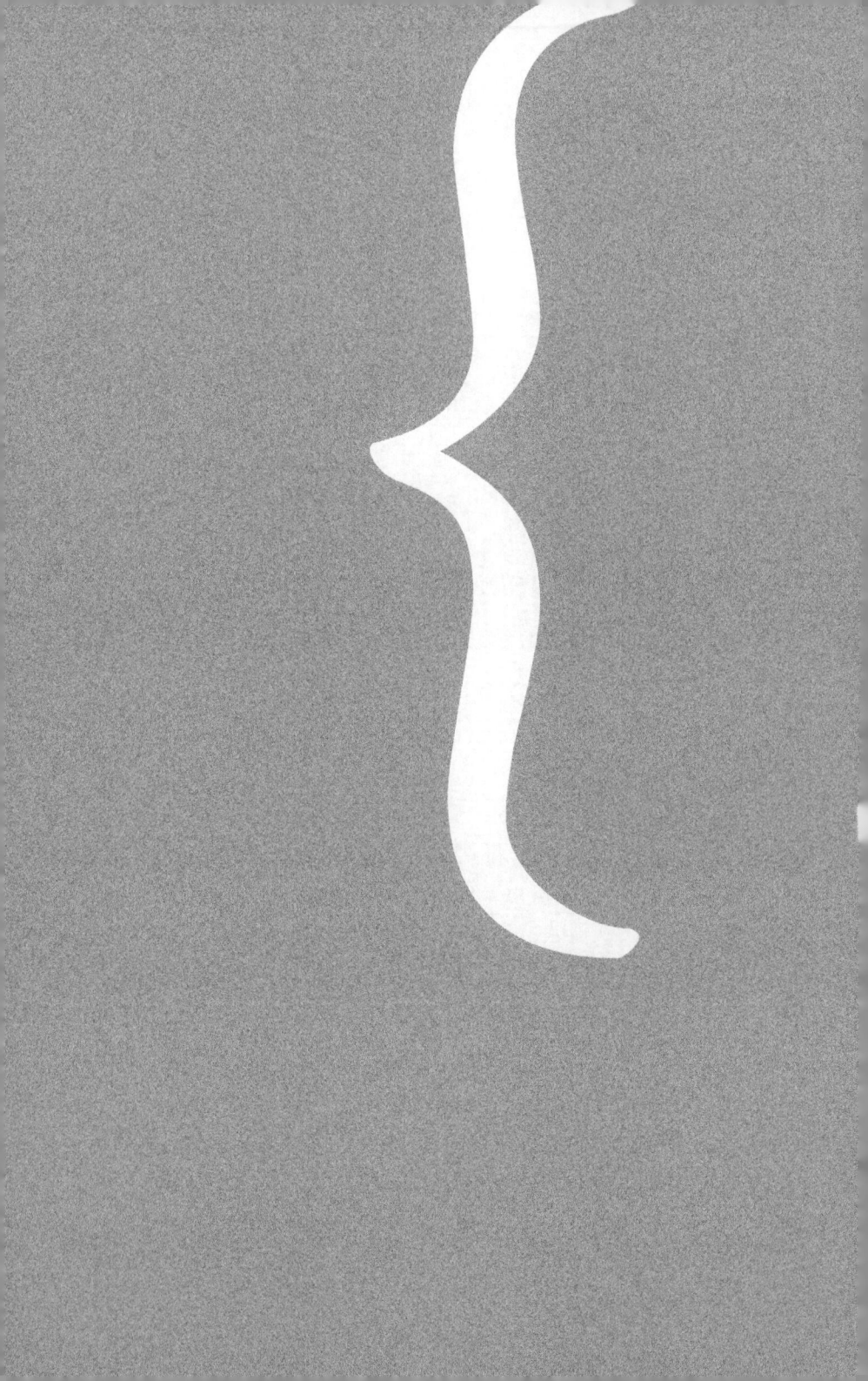

❲ COMO REVELA O título, este capítulo tem seu contexto em momento posterior à Reconquista e à Descoberta da América (1492), data que define a Hispanidade e o reino católico de Fernando e Isabel. Aqui, já estamos na Idade Moderna. Se, por um lado, a Espanha vai se impor como grande império e vai experimentar a glória nas artes, época conhecida como *Siglo de Oro*, por outro, sabemos da miséria de que o povo padecia. A obra *Lazarillo de Tormes*, no contexto do reino de Carlos I, uma picaresca, enfoca esse tema e também propicia um aprendizado acerca de teoria literária sobre o uso do riso e do drama para lidar com um personagem-narrador astuto, evidentemente, pois não podemos esquecer que se trata de um pícaro.

trêspontoum
Siglo de Oro

Estimado leitor, nos primeiros capítulos deste livro, analisamos a literatura espanhola produzida na Baixa Idade Média até o reino de Alfonso X, o Sábio. Após a morte desse respeitoso rei, houve muitas disputas pela Coroa, inclusive entre seus herdeiros. O auge que a Espanha vai experimentar viria no século XV, quando do reinado dos **Reis Católicos Fernando e Isabel, de 1479 a 1516**. Sobre o quão significativo foi esse reinado em todos os setores, Alvar, Mainer e Navarro (2009, p. 16) afirmam:

> A união de Castilha e Aragão, o final das desordens promovidas pelos nobres e o labor de organização interna levado a cabo pelos Reis Católicos, junto com a unidade territorial – à qual se incorpora Navarra –, fizeram da Espanha um Estado moderno, com uma monarquia forte, comparável em muitos aspectos à da França e à da Inglaterra[1].

De fato, só para demonstrar o auge da Espanha nesse período, que, artisticamente, será conhecido como *Siglo de Oro*, basta citar três fatos que ilustram suas conquistas, todos no ano de 1492: a Descoberta da América; a vitória definitiva da Reconquista; e a publicação da primeira gramática da língua espanhola, a *Gramática de la lengua castellana*, de Antonio de Nebrija.

---

1 No original: "La unión de Castilla y Aragón, el final de los desórdenes promovidos por los nobles y la labor de organización interna llevada a cabo por los Reyes Católicos, junto con la unidad territorial – a la que se incorpora Navarra –, hicieron de España un Estado moderno, con una monarquía fuerte, comparable en muchos aspectos a la de Francia e Inglaterra".

Partindo desses avanços, a concepção filosófica do **humanismo** estará cada vez mais presente na educação da sociedade de Corte no reino dos **Reis Católicos**. Na base da formação educacional das damas e dos cavalheiros estava a concepção aristotélica da *justa medida* como ética de vida para si e para o convívio em sociedade. Além disso, toda a concepção do mundo se baseava em humanistas como **Erasmo de Rotterdam e Pico della Mirandola**. A mudança significativa em comparação com a Idade Média, aqui, é que a relação com Deus se transforma. De acordo com os humanistas, Deus deseja que o homem se dedique ao conhecimento – próprio e geral, interno e externo – para depois se relacionar com Ele. Em uma obra muito importante e bela, intitulada *Discurso sobre a dignidade do homem*, Giovanni Pico della Mirandola escreve um diálogo de Deus com Adão no qual lhe explica como e por que o criou:

> Coloquei-te no centro do mundo, para que possas observar mais facilmente tudo o que existe no universo. Nem celeste nem terreno, nem mortal nem imortal te criamos, a fim de que possas, como um livre e extraordinário escultor de ti mesmo, plasmar a tua própria forma tal como a preferires. Poderás degenerar na forma dos seres inferiores, que são os animais irracionais, ou poderás regenerar-te nos seres superiores que são os divinos, segundo a vontade de teu espírito[2]. (Della Mirandola, 2006)

---

2 Sobre o termo *espírito*, é necessário esclarecer que, quando os humanistas o usam, é para fazer referência à porção pessoal de cada ser que está vinculada a Deus. Para diferenciar e reconhecer a parte exclusivamente individual, os humanistas usam o termo *alma*.

Essa concepção filosófica será importante para compreender todas as obras do *Siglo de Oro*. Essa nova imagem do homem como um **escultor de si mesmo**, como quem tem o direito de fazer suas escolhas, desde que as faça por meio de muita reflexão, em busca do conhecimento e com o uso da razão para avaliar suas ações, sempre considerando os valores de Deus, é libertadora e, ademais, politicamente consciente da necessidade de uma educação formal completa do homem para sua vida privada e sua atuação na sociedade, ou seja, trata-se de uma concepção edificante da alma do homem.

Sobre o período, é essencial ter em conta também que, após o avanço das línguas romances, as escritas produzidas nessas línguas já eram consideradas cultas e refinadas. Logo, na Espanha, depois da publicação da primeira gramática da língua castelhana, a de Antonio de Nebrija, todas as obras do *Siglo de Oro* já estavam escritas em espanhol.

A educação formal se fazia por meio das **Artes Liberais**, herança da Antiguidade Clássica mantida na Idade Média e adaptada no Renascimento. Eram sete as artes liberais, estruturadas entre *trivium* e *quadrivium* (três e quatro vias ou caminhos).

> ## Preste atenção!
>
> *Trivium* eram os três caminhos para formar o indivíduo bem articulado no discurso oral: gramática, para ajudar a falar; dialética, para permitir a busca da verdade; e retórica, para ornar as palavras. *Quadrivium* eram as disciplinas das matemáticas: aritmética, para numerar; geometria, para ponderar; astronomia, para cultivar os astros; e música, para cantar.

Sobre a educação dos jovens nas Artes Liberais, é importante ter em conta que ainda estava limitada à nobreza, ou seja, os servos e a plebe não tinham acesso a essa formação ampla do espírito. A essa classe social, que tinha de trabalhar para sobreviver, destinavam-se as **Artes Mecânicas**. Não podemos esquecer tampouco que, naquela época, ter de trabalhar para sobreviver era uma desonra, isto é, só a situação de um indivíduo precisar servir a algum senhor para ter o que comer já lhe despojava de honra, de dignidade. Soma-se a isso o fato de que a classe social dos servos não tinha direito aos estudos que ensinavam a ler e a escrever e, portanto, eles eram analfabetos. Desse modo, encontravam mais dificuldade de ascensão social, mesmo que mínina.

> ## Para refletir
>
> Releia o fragmento do *Discurso sobre a dignidade do homem* e reflita sobre as alternativas que Deus dá a Adão com poder de escolha a partir de seu lugar intermediário no mundo. Apesar da garantia de liberdade de escolha, há uma valorização entre as alternativas. Associe o resultado que Deus espera dessa valorização com as Artes Liberais e com a concepção da educação para a formação de um espírito nobre.
>
> Ainda, no desfecho do fragmento transcrito de Pico della Mirandola (2006), Deus diz a Adão que ele poderá escolher seu *ethos* segundo a vontade de seu espírito. Na nota de rodapé está a explicação do sentido da palavra *espírito* para os humanistas. Consulte-a e redija um parágrafo no qual você discorra sobre o caráter ou nível de liberdade que tem o homem nas escolhas que faz de acordo com a avaliação de Deus.

Outro fato importante a ser considerado no contexto das obras do *Siglo de Oro*, as quais você vai estudar, sobretudo *Lazarillo de Tormes*, é o proceder político da Igreja Católica naqueles tempos, o qual, por sua parte abusiva nos dízimos, no interesse da manutenção de um sistema de castas sociais, no comportamento avarento e hipócrita de muitos clérigos, entre outros, levou à **Reforma Protestante**, que foi o resultado concreto de muitas críticas que já estavam disseminadas na sociedade entre os que se preocupavam de fato com a justiça social.

Quando **Martinho Lutero** publica, em 1517, suas *95 Tesis*, com críticas severas às indulgências da Igreja, suas ideias fazem eco em todos os países cristãos, sobretudo por questionar a prática de estamento religioso. O catolicismo se viu obrigado a realizar uma reforma. Todas essas transformações, e mais o estímulo dos impérios da época, favoreceram os ideais humanistas, os quais receberam um bom articulador com o papado em Roma, o já mencionado humanista Erasmo de Rotterdam, respeitado e querido pelos europeus até os dias de hoje, tanto que um excelente programa educacional da União Europeia de intercâmbio para estudantes e professores de todo o mundo, e com bolsa, é intitulado *Erasmus*.

A obra *Lazarillo de Tormes*, inserida nesse contexto, discute esses temas por meio de críticas sociais feitas pela perspectiva de um narrador que recorda sua vida desde criança pobre até o adulto que já é e que, por isso, participa da narrativa como protagonista. Vamos analisá-la melhor na próxima seção.

trêspontodois
Com força e manha

Em 1554 era publicada pela primeira vez *La vida de Lazarillo de Tormes y de sus fortunas y adversidades*, primeiro título que a obra aqui em foco recebeu (La vida..., 2023). A mais conhecida das picarescas, essa novela é considerada uma das primeiras modernas da Espanha. De escrita anônima, muito já se discutiu sobre sua autoria, inclusive se se tratou de algum clérigo da época, porque há muitas críticas à hipocrisia clerical, até dos mais elevados como os bispos. Apesar dessa discussão, vamos nos centrar mais em análises e reflexões acerca de forma e conteúdo, já que a picaresca conquista reconhecimento mesmo sendo irreverente ao revolucionar os padrões até então rígidos que legitimavam a arte e a cultura.

Sobre seu aspecto inovador e irreverente, observe que, até a publicação desse gênero, o que se considerava como elevado eram: os escritos sobre santos e heróis, como as novelas de cavalaria; as epopeias, como a obra *El cantar de mio Cid*, que já estudamos; as Cantigas de Santa Maria e os *Milagros de Nuestra Señora*, entre outros. Além disso, como você provavelmente já percebeu, esses textos literários continham drama e tragédia, isto é, estavam despojados de comédia. Nos tempos anteriores à picaresca, o riso era considerado uma manifestação dos baixos instintos e, por isso, expressá-lo em público não era papel para pessoas de espírito elevado. A arte elevada, por consequência, não tinha o recurso estético do riso. Por igual motivo, ou seja, pelos códigos éticos, só se consideravam boas artes aquelas cujos personagens apresentavam exemplo de moral, motivo pelo qual as histórias eram de santos, cavaleiros, todos com atos heroicos.

Contudo, o contexto um tanto já revolucionário, do qual a Reforma Protestante é uma consequência, e toda a transformação de mentalidade do homem do período trouxeram novas perspectivas ético-estéticas para as artes em geral. Logo, se antes os cenários retratados eram nobres, clássicos, milimetricamente calculados, ocupados por figuras serenas e confiantes em seu destino, agora tudo se transforma. Os artistas adicionam a seu universo de representação a gente simples e comum em sua vida cotidiana de trabalho em cenários insalubres. Em uma realidade dessas, as expressões serenas já não são possíveis, e o que se incorpora como estética é a decadência do corpo, o horror diante da precariedade da vida e da impossibilidade de simetria na artificialidade de tudo o que é construído pelo homem.

> ## Importante!
>
> É interessante observar essas diferenças estéticas nas pinturas do Renascimento e do barroco. Observe-as nos quadros a seguir. Nos de artistas renascentistas, como o de Leonardo da Vinci (Figura 3.1), os retratados sempre são santos ou nobres, a natureza está calma e domada, as edificações têm linhas retas e geometricamente bem apresentadas, as expressões dos representados são serenas. Já nos barrocos, como o de Diego Velázquez (Figura 3.2), tudo é sombrio, decadente, com ambientes mal construídos; os representados são gente comum, quase sempre humildes, famintos ou enfermos,

com corpos decadentes e em desespero; as cenas não são de ações nobres ou importantes, senão da vida cotidiana.

Figura 3.1 – *A Anunciação*, de Leonardo Da Vinci

DA VINCI, L. A Anunciação. 1472. 1 óleo sobre tela: color; 98 cm × 2,17 m. Galleria degli Uffizi, Florença, Itália.

Figura 3.2 – *Velha fritando ovos*, de Diego Velázquez

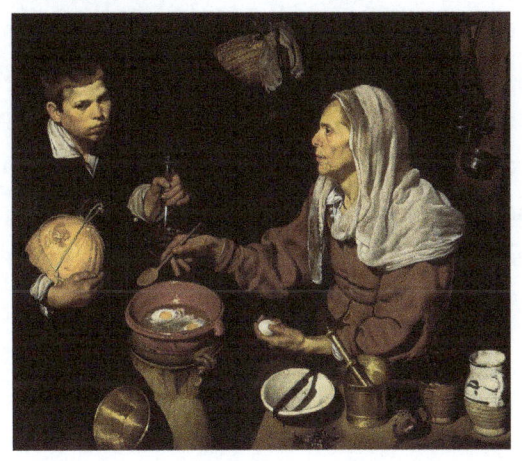

VELÁZQUEZ, D. Velha fritando ovos. 1618. 1 óleo sobre tela: color; 100,5 cm × 119,5 cm. National Galleries of Scotland, Escócia.

Como você pode ver, o conteúdo de Lazarillo se alinha a essa estética mais barroca, pois temos um narrador que recorda e relata sua vida na miséria e tudo o que padeceu quando trabalhou como servo para vários tipos de amos de classes sociais de prestígio – clero e nobreza –, todos carregados de vícios, para os quais a obra também funciona como crítica e denúncia. O pequeno Lázaro anda por ambientes degradados pela miséria, quando é pobre, e pela falta de valores morais, quando acompanha amos de ética questionável. Enquanto nos narra suas memórias, quadros de claro-escuros barrocos vêm à nossa cabeça.

Fazendo uma comparação com os quadros barrocos, podemos analisar a linguagem da obra. Todos os livros daquela época necessitavam passar por uma avaliação para ser editados ou não. Um requisito importante era que o autor demonstrasse erudição, e isso se verificava em sua capacidade de citar os clássicos, mas também em sua linguagem, a qual devia ser muito elevada. O que acontece é que a picaresca, por retratar ambientes e pessoas mais simples, passa a incorporar também a **linguagem popular**. Nessas novelas sempre haverá a mistura da linguagem erudita com a popular, assim como **citações de escritores e filósofos da Antiguidade Clássica**, mas também de ditados da sabedoria popular.

Preste atenção!

Erudito *versus* popular

Vamos analisar fragmentos nos quais há citações eruditas e ditados populares, mas, para que você já vá percebendo essa diferença, podemos citar como exemplo uma passagem do Tratado Segundo da obra, quando Lazarillo está servindo ao amo clérigo. O menino descobre que seu amo guarda a comida em uma arca e passa a romper parte da arca às escondidas, obviamente, para furtar pedaços de comida a cada dia. O amo, quando descobre o buraco, tampa-o, e Lazarillo, mais tarde, destapa-o. Para comentar essa ação circular, nosso narrador recorre ao mesmo tempo à erudição à sabedoria popular: "Em tal maneira foi e tal pressa nos demos, que sem dúvida por isto se deveu dizer: 'onde uma porta se fecha, outra se abre'. Finalmente, parecíamos ter por tarefa a teia de Penélope, pois quanto ele tecia de dia rompia eu de noite" (La vida..., 2023, Tratado Segundo, tradução e grifo nosso).

Observe pelo exemplo, estimado leitor, que o narrador usa o ditado popular da porta que se fecha para que outra se abra e o faz com ironia, porque se refere à arca que sempre será tampada e destampada. Depois, demonstra sua erudição com a menção à mitologia grega e ao tear de Penélope, a mulher de Odisseu, rei de Ítaca, história já conhecida pela *Odisseia*, de Homero.

Preste atenção!

Nessa narrativa temos um narrador que também é o protagonista. Para compreendê-la bem, é necessário ter em conta alguns detalhes: Lázaro relata suas memórias de criança miserável em uma carta para Vossa Mercê. Ele escreve essa carta para que:

> se tenha completa informação da minha pessoa. Também para que considerem os poucos méritos que possuem aqueles que herdaram nobres condições, visto que a Fortuna foi com eles parcial, e quanto mais fizeram aqueles que, sendo-lhes ela contrária, remando com força e manha, chegaram a bom porto. (Lazarilho..., 1992, Prólogo, p. 31)

O leitor atento já percebe que o pícaro quer se defender de alguma ação duvidosa que fez, pois está dizendo a Vossa Mercê que os bem nascidos (como o próprio destinatário da carta, pois, se é tratado como Vossa Mercê, é superior e é alguém do clero ou da nobreza) não necessitam fazer nenhum esforço na vida por já terem sido agraciados pela Fortuna. Por outro lado, segundo Lázaro, em sua retórica de defesa, os desfavorecidos têm de burlar a ética de vez em quando se não quiserem padecer na vida. Em outras palavras, Lázaro está confessando que fez algo questionável, mas tenta justificar-se por sua *vida antiga*, que era miserável.

Importante!

Por que destacamos a expressão *vida antiga*? Outra observação que um bom leitor deve fazer é que, se Lázaro tem condições de escrever uma carta, já não é analfabeto e, portanto, não é mais miserável. Além disso, se tem liberdade para escrever a uma

> autoridade tratada por Vossa Mercê, é que já ocupa alguma posição na sociedade

É necessário atentar para o fato de que Lázaro diz a seu destinatário que pretende que ele tenha inteira notícia de sua pessoa, ou seja, que ele o conheça bastante bem, e desde sua infância. O que nosso narrador quer é que Vossa Mercê aceite as faltas éticas que o levaram a escrever a carta em sua defesa como justificadas pela vida miserável que teve. Negá-las Lázaro não as nega, o que se pode comprovar ainda no prólogo: "Mas a vida é assim mesmo; ao confessar que não sou melhor que meus vizinhos" (Lazarilho..., 1992, Prólogo, p. 31). Portanto, o tema da honra segue forte no *Siglo de Oro*, pois o Lázaro adulto já não é miserável e no presente tem sua honra ameaçada porque algo de suspeito que fez para alcançar sua ascensão social veio ao conhecimento de seus superiores. O tema agora, porém, não é a defesa da honra por valor moral ou religioso, como na épica escrita para El Cid, senão para o propósito de um indivíduo garantir seu lugar em classes sociais melhores – como o próprio Lázaro diz no prólogo, no fragmento citado aqui, "por força e manha" – e continuar em posse de casa e comida com possibilidade de sofisticação.

Força e manha caracterizam os pícaros, esses desfavorecidos que não aceitam a condição que sua classe social lhes impõe para o resto da vida. Uma lógica há de se reconhecer neles, pois, se naquela época trabalhar era indigno e, ademais, pouco contribuía para a ascensão social, melhor era seguir sem dignidade, mas sem se matar tanto em trabalhos insalubres. Dessa **impossibilidade de justiça social** vinha a manha como solução para os pícaros.

Mas, atenção, estimado leitor! A picaresca narra essas manhas como pequenos golpes entre mentiras, enganações e dissimulações somente para os pícaros conseguirem comer, matar sua sede e ter cama para dormir, ou, como no caso de Lázaro, para ter sofisticação na vida. Em outras palavras, os pícaros não cometiam crimes graves como assaltos, assassinatos e estupros.

É importante ressaltar isso porque, na picaresca, **não há discurso do criminoso como vítima das injustiças sociais**. De fato, isso seria impossível, em primeiro lugar em razão da mentalidade da época (lembre-se de que é preciso ler essas obras evitando anacronismo). Em segundo lugar porque, como você verá em Lazarillo, os pícaros aprendem a conseguir comida com seus golpes, mas de tanto conviver com seus amos decidem querer uma vida mais elevada nos gostos. Dessa maneira, suas manhas, depois de certo tempo, não se justificam mais por miséria, senão por ambição. Não há possibilidade de drama diante do adulto que burlou o sistema e venceu a miséria, mas e quanto à criança que sofreu de fato e cujas memórias dramáticas serão narradas? Nosso narrador mencionou força e manha no prólogo, verdade? Pois vamos refletir sobre dois recursos estéticos que ajudam os leitores a não cair na manipulação do adulto, mas sem ser indiferentes à dor da criança do passado que sofreu abusos e padeceu de fome: o drama e o riso.

Um aspecto a ser considerado nessa obra, leitor, é que, em primeiro lugar, temos um adulto que saiu da miséria de maneira suspeita e que, agora, necessita defender sua honra para não voltar para as classes sociais inferiores. Para isso, ele escreve uma carta a um superior – Vossa Mercê – com vistas a convencê-lo de que precisou fazer manhas para sair da extrema pobreza, já que o sistema social não lhe permitia outra saída. Por isso, levando em conta o adulto que escreve, sabemos que ele vai manipular os fatos para que seu leitor imediato, que é Vossa Mercê, e nós, os leitores do livro, tenhamos pena dele e o inocentemos. Por outro lado, nas memórias do pícaro adulto há uma criança que sofreu abusos, padeceu de fome e solidão. Como equilibrar a emoção do leitor para que ele não caia nas manhas do adulto que quer se passar só por vítima, mas evitar que seja insensível às dores da criança do passado?

Pois a resposta está na inovação que a picaresca traz quando recorre ao riso, recurso estético desprestigiado até então, e ao drama, o qual já tinha prestígio como estética elevada. Quando consideramos a força mencionada pelo narrador no prólogo, podemos imaginar a vida sub-humana que a miséria lhe impôs em sua infância e adolescência. Somente com muita força ele poderia superar tanta adversidade. O tom grave dessa parte da resistência se associa ao drama e, de fato, a obra tem bastantes momentos dramáticos em face dos quais o leitor não consegue deixar de ter uma reação sensível. Por outro lado, quando o narrador abusa de seu drama para que só passe por vítima e oculte seus golpes, o escritor recorre ao riso para ridicularizá-lo, ou seja, para fazê-lo digno de riso, pois esse recurso estético o transforma em objeto, o desumaniza um pouco e por um instante, justamente para que o leitor se afaste suficientemente dele e consiga perceber a tentativa de manipulação.

Preste atenção!

Drama *versus* riso

Assim como demos um exemplo da presença de erudição e sabedoria popular, vamos ver agora um fragmento no qual estão o drama e o riso. Trata-se também do Tratado Segundo, quando Lazarillo relata que conseguia comer algo quando o clérigo ia rezar missas em enterros e, então, o faminto começa a pedir a Deus que mate as pessoas para que haja enterros e ele possa comer algo:

> Já que falei de enterros, Deus me perdoe, jamais fui inimigo do gênero humano senão naquela época. Isto porque nessas oportunidades comíamos bem e eu me fartava. Desejava e até rogava a Deus que todos os dias matasse um. [...] Porque, durante todo o tempo em que ali estive, talvez seis meses, somente vinte pessoas morreram. Estas acredito firmemente que eu as matei ou, melhor dizendo, partiram por causa dos meus pedidos [...]. (Lazarilho..., 1992, Tratado Segundo, p. 53)

Claro e escuro, força e manha, erudito e popular, riso e drama, passado e presente, criança e adulto, honra e hipocrisia, vítima e pícaro. A criança do passado perambula pelas cidades e entre amos de várias classes sociais; suas aventuras revelam os vícios da sociedade e, com isso, ele aprende a agir nas lacunas das normas primeiro para sobreviver e depois para alcançar ascensão social. Quando o adulto já está com uma vida estável, a manha que lhe permitiu o conforto e o respeito está para ser descoberta. Então, ele escreve uma carta para Vossa Mercê para defender sua honra e seguir desfrutando sua boa vida. Nessa carta há também uma ameaça, pois ele, que foi servo de amos, sabe de outras manhas, as do clero e da aristocracia. Essa é sua arma para que ninguém lhe retire suas conquistas.

A carta, estimado leitor, é a obra que estamos estudando, e o destinatário – Vossa Mercê –, o leitor da carta, é você também, o leitor do livro. Somos nós. Pois com isso já temos trabalho e fruição estética: analisar e experimentar o drama e o riso, a erudição e a sabedoria popular; descobrir que manha praticou Lazarillo para chegar aonde chegou e a que chegou. Para isso, vamos conhecer os Tratados Primeiro, Segundo e Sétimo, que é o último.

trêspontotrês
Nascido no rio

No Tratado Primeiro, Lazarillo se apresenta a Vossa Mercê – e a nós – e cumpre o que prometeu no prólogo, ou seja, começa a narrar sua vida desde seu nascimento. Após essa parte introdutória, na qual conhecemos um pouco da história de sua família, vamos nos inteirar de seu sofrimento com seu primeiro amo, o cego.

São muitos os aspectos a serem ressaltados aqui. Comecemos pelas primeiras linhas, quando Lázaro se afirma com a força já anunciada no prólogo e avisa que está disposto a lutar com todas as armas para não perder tudo o que conquistou:

> Antes de mais nada, saiba Vossa Mercê que me chamam Lázaro de Tormes, filho de Tomé González e de Antona Pérez, naturais de Tejares, aldeia de Salamanca. Meu nascimento se deu dentro do

rio Tormes, motivo que explica meu sobrenome; e foi assim: meu pai, que Deus o tenha, era encarregado de alimentar a moenda de um moinho, que fica à margem daquele rio, onde foi moleiro por mais de quinze anos; e estando minha mãe uma noite no moinho, grávida de mim, vieram-lhe as dores do parto, ganhando-me ali mesmo. De modo que me considero nascido no rio. (Lazarilho..., 1992, Tratado Primero, p. 31-33)

Veja que Lázaro começa a carta com um tom bastante afirmativo sobre si mesmo ("que me chamam Lázaro de Tormes, filho de Tomé González e de Antona Pérez") e com um tratamento pouco respeitoso e de enfrentamento com Vossa Mercê ("Antes de mais nada, saiba Vossa Mercê"). Naquela época, os de classe social mais baixa não costumavam ter sobrenome. Além disso, esse costume de mencionar a linhagem só pertencia aos nobres. Porém, Lázaro inventa um nome completo para si, retirado do rio onde nasceu, e nomeia seus pais como se de uma linhagem se tratasse. O narrador sabe, evidentemente, que para os padrões sociais seu nome e sua família não têm valor, mas ele já se impõe perante Vossa Mercê para anunciar que não aceitará humilhações.

Mais interessantes ainda são a forma como Lázaro se representa e, claro, a imagem literária que o escritor escolheu para significar as várias características do personagem: "De modo que me considero nascido no rio". O bom leitor não pode passar por essa imagem sem mergulhar nela para refletir e buscar seus sentidos. O rio é água, é vida, é força e, aqui, novamente nos encontramos com um dos recursos a que Lázaro diz recorrer para sobreviver: a força. Já concluímos que nosso narrador está do a Vossa Mercê que vai lutar com todas as suas forças para se defender porque faz questão de recordar para si mesmo e de anunciar para o destinatário de sua carta que nasceu no rio e, portanto, é herdeiro dessa entidade da natureza.

Além da força ruidosa e caudalosa do rio, Lázaro anuncia algo ainda mais importante quando se compara a essa entidade natural e que tem a ver com uma característica frequentemente recordada: os rios sempre correm para o mar e nunca voltam atrás. Compreendeu o recado de nosso narrador para Vossa Mercê, caro leitor? Nosso pícaro está dizendo ao senhor que pode julgá-lo por sua manha e que pode retirar-lhe suas conquistas, lançando-o de volta à miséria, mas que ele não aceitará que lhe façam isso sem lutar porque é forte como o rio e, assim como o rio, não voltará atrás.

De sua família, ele relata a morte de seu pai, um malandro que esteve preso. Nesse fragmento aparece o contexto das Cruzadas, pois, após a prisão, seu pai foi auxiliar de um cavaleiro nessas batalhas e é justamente quando falece:

> Nesse tempo, organizou-se uma armada para lutar contra os mouros, sendo nela incluído meu pai, que estava condenado ao desterro por causa das sangrias malfeitas, recebendo a incumbência de arrieiro de um cavaleiro que participou da expedição. Com seu senhor, como fiel criado, terminou seus dias. (Lazarilho..., 1992, Tratado Primeiro, p. 33)

Em seguida, a mãe de Lazarillo, viúva, tem de procurar trabalho, então se muda para a cidade. O fragmento no qual nosso narrador relata essa mudança traz uma expressão que se repetirá muitas vezes no decorrer da obra e, claro, se ela se repete, o bom leitor deve refletir sobre seu conteúdo. Vejamos:

> Minha viúva mãe, como se visse sem marido e sem proteção, decidiu *juntar-se aos bons* para ser um deles. Foi viver na cidade, onde alugou uma casinha, dedicando-se a cozinhar para certos estudantes, e lavava a roupa para os tratadores dos cavalos do comendador da Madalena, de modo que foi frequentando as cavalariças. (Lazarilho..., 1992, Tratado Primeiro, p. 33, grifo nosso)

A expressão que se repete ao longo da obra e aparece no último fragmento transcrito está em negrito: "juntar-se aos bons".

Para refletir

Considerando tudo o que você já sabe sobre a história de Lazarillo desde sua infância até sua vida adulta, reflita sobre o recurso narrativo da repetição da expressão "juntar-se aos bons" e os objetivos do pícaro.

A mãe de Lázaro acaba por encontrar outro homem, um negro. Leia o fragmento a seguir, porque, mais adiante, vamos analisar alguns dos recursos literários explicados na Seção 3.2. Como vamos refletir sobre os próximos fragmentos em atividades posteriores, todos vão receber uma numeração sequencial a partir deste ponto.

noreno, um dos que tratavam dos animais, às vezes, vinha a nossa casa e ia embora de ——, durante o dia chegava-se à porta, com a —— ovos, e entrava em casa. No começo de suas ——gostava dele, tendo-lhe até medo, por causa de sua cor e de seus maus gestos; mas, desde que percebi que com sua vinda melhorava a comida, comecei a querer-lhe bem, pois sempre trazia pão, pedaços de carne e, no inverno, lenha com que nos aquecíamos.
(Lazarilho..., 1992, Tratado Primeiro, p. 33)

Você já pode observar que, além do problema do preconceito por posição social, há também o racial, pois o padrasto é negro, e Lazarillo, mesmo sendo pobre e sofrendo esse mal na própria pele, reproduz o caso com o outro ("eu não gostava dele, tendo-lhe até medo, por causa de sua cor e de seus maus gestos"). Considere que os maus gestos são somente diferença de culturas, mas Lazarillo não percebe isso.

Depois de contar sobre seu padrasto, nosso narrador revela que ganhou um irmão. Esse fragmento tem bastante importância para nossas análises tanto de tema quanto de recursos estéticos:

Fragmento 2

De modo que, com a repetição das pousadas e das conversações, minha mãe deu-me um negrinho, muito bonito, que eu fazia pular sobre meus joelhos e a quem ajudava a aquecer. Lembro-me de que, estando o negro do meu padrasto brincando com o menino, como este via que minha mãe e eu éramos brancos e o pai não, fugia para minha mãe, com medo e, indicando com o dedo, dizia: "Mãe, olha o bicho!" Respondeu ele, rindo; "Filho da puta!"

> Eu, embora jovem, notei aquelas palavras de meu irmãozin[ho e] pensei: "**Quantos devem existir no mundo que fogem dos ou[tros] porque não se veem a si mesmos!**" (Lazarilho..., 1992, Tratado Primeiro, p. 33, grifo nosso)

Lembre-se da crítica da página anterior, quando mencionamos que, mesmo sentindo o quanto é sofrido o preconceito, Lazarillo o reproduz com seu padrasto por ele ser negro (mouro). A respeito do fragmento 2, a reflexão de nosso narrador é belíssima e perspicaz e, além disso, responde à nossa crítica.

Para refletir

Reflita sobre os preconceitos do irmão de Lazarillo e dele mesmo e sobre a falta que a educação proposta pelos humanistas (que eles estavam proibidos de acessar) lhes fez.

Após a perda do padrasto, a mãe de Lazarillo não vê outra solução que não entregar seu filho a um cego que o pede como criado. Chegamos, então, à primeira experiência de nosso narrador como servo de um amo, o cego, do qual o pícaro dirá sempre que foi o mais cruel de todos os amos. Lázaro não necessitou esperar nem um dia para conhecer a crueldade do cego:

> Fragmento 3
>
> Saímos de Salamanca e, chegando à ponte, está a sua entrada um animal de pedra, que quase tem a forma de um touro; o cego ordenou que me aproximasse do animal, e ali me disse:
>
> — Lázaro, encoste o ouvido a este touro e ouvirá um grande ruído dentro dele. I

ngenuamente eu atendi, acreditando ser verdade. Quando percebeu que eu tinha a cabeça junto à pedra, bateu firme com a mão, fazendo-me dar uma grande cabeçada no maldito touro, de modo que, por mais de três dias, suportei as dores da cornada; e disse-me:

— Estúpido, aprenda que um guia de cego tem que saber mais que o diabo.

E riu muito da burla.

Pareceu-me que, naquele momento, despertei da simplicidade em que, como menino, achava-me adormecido. Então pensei: "Ele tem razão, tenho que abrir os olhos e estar atento, porque sou sozinho, e devo pensar em como me defender". (Lazarilho..., 1992, Tratado Primeiro, p. 35)

Apesar de essa atitude do cego ser uma crueldade, é importante saber que as crianças naquela época não eram tratadas com a diferença de cuidado e com o respaldo de leis como o são hoje. Os direitos do indivíduo e humanos só se consolidaram anos depois, após as revoluções iluministas, e as crianças só foram consideradas especiais e frágeis com a modernidade já implementada. Essa explicação é necessária para que você saiba que esse fragmento do golpe que o cego dá em Lazarillo contra o touro pode ter sido recebido pelos leitores da época como cômico. Contudo, como em toda a obra, o drama sempre aparece em seguida para equilibrar os sentidos do leitor e o jogo entre humanização e desumanização do pícaro. De qualquer maneira, a dor que o Lázaro adulto ainda recorda nos mostra quão intenso foi o sofrimento da criança.

Ademais, convém observar que essa criança sabe que, apesar de estar com o cego, já não tem família e, por isso, está só no mundo ("tenho que abrir os olhos e estar atento, **porque sou sozinho**, e devo pensar em como me defender"). Sua dor maior é fazer essa descoberta, ou seja, é o drama de se ver só no mundo e de perder a infância em idade tão jovem.

Essa perda da inocência faz com que Lazarillo afirme algo muito impactante:

Fragmento 4

E assim aconteceu, porque, depois de Deus, foi ele quem me deu a vida e, apesar de cego, abriu-me os olhos, ensinando-me a viver. (Lazarilho..., 1992, Tratado Primeiro, p. 35)

O cego tem papel importante na transformação de Lázaro em pícaro. O recurso literário do **paradoxo** como figura de linguagem para a perda da inocência que o cego lhe obrigou a ter como experiência chama muito a atenção, e nosso narrador o enfatiza, pois é justamente um cego, que vive na escuridão, quem o desperta para a necessidade de ser esperto, fato que ele associa com a luz.

O cego é tão esperto para praticar golpes e maldades que mais de uma vez Lazarillo recorre ao paradoxo para descrevê-lo:

Fragmento 5

Voltando ao meu bom cego e contando as suas artimanhas, saiba Vossa Mercê que, desde que Deus criou o mundo, a ninguém fez mais astuto e sagaz. Em seu ofício era uma águia. Sabia de cor cento e tantas orações. Rezava em tom grave, pausado e sonoro, fazendo ecoar sua voz na igreja. Assumia uma expressão de humildade e devoção quando rezava, sem fazer gestos nem movimentos com a boca ou com os olhos, como outros costumam fazer. (Lazarilho..., 1992, Tratado Primeiro, p. 37)

> ## Para refletir
>
> Reflita sobre o paradoxo como figura de linguagem literária no fragmento 5 e explique-o.

Lázaro recorda o cego e então volta a conversar com Vossa Mercê. Esse recurso de chamar Vossa Mercê é um desafio e é justamente onde o bom leitor pode notar as armas que tem o pícaro para se defender e não perder a posição social que conquistou:

> **Fragmento 6**
>
> Sinto satisfação em contar a Vossa Mercê estas ninharias, para mostrar quanta **virtude** há nos homens que sabem **subir**, vindo do nada, e quanto **vício** em deixar-se **rebaixar** do alto. (Lazarilho..., 1992, Tratado Primeiro, p. 37, grifo nosso)

Aqui se apresenta o Lázaro adulto, o qual desafia com ultraje a Vossa Mercê. De novo, com um primor no emprego de figuras de linguagem literária, agora **antíteses** (vício × virtude, alto × baixo), o adulto esperto usa sua retórica tanto para se defender, visto que afirma que se utilizou de baixezas para subir porque não tinha alternativa – e nisso vê virtude pois conseguiu crescer na vida –, como para atacar a Vossa Mercê, pois insinua que ele e todos os bem nascidos, mesmo já sendo favorecidos, seguem fazendo manhas para subir mais, por pura ambição. Na verdade, o adulto lembra à autoridade que já viveu com o clero e com a nobreza, do que se conclui que sabe de seus vícios, da hipocrisia das classes altas e está fazendo uma ameaça velada sobre o que pode revelar para a sociedade se por um acaso for castigado pelas manhas que cometeu.

Somente depois de fazer essas ameaças e tentativas de justificação de suas manhas é que nosso narrador recorre ao drama de seu padecimento de fome decorrente da avareza do cego:

Fragmento 7

Mas também quero que saiba Vossa Mercê que, com tudo o que adquiria e possuía, **jamais vi um homem tão avarento e mesquinho**, tanto que me matava de fome, pois eu não comia nem a metade do necessário. Na verdade, se não contasse com a minha astúcia e as boas manhas para me virar, **muitas vezes teria morrido de fome**. Porém, apesar de todo o seu saber e prevenção, eu o enganava, de modo que, quase sempre, me cabia o maior e melhor. Para isso, eu fazia grandes trapaças, das quais contarei algumas, ainda que nem todas sejam sem prejuízo meu. (Lazarilho..., 1992, Tratado Primeiro, p. 37, grifo nosso)

A questão é que o cego não lhe dava de comer, mas Lazarillo inventava manhas para conseguir comida. Uma passagem importante já revela ao bom leitor que nosso pícaro, depois de experimentar certo refinamento na vida com o cego, vai querer subir de classe social não só para não passar fome, senão para mais, ou seja, para ter sofisticação na vida. Vejamos:

Fragmento 8

Como eu estava habituado ao vinho, sentia a sua falta e, vendo que o artifício da palha não me valia mais, resolvi fazer no fundo do jarro um pequeno orifício e, com muito jeito, tapá-lo com uma leve camada de cera. Na hora de comer, fingindo ter frio, refugiava-me entre as pernas do triste cego, para me aquecer junto ao nosso pequeno fogo. Logo que a cera derretia com o calor, começava a fontezinha a destilar o vinho para a minha boca, que eu colocava de maneira que nenhuma gota se perdia. Quando o fominha ia beber, não encontrava

> nada. Ficava espantado, maldizia-se e mandava ao diabo o jarro e o vinho, sem compreender o que estava acontecendo. (Lazarilho..., 1992, Tratado Primeiro, p. 39, grifo nosso)

Lazarillo descobre o vinho do cego, prova-o e então se revela para ele o refinamento do gosto. O pícaro descobre que é possível comer e beber não só para matar a fome e a sede, mas, melhor ainda, para ter prazer. Por isso essa passagem é tão importante – ela será fundamental para que, mais tarde, nosso narrador aceite uma manha para ter direito a esses prazeres que, já sabemos, são muito caros.

O cego descobre o golpe do vinho e bate tanto em Lazarillo que lhe desfigura todo o rosto. Nosso narrador comenta que chegou a perder uns dentes e que até o momento presente da narração, em sua vida adulta, seguia sem eles.

Após o golpe do vinho, vem o da linguiça, passagem tão famosa que o reconhecido pintor espanhol Francisco de Goya a retratou em um de seus muitos quadros famosos. Lazarillo come uma linguiça do cego às escondidas, mas o astuto amo desconfia e, para comprovar o golpe, decide cheirar a boca do pícaro. O problema é que nosso narrador havia acabado de comê-la, ou seja, não havia dado tempo de digeri-la. A cena que traz riso e drama é primorosa:

Fragmento 9

> Jurei e tomei a jurar que estava inocente daquele truque e troca, porém de pouco adiantou, pois à astúcia do maldito cego nada escapava. Levantou-se e agarrou-me pela cabeça para cheirar. Como devia sentir o meu hálito, ele, à semelhança de um cão de caça,

para melhor esclarecer a verdade e com a grande aflição em que se encontrava, segurando-me firme, **com as mãos abria a minha boca o mais que podia e, sem consideração alguma, nela metia o nariz.** Tinha-o longo e afilado e, naquele momento, por causa de sua fúria, aumentara um palmo, e com a ponta atingiu-me a goela. (Lazarilho..., 1992, Tratado Primeiro, p. 45-47, grifo nosso)

É interessante observar como o escritor constrói a ação com as palavras, pois já vai anunciando o tragicômico que vai acontecer. Veja: o narrador diz que o cego ia metendo o nariz em sua garganta **sem consideração alguma**, evidentemente porque o ato provocaria uma reação física involuntária no pícaro. Essa hipótese aumenta quando o narrador descreve a forma do nariz do amo, pois faz questão de dizer que é **longo e afilado**. Por último, narra que o nariz tocou sua goela. Esse recurso de linguagem de **gradação** chama a atenção do bom leitor, o qual já sente o que vem e já começa a antecipar o riso. Vejamos:

Fragmento 10

Então, devido ao grande medo que tinha e porque fora comida há tão pouco tempo, a maldita linguiça ainda **não me assentara no estômago**; e ainda mais **com os toques daquele enorme nariz**, que me deixara meio sufocado. Todas essas coisas se juntaram e foram causa de que o fato e a guloseima se manifestassem **e a linguiça fosse devolvida ao seu dono**. De forma que, antes que o mau cego tirasse a tromba da minha boca, senti tal alteração no estômago, **que lhe restituí o furto por cima**, de sorte que seu nariz e a famigerada linguiça mal mastigada **saíram da boca ao mesmo tempo**. (Lazarilho..., 1992, Tratado Primeiro, p. 47, grifo nosso)

O escritor teve bastante habilidade para descrever uma cena escatológica sem apelar para palavras grosseiras. Ademais, as manhas do pícaro se notam também em seu discurso, pois ele vai assumindo seu golpe quando, em lugar de nomear a comida roubada como *linguiça*, chama-a de *furto* ("que lhe restituí o **furto** por cima"). Reconhece que, pela perspectiva das normas sociais, não tinha direito a comê-la quando diz quem era o dono da guloseima ("e a linguiça fosse devolvida **ao seu dono**").

> ### Para refletir
>
> O jogo entre drama e riso no fragmento 10 se efetua por outro jogo: objetificar ora o pícaro, ora o amo. Identifique as passagens nas quais cada um está objetificado para que o leitor ria deles.

Lazarillo decide se vingar após a surra que o cego lhe dá pelo golpe da linguiça. Ele trama algo parecido com a primeira crueldade que sofreu de seu amo, mas ainda pior. O golpe tem um resultado tão severo que, no decorrer da narração, o pícaro comenta que não sabe se seu amo sobreviveu. Vejamos:

> Fragmento 11
>
> Vendo que tudo se preparava de acordo com o meu desejo, levei-o para fora dos portais. Conduzi-o diretamente a um pilar ou poste de pedra da praça, sobre o qual e sobre outros iguais se apoiavam as sacadas daquelas casas, e disse-lhe:
>
> — Tio, aquí está o passo mais estreito do arroio.
>
> Como chovia forte e o pobre se molhava e como estávamos com pressa tentando fugir da água que caía sobre nós e, sobretudo, porque

Deus naquela hora, para conceder-me a vingança, **cegou-lhe o entendimento**, acreditou em mim e disse:

— Ponha-me no lugar certo e pule você o arroio.

Coloquei-o bem em frente a um pilar e dei um salto, pondo-me atrás do poste, **como quem espera a investida de um touro**, e disse-lhe:

— Força! Dê o maior salto que puder, para cair deste lado da água.

Nem bem tinha terminado de falar, abalança-se o pobre cego como um bode e, com toda a sua força, arremete dando um passo atrás, antes de se lançar, para o salto ser maior. Bate com a cabeça no poste, que soou tão forte como se fora uma grande abóbora, e caiu para trás meio morto e com a cabeça rachada.

— Como? Cheirou a linguiça e o poste não? Cheire! Cheire! — disse-lhe eu.

Deixei-o entregue a muita gente que fora socorrê-lo e saí pela porta da vila numa corrida a toda pressa e, antes que a noite viesse, cheguei em Torrijos. Não soube mais o que Deus fez dele e nem procurei saber. (Larazilho..., 1992, Tratado Primeiro, p. 49, grifo nosso)

Estimado leitor, você está se perguntando como um cego tão esperto, caracterizado com visão de águia apesar de ser deficiente visual, pôde acreditar em um pícaro ao qual já havia maltratado tanto. Essa é uma pregunta que um bom leitor, ainda mais se for graduando em teoria e crítica literária, deve se fazer. Trata-se de cobrar verossimilhança na obra, ou seja, que haja coerência na estrutura dos personagens. Observe, então, que o narrador explica a situação em que estavam – chovia forte – e por isso ambos tinham pressa para sair do lugar. Isso deixou o cego tão desesperado que ele perdeu seu ponto forte: a capacidade de ver com o entendimento ("porque Deus naquela hora, para conceder-me a vingança, cegou-lhe o entendimento").

A figura literária da comparação é igualmente importante nesse fragmento, pois revela a sede de vingança de Lazarillo, uma vez que, quando narra o golpe que o cego leva, compara a situação com aquela que passou na topada com o touro: "Bate com a cabeça no poste, que soou tão forte como se fora uma grande abóbora".

Após a vingança, Lazarillo vai embora do lugar e, no Tratado Segundo, encontra o clérigo como amo.

trêspontoquatro
Do trovão ao relâmpago

Lazarillo se livra do cego, mas com o clérigo sofre mais. No Tratado Segundo, já há muitas críticas à avareza e à falta de compaixão do representante da Igreja. Se não é certo generalizar e afirmar que se trata de um proceder de toda a Igreja Católica, por outro lado há que se considerar a fala de Lazarillo sobre o quanto é condenável que aqueles que nascem no alto baixem para subir mais, ou seja, que desçam nos valores para conquistar mais bens materiais. O pícaro sabe que, com isso, a miséria dos demais se perpetua.

Nosso pícaro sofre tanto com esse amo que já começa sua memória anunciando o fato:

Fragmento 12

Escapei do trovão e dei com o relâmpago. Como contei, o cego era um **Alexandre Magno**, em comparação ao clérigo, apesar de ser a avareza em pessoa. Afirmo que ele guardava em si toda a mesquinhez do mundo, **só não sei dizer se lhe era própria ou se lhe viera junto com o hábito de clérigo.** (Lazarilho..., 1992, Tratado Segundo, p. 51, grifo nosso)

Lázaro recorda que escapou de algo ruim (trovão) para outro ainda pior (relâmpago) e, ainda por cima, diz que todas as misérias do mundo estavam representadas no clérigo. Seu leitor já sabe que sua vida com esse amo vai piorar.

A diferença de maldade entre o cego e o clérigo é que o primeiro, ainda que tivesse vida melhor que a de Lazarillo, também era pobre. Já o segundo amo tinha uma boa vida oferecida pela Igreja, ou seja, não compartilhava nada com seu criado por crueldade e mesquinhez. Nosso narrador relata a severidade com a qual padeceu de fome:

Fragmento 13

Depois de três semanas com ele, fiquei em tal fraqueza, que não conseguia manter-me em pé, de tanta fome. **Vi-me claramente a caminho da sepultura**, se Deus e a minha sabedoria não me valessem. **Não tinha como usar das minhas artimanhas**, porque não havia nada para deitar mão. Mesmo que houvesse algo, não poderia enganá-lo, como eu fazia ao que Deus perdoe (se daquela cabeçada morreu), que, apesar de tudo, embora astuto, por faltar-lhe aquele precioso sentido, não me via. Mas em relação a este, **não conheci ninguém com melhor vista.** (Lazarilho..., 1992, Tratado Segundo, p. 51, grifo nosso)

O drama de Lazarillo está claro: não come nada com o clérigo porque ele é mais cruel que o cego e porque, ao contrário do primeiro amo, consegue ver muito bem. Dessa forma, o pícaro não consegue realizar suas artimanhas para conquistar um pouco de comida.

Uma salvação para Lazarillo vem com os velórios, pois, quando o clérigo tinha de ir rezar os mortos, o pobre pícaro conseguia comer. Nesse momento da narração, há muito do tragicômico da obra. Como já apontamos, nosso narrador começa a desejar que as pessoas morram para ele possa se alimentar:

> Fragmento 14
>
> Quando algum deles escapava (Deus que me perdoe), por mil vezes pedia que o diabo o carregasse. **O que morria recebia de mim outras tantas bênçãos.** Porque, durante todo o tempo em que ali estive, talvez seis meses, somente vinte pessoas morreram. **Estas acredito firmemente que eu as matei** ou, melhor dizendo, partiram por causa dos meus pedidos; porque, vendo o Senhor o meu perigo constante de morrer de fome, **penso que aceitava matá-los para me salvar a vida.** Mas não achava remédio para me livrar dos males que padecia, porque, se no dia em que enterrávamos alguém eu vivia, nos dias em que não morria ninguém, habituado à fartura, quando era obrigado a voltar à minha fome diária, mais eu sentia. De modo que **em nada encontrava descanso, salvo na morte,** que também para mim, como para os outros, desejava algumas vezes; mas não a via, **embora sempre estivesse em mim.** (Lazarilho..., 1992, Tratado Segundo, p. 53, grifo nosso)

Observe, caro leitor, o recurso de maldizer os sobreviventes de enfermidades chamando o diabo, o que provoca o riso e, ao mesmo tempo, o drama, representado inclusive com o recurso de antíteses entre vida e morte em razão do intenso padecimento de fome de nosso narrador. O desfecho dessa passagem é bastante dramático, pois o pícaro adulto recorda que não tinha vida de verdade.

Para comer melhor na ausência de velórios, nosso pícaro resolve arrancar pedaços dos pães que o clérigo ocultava em uma arca velha, tramando que o amo associaria a ação a ratos:

> **Fragmento 15**
>
> Mas como a fome aumentasse, principalmente porque o meu estômago estava habituado, naqueles dois ou três dias já referidos, a receber mais, eu morria de dor; tanto que, quando ficava sozinho, não fazia outra coisa a não ser abrir e fechar a arca e nela contemplar a cara de Deus, conforme dizem as crianças. Mas o mesmo Deus, que socorre os aflitos, vendo-me com tal sofrimento, **trouxe-me à memória um pequeno remédio**, porque, considerando, disse para mim: "Esta arca é velha, grande e furada em algumas partes, com pequenos buracos. **Pode-se pensar que ratos entrem nela e roam o pão.** Tirar um inteiro não convém, **porque dará pela falta quem com tanta falta me faz viver.** Isto eu posso suportar". (Lazarilho..., 1992, Tratado Segundo, p. 57, grifo nosso)

Veja, querido leitor, que o adulto Lázaro recorda sua manha e, em sua carta a Vossa Mercê, afirma que quem lhe deu a ideia de se passar por rato para comer um pouco de pão foi Deus. Sobre essa passagem, é possível fazer uma reflexão à luz do *Discurso sobre a dignidade do homem*, de Pico della Mirandola, quando Deus diz a Adão que algumas vezes ele poderá igualar-se aos seres instintivos, mas recorda que estes são inferiores e que, portanto, o homem deverá saber sair desse estado quando necessitar entrar nele de vez em quando. É precisamente o que acontece com Lazarillo, pois ele afirma que Deus socorre os aflitos e insinua que permite que estes recorram a manhas e golpes por causa de sua miséria.

Ademais, o recurso do devir animal de Lazarillo quando se dissimula rato também é uma maneira de representar literariamente a ideia filosófica da animalidade e dos instintos como única possibilidade de sobrevivência para os desamparados. O paradoxo está no fato de que fazer uso da razão, para Lazarillo, é justamente se camuflar de seres desprovidos de racionalidade.

Na narração, Lazarillo comenta que os três primeiros amos foram os mais importantes porque, com cada um deles, aprendeu algo diferente e fundamental para que deixasse de ser ingênuo e, assim, fizesse as artimanhas necessárias para alcançar sua ascensão social. Com o cego já sabemos que aprendeu a ser mais esperto que o diabo e do convívio com o clérigo ele pôde ver que os vícios também podiam estar entre os que se diziam representantes de Deus.

> **Importante!**
>
> O terceiro amo, que aparece no Tratado Terceiro, é um escudeiro muito elegante, bonito e orgulhoso, qualidades que fazem com que Lazarillo se encante por ele. No início, nosso pícaro acredita que finalmente encontrou a sorte, pois pela aparência do amo pensa que é alguém com boa situação na vida. No entanto, ele descobre que o escudeiro já não tem trabalho e vive só de aparências. Como é um homem bem vestido e elegante, sempre é bem tratado pela sociedade. O contexto histórico está presente nesse tratado quando mostra um escudeiro sem trabalho. A explicação está no

> fato de que a Reconquista já estava terminada, ou seja, os mouros e os judeus já haviam sido expulsos da Península Ibérica e, portanto, não havia mais Cruzadas nem a necessidade de cavaleiros e escudeiros. O tratado enfoca a situação desses homens, mas a picaresca também já é sinal da decadência das cavalarias, visto que, se antes as histórias de heróis eram muito importantes, agora já não faziam tanto sentido. O herói campeador foi substituído pelo pícaro. Outro fato relevante é que do conviver com o escudeiro Lazarillo aprende que, para ascender socialmente, terá de cuidar de sua aparência, pois vê que a sociedade vive disso.

trêspontocinco
Juntar-se aos bons

No Tratado Sétimo, chegamos à fase adulta de Lázaro de Tormes, e o leitor perspicaz descobre que tipo de artimanha o pícaro fez para alcançar sua boa vida, do que ele tenta se defender e quem é Vossa Mercê.

Depois de passar por vários amos e de muito sofrer, nosso narrador nos conta que já estava cansado e pensando em garantir seu futuro:

> **Fragmento 16**
>
> Pensando num emprego do qual pudesse viver, descansar e **ganhar alguma coisa para a velhice**, quis Deus iluminar-me e mostrar-me o caminho e a maneira mais vantajosa. Com a ajuda que tive de amigos e senhores, todos os meus trabalhos e fadigas até então passados

foram recompensados, quando alcancei o que procurava, que foi um ofício real, **por ver que só progridem os que o têm**. Nesta ocupação vivo e estou hoje em dia a serviço de Deus **e de Vossa Mercê**. Tenho o cargo de apregoar os vinhos que nesta cidade se vendem, e em leilões, e anunciar as coisas perdidas, acompanhar os que sofrem perseguições da justiça e proclamar seus delitos: pregoeiro, **falando em bom romance**. (Lazarilho..., 1992, Tratado Sétimo, p. 103, grifo nosso)

O adulto demonstra que não deixou de ser pícaro, pois seu discurso revela seu cinismo. Ele diz que encontrou um ofício real e afirma que era o que quis o tempo todo. O bom leitor não cai nesse truque, pois, todo o tempo, o que nosso narrador mostrou em sua história foi uma vida dedicada a golpes. Além disso, ele diz que só melhora de vida quem o tenta por meio do trabalho, mas já sabemos que ele alcançou boa posição por alguma manha, a qual está para ser descoberta pelo leitor perspicaz.

Como você pôde ver, caro leitor, Lázaro usa o vocativo "Vossa Mercê" novamente para nos revelar que é seu servo. Como nosso pícaro também diz que vive a serviço de Deus, já sabemos que o destinatário da carta é algum sacerdote de título elevado, uma vez que é o dono das propriedades e é alguém a quem Lázaro deve explicações.

Sobre esse fragmento, ainda é importante atentar para a menção à língua espanhola na parte final, quando Lázaro nomeia seu ofício – "pregoeiro" – e destaca que está usando uma palavra do espanhol (romance – "falando em bom romance").

Os indícios da manha começam a aparecer nos parágrafos seguintes, quando Lázaro recorda seu trabalho e pessoas que conheceu por meio do ofício:

Fragmento 17

Por essa época, vendo a minha habilidade e o meu bom viver, tendo notícia de minha pessoa, o senhor arcipreste de São Salvador, meu senhor, **servidor e amigo de Vossa Mercê**, porque eu lhe apregoava seus vinhos, **procurou casar-me com uma criada sua**. Como vi que de tal pessoa não podia receber senão bem e favor, concordei em fazê-lo.

Assim, casei com ela e até hoje não estou arrependido, porque, além de ser ela boa moça e diligente serviçal, recebo do meu senhor, o arcipreste, **todo o favor e auxílio**. E sempre no ano lhe dá, em várias vezes, perto de um carga de trigo; pela Páscoa, sua carne e, por ocasião da oferenda dos pães, as calças velhas que deixa de usar. **E fez-nos alugar uma casinha perto da sua**; aos domingos e em quase todos os dias de festa comíamos em sua casa. (Lazarilho..., 1992, Tratado Sétimo, p. 103, grifo nosso)

Do discurso de Lázaro, o leitor atento e perspicaz não deixa escapar o que está oculto. O arcipreste, sacerdote de nível elevado, pede-lhe que se case com sua criada. Lázaro, como pícaro que é, aceita como um acordo, pois sabe da importância desse clérigo ("Como vi que de tal pessoa não podia receber senão bem e favor, concordei em fazê-lo"). O resto, que ainda será revelado, já está insinuado, pois o arcipreste fez questão de que o casal morasse em uma casa ao lado da sua.

Lázaro segue narrando o caso:

Fragmento 18

Mas as más línguas, que nunca faltaram nem faltarão, não nos deixam viver com o disse-não-disse de que veem a minha mulher **ir fazer a cama e cozinhar para ele comer**. Tomara recebam de Deus ajuda maior do que a verdade que dizem.

[*Embora naquele tempo eu chegasse a ter alguma suspeitazinha e tivesse jantado mal alguma noite por ficar à espera dela até o amanhecer ou mais ainda; e me lembrei do que disse o meu amo, o cego, em Escalona, segurando o chifre. Mesmo assim, para falar a verdade, sempre penso que é o diabo quem me traz estas coisas à memória para estragar meu casamento, mas não ganha nada com isso.*] (Lazarilho..., 1992, Tratado Sétimo, p. 103-104, grifo nosso e do original)

> PARA REFLETIR
>
> Você já sabe de que Lázaro tenta defender sua honra e que manha articulou com o arcipreste? Reflita sobre isso com base nas passagens do fragmento 18.

Preocupado com tanta fofoca sobre sua honra, Lázaro procura o arcipreste para falar sobre a situação. Vamos ver o que acontece:

Fragmento 19

— Lázaro de Tormes, quem se preocupa com o que dizem as más línguas nunca **progredirá**; digo isto porque não me admiraria algum falatório pelo fato de sua mulher ser vista entrando e saindo da minha casa. Ela entra honrando a você e a si mesma. Isto eu lhe garanto. Portanto, não dê importância ao que possam dizer, mas apenas ao que lhe interessa, quer dizer, ao seu proveito.

— Senhor — disse-lhe —, resolvi **juntar-me aos bons**. É verdade que alguns dos meus amigos me falaram alguma coisa, e por mais de três vezes me asseguraram que, antes de casar comigo, **ela tinha parido três vezes**, falando com todo respeito a Vossa Mercê, que ela está aqui. (Lazarilho..., 1992, Tratado Sétimo, p. 105, grifo nosso)

O arcipreste quer manter a situação como está, pois, evidentemente, ela o beneficia, logo usa como argumento o que sabe que é de interesse de Lázaro: sua gana por ascensão social. Por isso dá o conselho para que o pícaro não dê ouvidos às fofocas porque assim não progredirá. Para reforçar o que Lázaro ganha com o pacto, o clérigo lhe diz claramente para se fixar somente no que ganha com isso.

Então, Lázaro oferece como resposta o dito que já havia aparecido e que representa muito bem toda a sua vida pícara: "resolvi juntar-me aos bons". A comparação inicial com o rio volta à nossa memória, pois o que sabemos desde então é que o adulto que alcançou uma vida confortável não vai voltar atrás. Ademais, ele aceita o conselho do arcipreste e segue pensando só em si, assim como havia aprendido a fazer quando da crueldade do cego na topada do touro: valer-se por si mesmo. Uma prova disso é que, apesar de soar cômico, nosso pícaro é implacável com sua esposa quando a humilha, revelando rumores de que não era virgem quando se casaram, ou seja, não tinha honra, já que diziam que ela já tinha parido três vezes.

> INDICAÇÕES CULTURAIS
>
> Neste capítulo, mencionamos o quadro de Francisco de Goya, importante pintor espanhol. A cena escolhida por ele foi a do cego tentando cheirar o estômago de Lazarillo para verificar se o pícaro lhe havia roubado a linguiça. Investigue sobre a vida e a obra desse fabuloso e reconhecido pintor espanhol do século XVIII. Sobre o quadro em questão, busque-o na internet, sob o título *Lazarillo de Tormes*.

SÍNTESE

Neste capítulo, destacamos a passagem da Baixa Idade Média para a Era Moderna e as transformações de caráter ético-estético implicadas no processo. Nesse período, a Espanha viveu seu auge, o que podemos reconhecer por três fatos relevantes ocorridos no ano de 1492: a Descoberta da América, a vitória definitiva na Reconquista e a publicação da primeira gramática da língua castelhana (de Antonio de Nebrija). Essa atmosfera cultural e entusiasta pelo conhecimento foi estimulada pela corrente filosófica do humanismo, a qual apostava na edificação da alma humana por meio de sua educação formal. A Igreja Católica, ainda forte no poder político, incentivava esse novo espírito e, inclusive, disseminava a nova concepção de relação com Deus, segundo a qual o homem chegaria até Ele por meio do autoconhecimento e do estudo formal das ciências.

Findas as batalhas entre mouros e cristãos e com o estímulo à razão e ao livre pensar, facilitou-se o advento da Reforma

Protestante e ficou decadente o gosto por histórias de heróis. Nesse ambiente, a novela picaresca conquista prestígio. Se antes forma e conteúdo eram valorizados com relação a seu aspecto elevado, divino, heroico, sereno, agora a estética muda e se começa a retratar a gente simples em cenas de seu cotidiano.

A picaresca tem essas características, pois é narrada por um adulto que recorda sua vida de pícaro e, ao fazê-lo, lança suas críticas às classes sociais mais altas – naquela época, o clero e a nobreza – por sua hipocrisia, porque se vangloriam por serem virtuosas, mas na verdade têm os mesmos vícios que os desfavorecidos desesperados.

Apesar de as memórias narradas contarem sobre uma criança miserável muito maltratada por seus amos, o que causa muita comoção no leitor, a picaresca tem também muita comédia, justamente para que o bom leitor perceba que não pode cair em todas as manipulações do narrador, que tem interesse em fazer seu leitor acreditar em sua inocência e na ideia de que ele é simplesmente uma vítima das injustiças sociais. O desfecho da narrativa nos revela que esse pícaro alcançou ascensão social por uma artimanha com um arcipreste e, por isso, sempre tenta se fazer de vítima. Sua artimanha está para ser descoberta e ele tem de se defender para Vossa Mercê, a quem faz ameaças veladas por ter conhecimento de muitas falcatruas praticadas pelos clérigos. O drama e o riso têm papel importante na obra precisamente para que o leitor não caia em nenhum lado extremo (acreditar que Lázaro é um pobre inocente vítima de injustiça social ou fazer juízo de valor sobre ele como se um miserável pudesse crescer na vida em condições iguais às de quem nasce nobre).

Atividades de autoavaliação

1. Neste capítulo, discutimos fragmentos que misturam o cômico com o drama. Analise as passagens a seguir e indique C para comédia e D para drama. Todas elas foram extraídas dos fragmentos numerados no decorrer do capítulo; consulte-os caso você queira recordar cada contexto.

    ( ) "No começo de suas visitas, eu não gostava dele, tendo-lhe até medo, por causa de sua cor e de seus maus gestos; mas, desde que percebi que com sua vinda melhorava a comida, comecei a querer-lhe bem, pois sempre trazia pão, pedaços de carne e, no inverno, lenha com que nos aquecíamos." (Fragmento 1)

    ( ) "Eu, embora jovem, notei aquelas palavras de meu irmãozinho e pensei: 'Quantos devem existir no mundo que fogem dos outros porque não se veem a si mesmos!'" (Fragmento 2)

    ( ) "Então, devido ao grande medo que tinha e porque fora comida há tão pouco tempo, a maldita linguiça ainda não me assentara no estômago; e ainda mais com os toques daquele enorme nariz, que me deixara meio sufocado. Todas essas coisas se juntaram e foram causa de que o fato e a guloseima se manifestassem e a linguiça fosse devolvida ao seu dono." (Fragmento 10)

    ( ) "Depois de três semanas com ele, fiquei em tal fraqueza, que não conseguia manter-me em pé, de tanta fome. Vi-me claramente a caminho da sepultura, se Deus e a minha sabedoria não me valessem." (Fragmento 13)

    ( ) "É verdade que alguns dos meus amigos me falaram alguma coisa, e por mais de três vezes me asseguraram que, antes de casar comigo, ela tinha parido três vezes, falando com todo respeito a Vossa Mercê, que ela está aqui." (Fragmento 19).

Agora, assinale a alternativa que apresenta a sequência correta:

a. C, C, D, C, D.
b. C, D, C, C, C.
c. D, C, D, D, C.
d. C, D, C, D, C.
e. C, C, C, C, D.

2. Sobre as características da obra discutidas neste capítulo, analise as alternativas a seguir e assinale a incorreta:

a. "Quando o fominha ia beber, não encontrava nada. Ficava espantado, maldizia-se e mandava ao diabo o jarro e o vinho, sem compreender o que estava acontecendo." Nesse fragmento estão presentes o cômico com a reação do amo e a linguagem popular na palavra em destaque.

b. "— Ponha-me no lugar certo e pule você o arroio. Coloquei-o bem em frente a um pilar e dei um salto, pondo-me atrás do poste, como quem espera a investida de um touro". Nessa passagem, a expressão em destaque revela o desejo de vingança de Lazarillo com relação à primeira crueldade que o cego lhe fez.

c. "Escapei do trovão e dei com o relâmpago. Como contei, o cego era um Alexandre Magno, em comparação ao clérigo, apesar de ser a avareza em pessoa". Os dois trechos em destaque significam, em termos de sabedoria, respectivamente, a popular (ditado) e a erudita (História).

d. "De modo que em nada encontrava descanso, salvo na morte, que também para mim, como para os outros, desejava algumas vezes; mas não a via, embora sempre estivesse em mim".

O desfecho desse fragmento é um drama construído por meio da figura de linguagem literária do paradoxo.

e. "Mesmo que houvesse algo, não poderia enganá-lo, **como eu fazia ao que Deus perdoe (se daquela cabeçada morreu)**, que, apesar de tudo, embora astuto, por faltar-lhe aquele precioso sentido, não me via". O trecho em destaque revela que Lázaro se refere a seu primeiro amo e sabe que sua vingança o matou.

3. Assinale a alternativa que apresenta uma interpretação incorreta para o fragmento de *Lazarillo de Tormes* considerado em cada caso:

   a. "Afirmo que ele guardava em si toda a mesquinhez do mundo, só não sei dizer se lhe era própria ou se lhe viera junto com o hábito de clérigo" (Fragmento 12). Lázaro está falando de seu segundo, o clérigo e pergunta-se se sua crueldade é de nascimento ou se a adquiriu depois de viver no meio clerical.

   b. "Mas o mesmo Deus, que socorre os aflitos, vendo-me com tal sofrimento, **trouxe-me à memória um pequeno remédio**" (Fragmento 15). "Pensando num emprego do qual pudesse viver, descansar e ganhar alguma coisa para a velhice, **quis Deus iluminar-me e mostrar-me o caminho e a maneira mais vantajosa**" (Fragmento 16). Lázaro atribui uma ideia sua de manha a uma ajuda de Deus e diz estar perdoado por ser um aflito, o que justifica a artimanha. Depois, quando se preocupa com a velhice, mostra que Deus não o auxilia por não querer vê-lo no caminho reto.

   c. "E sempre no ano lhe dá, em várias vezes, perto de um carga de trigo; pela Páscoa, sua carne e, por ocasião da oferenda dos pães, as calças velhas que deixa de usar" (Fragmento 17). Nessa passagem, Lázaro já está casado com a criada do arcipreste, ou seja, já está bem de vida. Contudo, seu *ethos* de pícaro não morreu de todo, pois ele segue pensando em receber vantagens.

d. "— Lázaro de Tormes, quem se preocupa com o que dizem as más línguas nunca progredirá; [...] Portanto, não dê importância ao que possam dizer, mas apenas ao que lhe interessa, quer dizer, ao seu proveito" (Fragmento 19). Esse fragmento traz uma crítica da picaresca ao tema da honra como uma prova de virtude, pois fica claro que a sociedade concede essa qualidade a quem lhe interessa, e não por atitudes nobres de fato.

e. "Por essa época, vendo a minha habilidade e o meu bom viver, tendo notícia de minha pessoa, o senhor arcipreste de São Salvador, meu senhor, servidor e amigo de Vossa Mercê, porque eu lhe apregoava seus vinhos, procurou casar-me com uma criada sua" (Fragmento 17). Nessa passagem, Lázaro dá provas de que está disposto a tudo para se defender e não voltar atrás, pois, quando destaca que o arcipreste é amigo de Vossa Mercê, faz uma ameaça velada sobre a situação do amigo e do clero.

4. Analise o fragmento a seguir, referente à passagem em que Lázaro trama o choque do cego com o poste, e depois assinale a alternativa que apresenta a interpretação correta:

"— Como? Cheirou a linguiça e o poste não? Cheire! Cheire! Disse eu." (Fragmento 11)

a. A fala de Lazarillo demonstra arrependimento porque ele se queixa com o cego pelo fato de este não ter percebido o poste.

b. Lazarillo grita esses dizeres ao cego por seu desespero quando percebe que sua vingança foi além do calculado.

c. É a vingança de Lazarillo, que devolve ao cego o mesmo desafio que este lhe havia dado, mas com o sentido do corpo que lhe cabe.

d. Esses dizeres revelam a sede de vingança de Lazarillo em relação ao episódio da linguiça, quando o cego enfiou o nariz em sua goela.

e. Lazarillo insinua que o cego só usa seus sentidos quando pressente uma vantagem material.

5. "Nesta ocupação vivo e estou hoje em dia a serviço de Deus e de Vossa Mercê. Tenho o cargo de apregoar os vinhos que nesta cidade se vendem, e em leilões, e anunciar as coisas perdidas, acompanhar os que sofrem perseguições da justiça e proclamar seus delitos: pregoeiro, falando em bom romance" (Fragmento 16). Nesse fragmento, descobrimos que Lázaro, oficialmente, passou de pícaro a pregoeiro, ou seja, recebeu um ofício real. Percebemos que ele faz questão de destacar seu ofício para Vossa Mercê. Considerando-se que se trata de uma picaresca, todas as alternativas a seguir oferecem interpretações corretas, **exceto**:

a. Sobre o pregoeiro, ofício da justiça, ser um pícaro é uma crítica da obra aos critérios injustos em relação a vícios, virtudes e mérito para ascensão social.

b. O pregoeiro torna públicos fatos importantes via comunicação oral; logo, Lázaro faz uma ameaça velada a Vossa Mercê porque, por meio dele, o povo se informa sobre tudo.

c. Lázaro não pode ser mais claro em relação à ameaça velada a Vossa Mercê ao dizer que uma de suas tarefas é declarar oralmente os delitos das pessoas.

d. Esse ofício exige do trabalhador que execute muitas tarefas e por isso o pregoeiro conhece muita gente. Lázaro menciona esse fato para acalmar Vossa Mercê.

e. Quando Lázaro ressalta seu ofício, intitulando-o e fazendo questão de mostrar que sabe dizê-lo em bom romance, ou seja, em castelhano, reforça que não é ignorante e saberá lutar para não voltar à miséria.

Atividades de aprendizagem

Questões para reflexão

1. Interessa, aqui, fazer uma reflexão sobre a concepção humanista de educação da alma humana para a formação de um homem são e equilibrado e, por consequência, de uma sociedade justa. Você leu sobre as Artes Liberais e viu que essa proposta abarca todas as áreas do conhecimento sem priorizar uma em detrimento de outra, ou seja, há um equilíbrio entre o que hoje é identificado como ciências exatas, biológicas e humanas. Em outras palavras, razão, emoção, ponderação e contemplação tinham a mesma importância, sobretudo para educar os sentidos do corpo. Esse objetivo se explica pelo fragmento do *Discurso sobre a dignidade do homem*, em cujas linhas fica clara a ideia de que se espera do homem que ele saiba desfrutar de seus instintos, mas que não se deixe domar por eles porque ele, o homem, é o único ser a quem Deus deu o uso da razão para ponderar o que é justo ou não.

Na obra *Lazarillo de Tormes*, há muitas passagens com destaque para os sentidos do corpo, e o tempo todo eles assumem um papel importante. Volte aos fragmentos da obra transcritos neste capítulo, escolha três passagens nas quais os sentidos estão em destaque e explique sua função didática na narrativa da passagem escolhida.

2. No fragmento 15, Lazarillo se dissimula como rato para conseguir comer um pouco enquanto vive com o clérigo. Logo na sequência, fizemos algumas reflexões sobre animalidade e instinto, assim como sobre o significado do devir rato, um ser baixo, como única possibilidade de sobrevivência para o pícaro, o que revela sua face engenhosa, ou seja, sua capacidade de usar a razão. Quando seu devir rato já não funciona, ele se dissimula como cobra. Leia o fragmento no qual ele faz isso e, em seguida, responda ao que se pede.

Concordaram os vizinhos em que não eram ratos os que causavam aquele estrago, porque, pelo menos uma vez, um ficaria preso. Disse-lhe um vizinho:

— Em sua casa eu me lembro que costumava andar uma cobra e, sem dúvida, deve ser ela. E se explica, pois, como é comprida, pode pegar a isca e, mesmo que a ratoeira a apanhe, não consegue prendê-la, podendo ela sair.

Todos aceitaram bem o que aquele vizinho disse. Meu amo ficou muito alterado, não dormindo mais a sono solto, porque qualquer caruncho da madeira, que fizesse barulho de noite, ele pensava que era a cobra que estava roendo a arca. [...]

Por esse motivo, ele andava tão tenso e com o sono tão leve que, por minha fé, a cobra (*ou cobrão, melhor dito*) não ousava roer nada de noite, nem tocar na arca; mas durante o dia, enquanto ele estava na igreja ou pelo pátio, realizava meus assaltos. Ele, vendo os prejuízos e procurando evitá-los, andava de noite, como disse, como um fantasma. (Lazarilho..., 1992, Tratado Segundo, p. 61, grifo nosso)

Redija um parágrafo e discorra sobre a relação entre a fome e o devir animalesco.

Atividade aplicada: prática

1. Elabore um plano de aula para o ensino médio que trate da passagem da rejeição do irmãozinho de Lazarillo a seu pai e no qual a reflexão de Lazarillo seja o tema principal.

"Quantos devem existir no mundo que fogem dos outros porque não veem a si mesmos!" (Lazarilho..., 1992, Tratado Primeirop. 33).

um   ¡Tant' amáre! ¡Campeador! – Baixa Idade Média I

dois   Santa Maria Strela do Dia. Reyna de los cyelos, madre del pan de trigo – Baixa Idade Média II

três   Nascido no rio: o pícaro no reino católico de Carlos I

quatro   **Na noite escura. A flecha *enherbolada* de amor. A mística no reino de Felipe II**

cinco   Un pueblo granada. Una gente *in* día. Ave sin pluma alada. A transfiguração da colônia

seis   Num lugar de la Mancha, de cujo nome não quero me lembrar... Dom Quixote

sete   Era do ano a estação florida. Pó serão, mas pó apaixonado

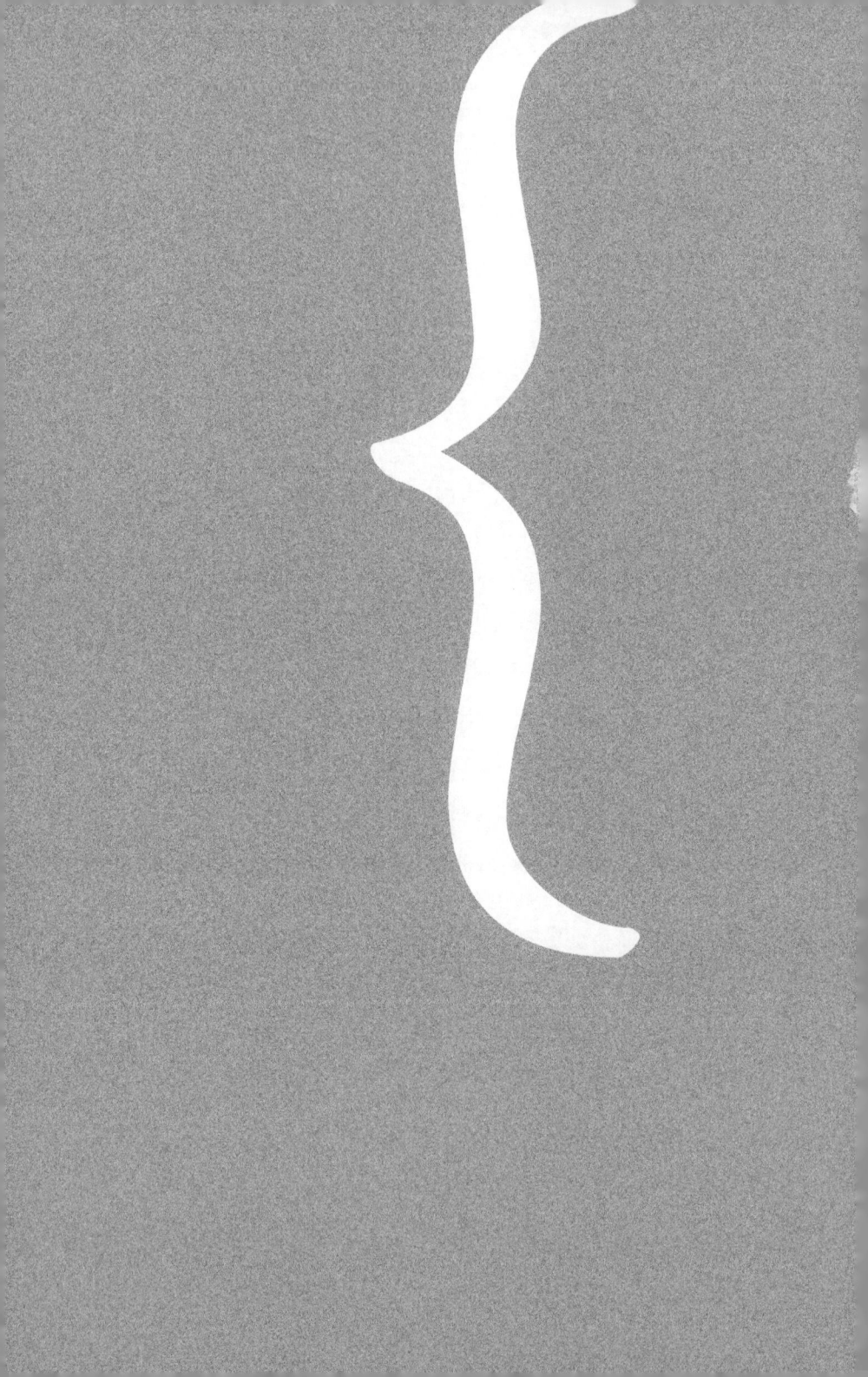

❰ NESTE CAPÍTULO, OS poetas místicos católicos Santa Teresa de Ávila e San Juan de la Cruz serão nossos companheiros nesta jornada. O contexto histórico já é o reinado de Felipe II. Você vai conhecer um pouco da história de vida desses poetas religiosos, os quais foram amigos e fundadores da Ordem dos Carmelitas Descalços, e analisar seus poemas místicos.

quatropontoum
O rei prudente e a escrita em liberdade

No capítulo anterior, vimos o contexto da passagem da Baixa Idade Média para a Idade Moderna na Península Ibérica. Por isso, analisamos fatos históricos que foram os pilares da Hispanidade. No entanto, como em todo período de transição, muitas transformações na estrutura político-religiosa desvelaram os problemas sociais. Um resultado estético disso é a novela picaresca, a qual narra as misérias sofridas por uma criança desamparada e as manhas que ela aprende a praticar para sobreviver e alcançar ascensão social. Enquanto narra as misérias padecidas, o pícaro também revela outro tipo de miséria: os vícios que abundam no clero e na aristocracia.

Lázaro encerra sua carta a Vossa Mercê mencionando a chegada do imperador de Toledo, cidade onde ele está vivendo, e faz questão de ressaltar a sorte devida ao fato de o rei ter estabelecido as Cortes na cidade em que ele escolheu viver:

> Isto aconteceu no mesmo ano em que nosso vitorioso Imperador entrou nesta insigne cidade de Toledo e nela reuniu Cortes, e se realizaram grandes festas, como Vossa Mercê terá ouvido. Pois, nesse tempo, estava eu na minha prosperidade e no auge de toda a boa fortuna. (Lazarilho..., 1992, Tratado Sétimo, p. 105)

Trata-se do **rei Carlos I da Espanha** (e V do Império Sacro Romano Germânico), **pai de Felipe II**, o rei do período que vamos estudar agora.

O rei Felipe II é conhecido como **o Prudente** por sua atuação política discreta, por sua fama de amável e por seu *ethos* humanista, pois ele tinha muita cultura (fazia questão de cultivar o conhecimento e as artes).

Em seu reinado, o Império Espanhol alcançou seu auge. Na política, conquistou uma expansão territorial tão considerável que atingiu um nível global, pois foram abarcados os oceanos Atlântico e Pacífico. Dessa maneira, a Espanha passou a ser a primeira potência do mundo.

O cultivo da arte sob os domínios do Rei Prudente foi extraordinário, pois basta citar que ele levou a cabo a construção do **Monastério de El Escorial** e da **Catedral de Valladolid**. Na pintura, são de seu período **El Greco, Tiziano e Brueghel, o Velho**.

Já na área de conhecimento que é nosso foco aqui, a literatura, houve um esplendor impressionante: além dos textos iniciais de **Cervantes**, surgiram escritores e poetas como **frei Luis de Granada, frei Luis de Molina, frei Luis de León, Fernando de Herrera** e, escrevendo da colônia, **Alonso de Ercilla**, amigo de Felipe II, que escreveu *La Araucana* e a dedicou ao rei.

Neste capítulo, estimado leitor, vamos tratar de dois poetas muito importantes e que são desse período: **Santa Teresa de Ávila e San Juan de la Cruz**, dois santos doutores da Igreja Católica cujos trabalhos religiosos e artísticos contaram com a ajuda do Rei Prudente, inclusive quando tiveram problemas com a **Santa Inquisição**.

Antes de entrar nesse tema, é importante recordar a mudança que a concepção humanista trouxe para a Igreja Católica com respeito à relação do homem com Deus. No capítulo anterior, vimos que, como o humanismo valoriza a autorreflexão, o conhecimento de si mesmo e o razoamento prévios à atuação no mundo, isso se incorporou na forma de comunicação com Deus. O humanista que mais influenciou essa mudança na Espanha foi o já citado Erasmo de Rotterdam, cuja obra *Enquiridion* (*Manual do cavaleiro cristão*) foi traduzida para o espanhol em 1526; apesar de inquisidores terem tentado proibi-la, Carlos I, pai de Felipe II, protegeu o escritor.

Em *Enquiridion*, Erasmo defende que o homem deve buscar conhecer-se a si mesmo para depois dialogar intimamente com Deus. Sobre isso, Alvar, Mainer e Navarro (2009, p. 246) explicam:

> O homem se ensimesma para falar autenticamente com Deus. Uma máxima de São Paulo preside a doutrina erasmista: todos somos membros do corpo místico cuja cabeça é Cristo. Cristo vai ser o centro da forma erasmista de viver a religião, mas não a figura torturada da Paixão. A relação com Deus deve-se viver com gozo[1].

Essa transformação e a boa recepção que as ideias erasmistas tiveram na Espanha foram fundamentais para o surgimento da **mística católica**. O rei Carlos I incentivou o erasmismo e, mais

---

1 No original: "El hombre se ensimisma para hablar auténticamente con Dios. Una máxima de san Pablo preside la doctrina erasmista: todos somos miembros del cuerpo místico cuya cabeza es Cristo. Cristo va a ser el centro de la forma erasmista de vivir la religión, pero no la figura torturada de la Pasión. La relación con Dios debe vivirse con gozo".

tarde, seu filho, Felipe II, fez o mesmo com os poetas místicos católicos.

Santa Teresa de Ávila, além de freira, poeta e escritora, foi a fundadora da Ordem dos Carmelitas Descalços. Ela foi canonizada em 1622 e proclamada doutora da Igreja Católica pelo papa Pablo VI em 1970.

Sua entrada no convento aconteceu em 1536, aos 21 anos de idade. Em 1560, junto a outras monjas, decidiu reformar a ordem e fundar um novo convento com o objetivo de resgatar as regras originais da Ordem de Nossa Senhora do Monte Carmelo, ou seja, para recuperar a austeridade, a pobreza e a clausura, valores do espírito carmelita que haviam se perdido.

Em 1568, Teresa de Ávila conhece Juan de la Cruz em Medina do Campo. Ele, que já era frei, encanta-se por seus trabalhos pela reforma do Carmelo e une-se a ela, nascendo, então, sua amizade. Os dois amigos terão sérios problemas por seu empenho na fundação e expansão da ordem descalça e por sua abordagem mística. San Juan será preso duas vezes pelos freis da Ordem dos Carmelitas Calçados, e Santa Teresa terá de prestar contas a muitos representantes da Igreja pela acusação de praticar métodos heterodoxos, uma vez que sua práxis religiosa resultava em êxtases místicos.

É nesse contexto que entra o rei Felipe II, a quem Teresa busca, em 1577, para pedir ajuda. O Rei Prudente a defende. Os freis calçados continuam perseguindo a ordem descalça, quando em 1579, Felipe II, desejoso da reforma de Santa Teresa, intervém novamente e, dessa vez com o auxílio do papa Gregório XIII, conquista uma província para os carmelitas descalços. Sobre as acusações de heterodoxia, muitos são os relatos de terceiros, inclusive da própria Teresa de Ávila, sobre eventos nos quais ela entrou em êxtase e até chegou a levitar. Como escritora, ela descreve esses momentos em suas obras religiosas, mas o êxtase mais conhecido está narrado em sua biografia intitulada *Libro de la vida*, que trata de sua experiência de transverberação, levada a cabo por um anjo que lhe apareceu. Mais adiante, em outra seção, vamos voltar a comentar o episódio.

Sobre as obras religiosas, Teresa as escreveu como se estivesse fazendo uma confissão ou um exame de consciência. Disso resulta que escritora e escrita estão em construção no decorrer da leitura e, portanto, como observam Alvar, Mainer e Navarro (2009), o leitor acompanha a criação do processo. Evidentemente, foi uma inovação, sobretudo por se tratar de textos religiosos. Uma grande diferença pode ser observada, por exemplo, no livro *Moradas*, no qual ela narra suas experiências místicas, e no *Libro de la vida*, pois, em ambos, Teresa coloca Deus conversando com ela. É a essa maneira de escrever mais a partir do interior de si e sem compromisso com uma linguagem mais elaborada que Alvar, Mainer e Navarro (2009) denominam **escrita em liberdade**.

Na próxima seção, vamos examinar seus poemas místicos.

> ### Para refletir
>
> No livro *Breve historia de la literatura española*, Alvar, Mainer e Navarro (2009, p. 284) comentam a escrita em liberdade de Santa Teresa de Ávila e citam fragmentos de suas obras nas quais Deus dialoga com ela: "Deus a anima, assim na fundação de um convento

> em Burgos: 'Agora, Teresa, tenha força' (Fundaciones, XXXI) ou inclusive lhe louva uma das 'comparações' que utiliza". Reflita sobre a influência das ideias erasmistas de relação do homem com Deus nesse processo de escrita de Santa Teresa de Ávila e escreva um parágrafo para explicá-la.

quatropontodois
A flecha *enherbolada* de amor

Na seção anterior, você conheceu um pouco sobre as mudanças na relação religiosa do homem com Deus a partir do advento do humanismo. A mística se inspira nessa transformação, e sua concepção da experiência divina não só se concretiza na estrutura da Igreja, conforme vimos com a fundação do Carmelo Descalço, como também se manifesta na literatura.

Para que você conheça a poesia mística de Santa Teresa de Ávila em forma e fundo, vamos analisar, antes, a passagem literária em cujas linhas ela narra sua experiência da transverberação, a qual, como mencionamos na seção anterior, está em seu livro autobiográfico intitulado *Libro de la vida*.

Transverberação de Santa Teresa de Ávila

"Quis o Senhor que eu tivesse algumas vezes esta visão: eu via um anjo perto de mim, do lado esquerdo, em forma corporal, o que só acontece raramente. Muitas vezes me aparecem anjos, mas só os vejo na visão passada de que falei. O Senhor quis que eu o visse assim: não era grande, mas pequeno, e muito formoso, com um rosto tão resplandecente que parecia um dos anjos muito elevados que se abrasam. Deve ser dos que chamam querubins, já que não me dizem os nomes, mas bem vejo que no céu há tanta diferença entre os anjos que eu não os saberia distinguir. Vi que trazia nas mãos um comprido dardo de ouro, em cuja ponta de ferro julguei que havia um pouco de fogo. Eu tinha a impressão de que ele me perfurava o coração com o dardo algumas vezes, atingindo-me as entranhas. Quando o tirava, parecia-me que as entranhas eram retiradas, e eu ficava toda abrasada num imenso amor de Deus. A dor era tão grande que eu soltava gemidos, e era tão excessiva a suavidade produzida por essa dor imensa que a alma não desejava que tivesse fim nem se contentava senão com a presença de Deus. Não se trata de dor corporal; é espiritual, se bem que o corpo também participe, às vezes muito. É um contato tão suave entre a alma e Deus que suplico à Sua bondade que dê essa experiência a quem pensar que minto"[2].

FONTE: Transverberación, 2023.

---

2 No original: "Quiso el Señor que viese aquí algunas veces esta visión: veía un ángel cabe mí hacia el lado izquierdo, en forma corporal, lo que no suelo ver sino por maravilla; aunque muchas veces se me representan ángeles, es sin verlos, sino como la visión pasada que dije primero. En esta visión quiso el Señor le viese así: no era grande, sino pequeño, hermoso mucho, el rostro tan encendido que parecía de los ángeles muy subidos que parecen todos se abrasan. Deben ser los que llaman querubines, que los nombres no me los dicen; mas bien veo que en el cielo hay tanta diferencia de unos ángeles a otros y de otros a otros, que no lo sabría decir. Veíale en las manos un dardo de oro largo, y al fin del hierro me parecía tener un poco de fuego. Este me parecía meter por el corazón algunas veces y que me llegaba a las entrañas. Al sacarle, me parecía las llevaba consigo, y me dejaba toda abrasada en amor grande de Dios. Era tan grande el dolor, que me hacía dar aquellos quejidos, y tan excesiva la suavidad que me pone este grandísimo dolor, que no hay desear que se quite, ni se contenta el alma con menos que Dios. No es dolor corporal sino espiritual, aunque no deja de participar el cuerpo algo, y aun harto. Es un requiebro tan suave que pasa entre el alma y Dios, que suplico yo a su bondad lo dé a gustar a quien pensare que miento".

A transverberação é um dos vários momentos de êxtase que Teresa teve em sua vida de freira. No relato, podemos perceber a carga dramática e ao mesmo tempo sensual da experiência. A santa diz: "Não se trata de dor corporal; é espiritual, se bem que o corpo também participe, às vezes muito".

Uma grande diferença dos místicos para as outras doutrinas é que eles acreditam no alcance de Deus **pela imanência**, ou seja, dentro de si mesmos ou na relação com o próximo neste plano mundano. Esse encontro não necessita de intermediários porque, para a mística, **nosso diálogo se faz diretamente com Ele**. Notamos a diferença porque as demais pregam a transcendência, isto é, que Deus está em um plano mais elevado que o nosso e, para ter acesso a Ele, é necessário um intermediário (missa, sacerdote, santos, entre outros).

Se para os místicos a comunicação com Deus é direta e se Ele já está dentro de nós, essa relação se faz **por meio dos sentidos do corpo**. É precisamente por isso que Teresa diz nesse fragmento que, ainda que a dor seja espiritual, **seu corpo não deixa de participar no êxtase**. Paradoxalmente, a experiência mística do êxtase leva à **anulação do eu**, o qual, no auge do evento, sente como se se descolasse do corpo físico **em um instante efêmero**, mas com tanta intensidade que se pode sentir e recordar. A santa descreve essa sensação: "Eu tinha a impressão de que ele me perfurava o coração com o dardo algumas vezes, atingindo-me as entranhas. Quando o tirava, **parecia-me que as entranhas eram retiradas**, e eu ficava toda abrasada num imenso amor de Deus" [grifo nosso].

Veja, estimado leitor, que ela afirma que, quando o anjo retirava a lança, parecia que suas entranhas também eram retiradas.

Em outras palavras, a santa sentia que uma parte sua **deixava seu corpo**. Essa sensação de descolamento, que se efetua pela anulação do eu, resulta em uma comunhão com a totalidade, a qual, para os místicos cristãos, é Deus. Assim nos conta Santa Teresa: "É um contato tão suave **entre a alma e Deus** que suplico à Sua bondade que dê essa experiência a quem pensar que minto" [grifo nosso].

Percebemos que a alma se descola do corpo e passa dele para Deus. Uma vez mais, o tema da relação direta com Ele e na imanência. Como para os místicos é possível relacionar-se com Deus por meio de nosso corpo e neste plano terrenal, mas desde que haja uma experiência de êxtase na qual se efetue a anulação do eu, é muito comum que, nos escritos e versos desses poetas, apareça a imagem do desejo ou da espera da morte ou da dor física. Porém, cuidado, leitor, para não considerá-los literalmente, pois têm seu sentido do ponto de vista da anulação instantânea do eu para a comunhão com Deus na totalidade de seu plano espiritual.

> ## Para refletir
>
> Na passagem sobre a transverberação de Santa Teresa citada anteriormente, há dois fragmentos mais (além dos já indicados no texto explicativo) em que está a ideia da comunhão com Deus. Cite-os e explique por que os escolheu.

Caro leitor, agora que você já viu as características da mística, vamos contemplar os trechos de dois poemas de Santa Teresa de Ávila e analisá-los.

Aspirações à vida eterna

Vivo sem em mim viver,
E tão alta vida espero,
Que morro de não morrer.

Já fora de mim vivi
Desde que morro de amor;
Porque vivo no Senhor,
Que me escolheu para Si.
O coração lhe rendi,
E nele quis escrever
Que morro de não morrer.

Esta divina prisão
De amor, em que sempre vivo,
Faz a Deus ser meu cativo,
E livre meu coração;
E causa em mim tal paixão
Deus prisioneiro em mim ver,
Que morro de não morrer.

Ai! como é larga esta vida
E duros estes desterros!
Este cárcere, estes ferros
Em que a alma vive metida!...
Só de esperar a saída
Me faz tanto padecer,
Que morro de não morrer.

Ai! como a existência é amarga
Sem o gozo do Senhor!
Se é doce o divino amor,
Não o é a espera tão larga:
Tire-me Deus esta carga
Tão pesada de sofrer,
Que morro de não morrer.

[...]

Lá no Céu, definitiva,
É que a vida é verdadeira;
Durante esta, passageira,
Não a goza a alma cativa.
Morte, não sejas esquiva;
Mata-me, para eu viver,
Que morro de não morrer.

[...] (Teresa de Jesus, 1951, p. 165-166)

Sobre esse poema, o verso que se repete – "morro de não morrer" – costuma ser interpretado como um desejo de morrer de fato. Contudo, como já ponderamos, não se trata de uma morte física, senão da experiência mística do êxtase, única capaz de proporcionar, enquanto se está vivo, a possibilidade de comunhão com Deus. O **paradoxo** "morrer porque não morre", figura de linguagem literária, confirma, pelo campo da estética, o que explicamos, pois a experiência do êxtase é uma simulação de morte para reafirmar as energias vitais. Os estudos que analisam o êxtase religioso por esse viés são os do erotismo e foram muito bem pesquisados pelo filósofo francês **Georges Bataille**, que os registrou em sua obra *O erotismo*. Bataille se inspirou no fragmento da narração de Santa Teresa sobre a transverberação para teorizar sobre o êxtase religioso como uma das instâncias eróticas da existência. Entenda *erotismo*, estimado leitor, como a capacidade de aceitar a morte e o sofrimento como parte natural da vida e de estar aberto a seus riscos para alcançar e desfrutar o amor e as pulsões de vida.

No caso de Santa Teresa, seu amor e sua vida são a devoção a Deus. Esse amor lhe causa dor porque, estando no mundo terrenal, ela não pode vivenciá-lo em plenitude. Aqui, há um diálogo com outras doutrinas, visto que, se, para essas outras, só se alcança a Deus pela transcendência ou por intermédio de seus vicários, ou seja, a Igreja e os sacerdotes, trata-se sempre de uma concepção de que o homem não nasce com a Verdade dentro de si. Os místicos mudam essa visão quando afirmam que o homem tem Deus dentro de si porque já nasce com a Verdade e basta apenas praticar exercícios espirituais para conseguir acessá-la. Essa concepção trouxe mais alívio à vida terrenal dos devotos muito apaixonados (lembre-se de que a religiosidade, naquela época, era muito mais profunda e preponderante na vida dos indivíduos).

Retomando o poema, podemos verificar que muitos versos dão mostras dessa filosofia, e interessa-nos mostrar que a estética, ou seja, a palavra feita imagem, também aborda esses temas. A estrofe a seguir brilha por sua beleza e pelo fato de retratar tão bem a ideia de que Deus já está dentro do homem:

> Esta divina prisão
> De amor, em que sempre vivo,
> Faz a Deus ser meu cativo,
> E livre meu coração;
> E causa em mim tal paixão
> Deus prisioneiro em mim ver,
> Que morro de não morrer. (Teresa de Jesus, 1951, p. 165)

O paradoxo aparece novamente na ideia do Deus cativo que faz livre seu coração. Deus está prisioneiro porque vive dentro do eu lírico; logo, o sentido do verso "morro por não morrer" é justamente o êxtase que lhe proporciona sentir-se em comunhão com Ele e, ao mesmo tempo, vivo.

> É precisamente o êxtase que está na seguinte estrofe:
> Ai! como é larga esta vida
> E duros estes desterros!
> Este cárcere, estes ferros
> Em que a alma vive metida!...
> Só de esperar a saída
> Me faz tanto padecer,
> Que morro de não morrer. (Teresa de Jesus, 1951, p. 165)

Seu corpo, onde sua alma está metida, está descrito como uma prisão, justamente porque a submete à vida terrenal. Contudo, é esse corpo que lhe permite sair de si ("Só esperar a saída"), em êxtase, para ter um encontro efêmero com seu Amado.

A santa faz referência às doutrinas transcendentes:

> Ai! como a existência é amarga
> Sem o gozo do Senhor!
> Se é doce o divino amor,
> Não o é a espera tão larga:
> Tire-me Deus esta carga
> Tão pesada de sofrer,
> Que morro de não morrer. (Teresa de Jesus, 1951, p. 165)

Os dois primeiros versos se referem não só à ideia da transcendência como também à imposição da culpa como única salvação da alma, algo muito comum antes das ideias libertadoras do humanismo. Por isso o verso diz que é amarga a vida na qual não se goza o Senhor. Os místicos concebiam o êxtase como um gozo, o que pudemos ver no relato da transverberação.

Sobre a comunhão com Deus e seu mundo, destacamos:

Lá no Céu, definitiva,
É que a vida é verdadeira;
Durante esta, passageira,
Não a goza a alma cativa.
Morte, não sejas esquiva;
Mata-me, para eu viver,
Que morro de não morrer. (Teresa de Jesus, 1951, p. 165-166)

As **antíteses** (vida e morte) e os **paradoxos** (viva morrendo) seguem demonstrando que, se a santa, enquanto está viva, não pode ter a plenitude da vida verdadeira, é possível que goze suas maravilhas dando morte à sua vida, o que faz com que a morte viva em seu **morrendo**. O verbo está no gerúndio justamente porque se trata de uma continuidade, pois, enquanto ela estiver viva, praticará os exercícios espirituais para alcançar o êxtase e, por conseguinte, a comunhão com Deus e seu mundo verdadeiro.

> ## Para refletir
>
> Leia e analise o poema a seguir, de Santa Teresa de Ávila. Em seguida, escolha versos que representem o êxtase, a imanência de Deus e a transverberação. Explique o significado de cada um.
>
> TERESA DE JESUS, Santa. Sobre aquelas palavras: "Dilectus meus mihi". In: TERESA DE JESUS, Santa. **Obras de Santa Teresa de Jesus**. Tradução das Carmelitas Descalças do Convento de Santa Teresa do Rio de Janeiro. Petrópolis, RJ: Vozes, 1951. Tomo V: Opúsculos. p. 170. Disponível em: <http://www.obrascatolicas.com/livros/Espiritualidade%20e%20Religiao/OBRAS%20DE%20SANTA%20TERESA%20DE%20JESUS%20TOMO%20V.pdf>. Acesso em: 15 abr. 2023.

Agora, vamos à próxima seção, que é dedicada a San Juan de la Cruz, amigo de Santa Teresa de Ávila.

quatropontotrês
Na noite escura

San Juan de la Cruz nasceu em Fontiveros, Espanha, em 1542, ou seja, ele era quase trinta anos mais jovem que Santa Teresa de Ávila. Apesar da diferença de idade, os dois se conheceram quando ele tinha 25 anos e se tornaram amigos e companheiros de jornada pela fundação e expansão da Ordem dos Carmelitas Descalços. Como comentamos na Seção 4.1, durante as perseguições que ambos sofreram por parte dos carmelitas calçados, San Juan chegou a ser preso duas vezes e da última prisão, em Toledo, ele só se libertou fugindo.

Apesar da amizade e da afinidade religiosa, San Juan se distingue de Santa Teresa em sua poética por adotar uma linguagem mais elevada e simbólica. De fato, seus poemas contêm mais palavras feitas imagens, bastantes figuras de linguagem poética e resultam mais sensuais. É o caso de "Chama de Amor Viva"

Em "Chama de amor viva", de San Juan, a ferida de amor que fere a partir da alma já está nele, ao contrário de Santa Teresa, que recebe a ferida de um anjo: "Ó chama de amor viva, / que ternamente feres / dessa minha alma o mais profundo centro!" (Juan de la Cruz, 2000).

Assim, ele roga pelo êxtase, quando pede à chama que rompa a teia que impede o contato direto entre ela, chama de amor viva, ou seja, Deus, e sua alma. Essa teia é seu corpo: "Rompe a teia desse doce encontro!" (Juan de la Cruz, 2000).

Na terceira estrofe,

Para refletir

Do poema "Noite escura", de San Juan de la Cruz, cite os versos que demonstram que o místico sente os sinais vitais de Deus dentro de si mesmo e explique sua seleção.

Depois, leia e analise o poema a seguir, também de San Juan de la Cruz. Em seguida, redija um parágrafo com sua interpretação para a antítese constituída por "luz do coração" e "noite escura" como guia para o Amado em associação com os temas da mística.

JUAN DE LA CRUZ, San. A música do êxtase: 4 poemas de San Juan de la Cruz. Tradução de Wanderson Lima. **Desenredos**, Teresina, ano 2, n. 6, jul./ago./set. 2010. Disponível em: <http://desenredos.com.br/wp-content/uploads/2022/11/06-traducao-San-Juan-wanderson-lima.pdf>. Acesso em: 15 abr. 2023.

Indicações culturais

1. Neste capítulo, vimos como o êxtase religioso dos místicos inspirou os estudos filosóficos de Georges Bataille sobre o erotismo. Se você buscar na internet pelo livro *O erotismo*, vai perceber que há edições cuja capa está ilustrada com a imagem de uma escultura

> de Santa Teresa de Ávila em êxtase. Essa escultura é intitulada *O êxtase de Santa Teresa* e foi esculpida por Gian Lorenzo Bernini, artista barroco italiano. Sua inspiração veio do relato da transverberação. A escultura está na igreja de Santa Maria della Vittoria, em Roma. Procure a imagem na internet e confira essa impressionante beleza.
>
> 2. As culturas cristã, árabe e judia conviviam e se inspiravam umas nas outras, e vários estudos hoje demonstram que a mística católica se baseou em outra mística mais antiga: a da doutrina muçulmana reconhecida em todo o mundo por sua beleza e importância e que se chama *Sufi*. No Capítulo 1, comentamos sobre a convivência entre essas culturas e citamos alguns filósofos, escritores e poetas árabes do período. Um deles, Ibn Arabi, foi um grande poeta místico sufi. Uma pesquisadora hispanista e arabista respeitada em todo o mundo e que publica muito sobre a influência da mística sufi em Santa Teresa e San Juan de la Cruz é a porto-riquenha Luce López-Baralt. Pesquise sobre ela na internet para saber mais sobre o tema.

Síntese

Neste capítulo, analisamos as mudanças que as ideias humanistas promoveram na entrada da Era Moderna em relação às concepções do homem e de Deus e às possibilidades de comunicação entre eles. Se antes a relação com Deus só era possível via transcendência e por intermediários, o humanismo trouxe a ideia de que o homem alcança o Pai por meio do autoconhecimento.

Essa mudança significativa inspirou a mística católica, a qual substituiu a transcendência pela imanência. A partir de então, não só era possível dialogar diretamente com Deus como também tê-lo dentro de si e sentir Suas energias vitais, ao mesmo tempo que as próprias.

Dois são os responsáveis pela fundação da Ordem do Carmelo Descalço, a mística católica: Santa Teresa de Ávila e San Juan de la Cruz, santificados e reconhecidos como doutores da Igreja em razão disso. Porém, como vimos no decorrer do capítulo, a dedicação à inspiração deles não ficou somente em seus trabalhos religiosos, mas também no campo literário. Assim, ambos são conhecidos como os poetas místicos católicos do *Siglo de Oro*.

Sobre sua poética mística, verificamos que ela representa a instância do êxtase religioso, o qual consiste em um instante efêmero, quando há um arrebatamento da alma, como se esta saísse do corpo, em uma experiência que se assemelha à morte. Apesar dessa sensação de morte, o êxtase, uma comunhão com Deus, funciona como um mecanismo para reafirmar a energia da vida. Para os místicos, Deus deseja que o homem o alcance pelo gozo, e não pelo sofrimento.

Atividades de autoavaliação

1. Em todas as alternativas a seguir, os versos de Santa Teresa falam da sensação de morte experimentada no êxtase religioso, **exceto**:
    a. "porque, morrendo, o viver / me assegura minha esp'rança".
    b. "Oh morte que a vida alcança, / não tardes em me aparecer".
    c. "A vida no alto cativa, / que é a vida verdadeira".
    d. "Não me sejas, morte, esquiva; / só pra morte hei-de viver".
    e. "Venha já a doce morte, / Venha já ela a correr".

2. Analise a seguinte estrofe de Santa Teresa de Ávila e, em seguida, assinale a alternativa correta:

> Como, vida, presenteá-lo,
> o meu Deus que vive em mim,
> se não perdendo-te a ti,
> pra melhor poder gozá-lo?
> Quero, morrendo, alcançá-lo,
> pois só dele é meu querer:
> que morro por não morrer. (Vivo..., 2023)

   a. No terceiro e quarto versos, há uma antítese para representar o êxtase.
   b. A ideia de que Deus está dentro de nós está nessa estrofe.
   c. Os místicos tratam Deus com tanta intimidade que o chamam Amado.
   d. No último verso se expressa uma intenção de morrer para ver Deus.
   e. A estrofe começa com um vocativo que representa um diálogo com a vida.

3. Releia o poema "Noite escura", de San Juan de la Cruz, e indique V para as afirmações verdadeiras e F para as falsas.
   a. Na primeira estrofe, a noite escura é o estado de consciência em suspensão pelo êxtase.
   b. Na quarta estrofe, a luz do amor por Deus, insinuada na terceira estrofe, é a verdadeira guia.
   c. O poema trabalha o paradoxo entre escuridão e luz para afirmar a luz natural como salvação.
   d. Os três primeiros versos da oitava estrofe representam o momento do êxtase religioso.

e. O terceiro e o quarto versos da quarta estrofe mostram que se trata de um encontro religioso transcendente.

Agora, assinale a alternativa que apresenta a sequência correta:

a. V, V, V, F, V.
b. V, F, V, V, F.
c. F, F, F, V, F.
d. V, V, F, V, F.
e. F, V, V, F, V.

4. Analise o poema "Olhem-te meus olhos, doce Jesus bom", de Santa Teresa de Ávila, disponível no link a seguir, e assinale a alternativa **incorreta**:

GUTIÉRREZ, J. L. Teresa de Ávila: a poesia como colóquio amoroso com Deus. Revista Pandora Brasil, n. 16, mar. 2010. Disponível em: <http://revistapandorabrasil.com/revista_pandora/mujer_poesia/teresa.htm>. Acesso em: 15 abr. 2023.

a. O poema é um diálogo porque os místicos, crentes na imanência, dispensavam a necessidade de intermediário para alcançar a Deus.
b. Na segunda estrofe, dispensa-se o sentido da visão se é para direcioná-lo apenas para as coisas artificiais.
c. Na terceira estrofe, apresenta-se a ideia de que a vida sem a presença de Jesus é um tormento.
d. A quarta estrofe se inicia com a ideia de que uma vida sem Deus é como uma prisão.
e. O primeiro verso da penúltima estrofe é uma contestação da imposição da transcendência como via única para Deus.

5. Analise o seguinte trecho do poema "Para uma profissão", de Santa Teresa de Ávila e assinale a alternativa incorreta:

> Este é o nosso estado
> Por Deus escolhido,
> Com que do pecado
> Nos há defendido.
> Tem-nos prometido
> Dar consolação,
> Se nos alegramos
> Em nossa prisão.
>
> [...] (Teresa de Jesus, 1951, p. 195)

a. Santa Teresa fala com suas freiras sobre a alegria que Deus quer nas relações religiosas.
b. Para falar da relação festiva com Deus, os dois primeiros versos utilizam um paradoxo com a ideia de prisão.
c. Aos versos que dizem do estado de Deus escolhido segue-se outro que diz que Ele perdoou os pecados cometidos.
d. Quando fala da consolação prometida, ela se refere aos bens materiais, rechaçados pela ordem do Carmelo Descalço.
e. Os versos finais confirmam a repúdia ao gozo no cativeiro do amor por Deus.

Atividades de aprendizagem

Questões para reflexão

1. Sobre as mudanças que a concepção humanista trouxe para a Igreja Católica, sobretudo quanto à relação entre o homem e Deus, provavelmente você as percebeu comparando como se desenvolvem

os temas religiosos na literatura da Baixa Idade Média e como isso ocorre na Idade Moderna, com os místicos católicos. Redija um parágrafo discorrendo sobre a diferença entre a relação do eu poético católico nas *Cantigas de Santa Maria* e a observada nos poemas místicos.

2. No título do poema "Sobre aquelas palavras: '*Dilectus meus mihi*'", o verso em latim se inspira no Cantar dos Cantares, da Bíblia. A inspiração é a ideia de que o amor salva. No caso de Teresa de Ávila, o amor por Deus a salvou da orfandade precoce da mãe. Outra escritora e poeta magnífica, argentina e da contemporaneidade, Alejandra Pizarnik, lutou contra a depressão e, em seus diários, escreveu: "Primeira e única questão: A quê ou a quem apegar-se para não cair na loucura? Uma só resposta: o amor". Redija um parágrafo em que relate uma passagem de sua vida na qual o amor o salvou da tristeza por uma perda ou por desamparo.

Atividade aplicada: prática

1. No decorrer do capítulo, destacamos a questão do êxtase religioso e comentamos que os místicos praticavam exercícios espirituais para alcançar essa experiência. Os exercícios são considerados como práticas de autoconhecimento, já que, para a mística, Deus deseja que o homem se conheça a si mesmo para alcançá-lo. Quando pensamos na educação do indivíduo, religiosa ou laica, entendemos que essas práticas sempre exigem tranquilidade, silêncio, reflexão, contemplação. Elabore uma sequência didática cujo tema principal seja a educação para o autoconhecimento mediante atividades de contemplação.

{

um   ¡Tant' amáre! ¡Campeador! – Baixa Idade Média I
dois   Santa Maria Strela do Dia. Reyna de los cyelos, madre del pan de trigo – Baixa Idade Média II
três   Nascido no rio: o pícaro no reino católico de Carlos I
quatro Na noite escura. A flecha *enherbolada* de amor. A mística no reino de Felipe II

cinco **Un pueblo granada. Una gente *in* día. Ave sin pluma alada. A transfiguração da colônia**

seis   Num lugar de la Mancha, de cujo nome não quero me lembrar... Dom Quixote
sete   Era do ano a estação florida. Pó serão, mas pó apaixonado

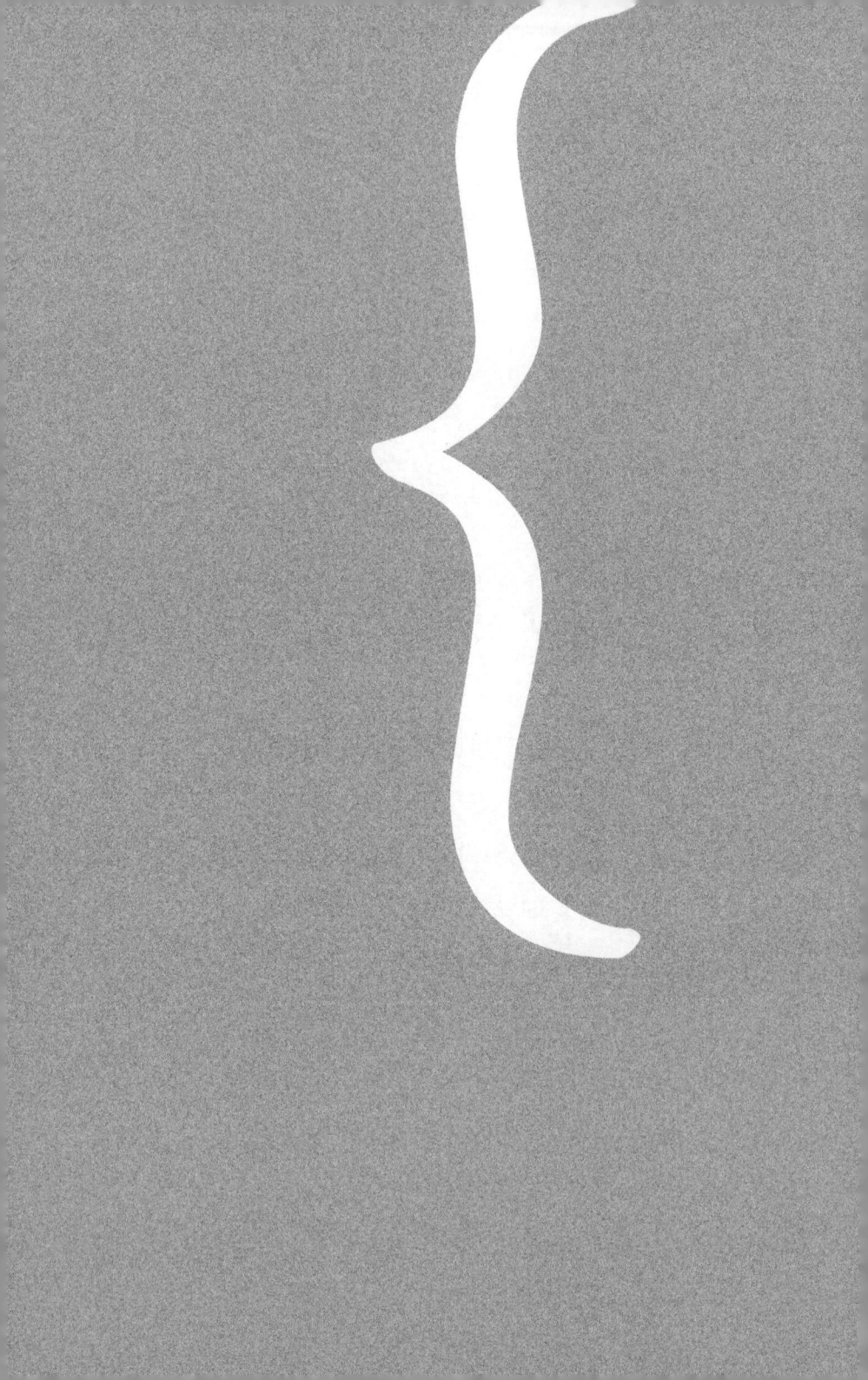

❰NESTE CAPÍTULOI, ABORDAREMOS a literatura produzida na América hispânica. O *pueblo granada* do título refere-se aos valentes mapuches chilenos, os quais resistiram bravamente às tentativas de dominação dos colonizadores. Sua coragem cativou Alonso de Ercilla, que escreveu a épica *La Araucana*, na qual encontramos essa imagem-elogio aos mapuches. Contudo, se vamos falar da colonização, você precisa compreender o ponto de vista dos pré-colombianos, por isso também vai conhecer *Nueva crónica y buen gobierno*, do inca Guamán Poma de Ayala, que recupera o prestígio de seu povo conferindo outro significado para a palavra *índias*, a qual ele reinventa com o sentido de que eles são "una gente *in día*". Sua crônica foi escrita na época do reinado de Felipe III. Prosseguindo no no tempo, até o século XVII, você vai conhecer a incrível Sor Juana Inés de la Cruz, uma mulher muito adiante de seu tempo que lutou pelo direito de estudar e de se dedicar às artes. A imagem da "ave sin pluma alada", retirada de *Primero Sueño*, um de seus poemas mais conhecidos, representa muito bem seu *ethos* e sua estética, tão complexos, já que estão formados por representações de mundo barrocas, mas também ilustradas.

cincopontoum
Estreito de Magalhães

Estimado leitor, até aqui estudamos a literatura medieval espanhola e uma parte da produção literária do *Siglo de Oro*, referente à entrada na Era Moderna. Examinamos a influência de correntes filosóficas, políticas e estéticas na mentalidade do homem ocidental e, como consequência, em todos os setores da vida pública.

Neste capítulo, é imprescindível que você volte às páginas dedicadas à "Apresentação" e à "Introdução" desta obra. Você verá que, tal como está explicado, interessa-nos analisar os fatos históricos como fatos que são e de acordo com a mentalidade da época em que ocorreram. Ademais, nossa proposta é apresentar uma metodologia de abordagem dos textos literários por meio da maior especificidade da literatura, ou seja, a palavra feita imagem. Em outras palavras, objetivamos realizar análises que demonstrem o processo de transfiguração do trágico da colonização em estética, e não em bandeira política que dissemina extremismo por revanche. Se optamos pela estética, é pela formação completa que ela proporciona, ou seja, por atuar como instância edificante, a qual analisa, reflete, sente, ressente-se por um fato, mas o transfigura em busca sempre de construir uma comunidade, e não de disseminar ódios e revanches.

Sobre os contextos históricos, não são nossa especificidade, mas é correto admitir que, sim, há versões da História, mas também há fatos comprovados por documentos. Seguindo a proposta de formar livres pensadores e de manter a maior característica do ensino superior, isto é, o livre debate de ideias, nosso compromisso é que você conheça pesquisas pautadas pela justa medida aristotélica para que possa, por si mesmo, tirar as próprias conclusões e construir seus argumentos e seu conhecimento.

Não nos interessa uma abordagem maniqueísta e estreita que impõe à força a existência de vítimas e vilões de um só lado.

Você já leu ou releu a "Apresentação" e a "Introdução"? Repetimos um fragmento para discutir uma imagem perfeita para a colonização da América:

> Para tudo de conflituoso, mas também belo, desse encontro, Alonso de Ercilla forma uma imagem precisa, trabalhada neste nosso livro, o *Estreito de Magalhães*, aproximação atribuída de dois oceanos que se afrontam entre rochas, mas acabam por se fundir por debaixo, na areia.

Como provavelmente você notou, essa imagem está presente na obra *La Araucana*, de Alonso de Ercilla. Esse conquistador espanhol, amigo íntimo do rei Felipe II, participou da conquista dos mapuches chilenos, indígenas muito valentes que resistiram violentamente à dominação dos colonizadores. A guerra pela conquista deles, conhecida como a Guerra do Arauco, está narrada em forma poética na épica *La Araucana*, escrita justamente por Alonso de Ercilla.

Você deve estar se perguntando como esse conquistador escreveu uma épica para os mapuches, visto que toda épica é uma homenagem a um povo heroico e Ercilla era o inimigo dos mapuches. De fato, eles lutaram em lados opostos, mas a coragem dos mapuches e o amor que demonstraram ter por seu povo, entre outros fatos que vamos discutir neste capítulo, conquistaram de tal maneira a admiração do amigo pessoal do rei espanhol que o resultado foi um presente para a humanidade: *La Araucana*, obra literária de grande valor.

Na Guerra do Arauco, houve mortes violentas de ambos os lados, e tudo está narrado por Ercilla na obra. A agressividade dos mapuches exigiu mais violência dos conquistadores. No entanto, muitos espanhóis foram mortos pelos indígenas chilenos. Retomando a "Introdução" deste livro, em várias passagens comentamos a interferência agressiva dos colonizadores na vida dos pré-colombianos porque aqueles, como cristãos que já eram, não podiam compreender as práticas sacrificiais destes. Para reforçar, repetimos uma citação:

> A conquista e a evangelização espanhola eram impulsionadas *manu militari* por uma mentalidade medieval formada no espírito intolerante das cruzadas e que via nos hábitos religiosos dos aborígenes, em especial o canibalismo e o politeísmo, um novo inimigo a combater[1]. (Millares, 2021)

Da mesma maneira, comentamos como é injusto fazer juízo de valor sobre as crenças dos pré-colombianos hoje em dia, após os avanços dos estudos antropológicos e, ainda, depois das análises filosóficas de Georges Bataille na obra *La América desaparecida*.

---

1 No original: "La conquista y evangelización española era impulsada *manu militari* por una mentalidad medieval formada en el espíritu intolerante de las cruzadas, y que veía en los hábitos religiosos de los aborígenes, en especial el canibalismo y el politeísmo, un nuevo enemigo a combatir".

Contudo, não podemos impor essa mentalidade quando lidamos com os antigos, os quais não a conheciam.

O que fazer então? A literatura e a arte existem para deixar a memória transfigurada, e a melhor maneira de lidar com isso é deixando tudo como a visão estética à maneira defendida por Octavio Paz na epígrafe deste livro. Não somos juízes com a obrigação de emitir sentença sobre a História. Os relatos transfigurados mantêm o trauma, mas também a lição de que o modo mais edificante para lidar com isso é recordar sem rancor, com a justa medida e sem selecionar fatos e rechaçar outros conforme conveniências de ocasião.

Por isso, as três manifestações literárias que vamos estudar são muito importantes. Delas, selecionamos, agora, a imagem construída por Alonso de Ercilla para o encontro conflituoso entre colonizadores e pré-colombianos: o **Estreito de Magalhães**. Na obra *La Araucana*, a imagem aparece assim[2]:

> Y estos dos anchos[3] mares, que pretenden,
> pasando de sus términos, juntarse,
> baten las rocas y sus olas tienden;
> mas esles impedido el allegarse[4];
> por esta parte al fin la tierra hienden[5]
> y pueden por aquí comunicarse:
> Magallanes, Señor, fue el primer hombre
> que, abriendo este camino, le dio nombre. (Ercilla, 2023)

---

2 Por se tratar de uma obra poética com excelência em métrica, rima e ritmo, optamos por manter a versão original, em espanhol antigo, e indicar o significado de vocábulos e expressões complexos.
3 Largos.
4 Aproximar-se.
5 Fender.

O Estreito de Magalhães, maior e mais importante passagem natural entre as águas dos oceanos Atlântico e Pacífico, está muito bem transfigurado, aqui, em imagem para o encontro de duas culturas tão distintas, a ocidental cristã dos colonizadores e a pré-colombiana politeísta. O poema representa a tentativa de aproximação e, depois, demonstra a impossibilidade de que isso se realize de modo tranquilo ("baten las rocas y sus olas tienden"), bela imagem para o conflito. Tudo acaba ocorrendo à força, porque se fende a terra e é por aí que se dá o encontro, o qual é complexo e não pode ser analisado por abordagens estanques com interesses predeterminados.

Com esse espírito, convidamos você a estudar, na próxima seção, a obra que faz homenagem aos mapuches, mas também aos conquistadores que tiveram a coragem de enfrentar indígenas tão valentes.

cincopontodois
Un pueblo granada

Alonso de Ercilla y Zúñiga (1533-1594), poeta, soldado e nobre da Corte de Felipe II, chegou ao Peru em 1556 para participar da **Guerra do Arauco**, que durou um ano e meio. O conflito começa com a rebelião dos mapuches contra a segunda expedição do conquistador **Pedro de Valdivia**, em 1553, feito e data do início da obra, a qual se encerra com a **Batalha de Quipeo**, em 1558, quando os indígenas são derrotados. No conflito inicial, do qual Ercilla não participou, Valdivia foi morto. O poeta entra na segunda parte, quando da expedição de García de Hurtado. Após essa mudança, só há vitórias dos espanhóis, com exceção da Batalha de Purén, narrada no início da terceira parte, a qual os mapuches vencem com bastante violência.

Sobre a estrutura da obra, ressaltamos que somente exerciam as atividades intelectual e cultural os nobres, os quais tinham acesso aos estudos. Ademais, para conseguir publicar uma obra, o escritor ou poeta tinha de provar sua erudição ao rei, que decidia se o trabalho era digno de edição. O rei era a figura mais elevada cultural e intelectualmente, portanto os escritores tinham de lhe pedir permissão, provar seu nível de erudição, mas sempre com humildade diante do soberano, pois ninguém podia superá-lo.

Alonso de Ercilla era um nobre muito erudito, e alguns aspectos da obra o demonstram, como o fato de que é composta por 37 cantos, todos em estrofes com métrica de oitava real (oito versos endecassílabos), tal qual uma grande obra-prima, inspiração para Ercilla e mostra de sua elevação cultural: *Orlando Furioso*, de Ludovico Ariosto.

Contudo, há uma inovação do poeta espanhol na obra: ele, que é o narrador, participa da história, algo que não era comum na literatura considerada culta na Espanha até aquele período.

Antes de entrar na análise da obra, vamos nos aprofundar nos aspectos formais e discutir alguns significados dessa inovação:

¿Todo ha de ser batallas y asperezas,
Discordia, fuego, sangre, enemistades,
Odios, rencores, sañas y bravezas,
Desatino, furor, temeridades,

> Rabias, iras, venganzas y fierezas,
> Muertes, destrozos, rizas, crueldades,
> Que al mismo Marte ya pondrán hastío[6]
> Agotando em caudal mayor que el mío? (Ercilla, 2023)

Quanto à forma, cabe destacar a oitava real, em que a estrofe tem oito versos e todos são endecassílabos, ou seja, têm onze sílabas, devendo-se observar que o método espanhol sempre considera a última sílaba, tônica ou não. O esquema das rimas é ABABABCC. Exemplo: To /do ha/ de /ser / ba/ ta/ llas/ y as/ pe/ re/zas (11 sílabas).

Sobre o fato de poeta se incluir na história, observemos os seguintes versos: "Que al mismo Marte ya pondrán hastío / Agotando em caudal mayor que el mío?".

Além de aparecer nos versos, o poeta inclui um tom confessional. Essa queixa sobre cortar à medida da métrica do verso por compromisso formal estético e, inclusive, por seguir a justa medida aristotélica, sente-se porque o tema a ser narrado é demasiadamente trágico.

Por isso, o poeta inicia a obra da seguinte maneira:

Fragmento 1

> No las damas, amor, no gentilezas
> de caballeros canto enamorados;
> ni las muestras, regalos[7] ni ternezas
> de amorosos afectos y cuidados:
> mas el valor, los hechos, las proezas
> de aquellos españoles esforzados,

---

6 Tédio.
7 Presentes.

que a la cerviz[8] de Arauco, no domada,
pusieron duro yugo[9] por la espada. (Ercilla, 2023)

Não há possibilidade de amor romântico ou fraterno nessa narração, pois o poeta viu o horror da guerra. Porém, sua personalidade de soldado da época revela uma grande diferença entre a concepção de guerra naquele período e a que temos hoje em dia. Veja, estimado leitor, que Ercilla não narra o conflito tomado por trauma, senão por orgulho, pois diz que não falará de amor, mas (e esse conectivo é importante) do valor, dos feitos e das proezas dos espanhóis valentes. Em outras palavras, isso também é um tipo de amor, o amor à causa de sua Coroa, a qual defende com honra.

Entretanto, o desafio de pôr façanhas extremamente notáveis em métricas e de praticar a justa medida é mecionado:

Fragmento 2

Suplícoos, gran Felipe, que mirada
esta labor, de vos sea recebida,
que, de todo favor necessitada,
queda con darse a vos favorecida:
es relación sin corromper, sacada[10]
de la verdad, cortada a su medida;
no despreciéis el don, aunque tan pobre,
para que autoridad mi verso cobre. (Ercilla, 2023)

---

8 Cervical (da expressão do espanhol *de dura cerviz*, ou seja, "osso duro de roer").
9 Jugo.
10 Retirada.

Note que Ercilla diz que a verdade está cortada à sua medida, tanto para dizer que é fiel aos fatos – e, porque ele participou da história, tem autoridade para dizê-lo – quanto para referir-se à escrita do poema, obediente à métrica elevada.

Muitos temas nos interessam na obra. Para que você não se perca no caminho, vamos organizar nossa análise de acordo com os seguintes tópicos:

- o conflito entre obedecer à métrica e à justa medida, mas escrever sobre coisas tão inflamadas;
- a necessidade de pedir permissão ao rei para a publicação da obra;
- o furor de Marte;
- as características dos mapuches.

Consideremos, então, a necessidade de cortar emoções pelas convenções de escrita e de discrição:

Fragmento 3

¿Qué cosa puede haber sin amor buena?
¿Qué verso sin amor dará contento?
¿Dónde jamás se ha visto rica vena[11]
que no tenga de amor el nacimiento?
No se puede llamar materia llena[12]
la que de amor no tiene el fundamento;
los contentos, los gustos, los cuidados,
son, si no son de amor, como pintados.

---

11 Veia.
12 Plena.

> Amor de un juicio rústico y grosero
> rompe la dura y áspera corteza[13];
> produce ingenio y gusto verdadero,
> y pone cualquier cosa en más fineza:
> Dante, Ariosto, Petrarca y el Ibero,
> amor los trujo[14] a tanta delgadeza;
> que la lengua más rica y más copiosa,
> si no trata de amor, es desgustosa. (Ercilla, 2023)

Essas estrofes fazem parte do último canto, ou seja, foram escritas após a narração de toda a guerra. Na primeira estrofe, o poeta volta a refletir sobre a presença das emoções nos versos e, em comparação com outras instâncias, conclui que onde o amor está ausente não há rica veia. No entanto, ele oferece a defesa da justa medida na estrofe seguinte, quando diz que o amor é o instinto primeiro (rústico e grosseiro) e responsável pela engenhosidade (dom da poesia). Essa engenhosidade leva a refinar o estilo tal como nos grandes clássicos citados. Ercilla conclui que, ainda que haja uma escrita bela e elegante, se o amor está ausente, não causa admiração. Na verdade, ele sabe que seu poema resultou mais derramado de emoções que o esperado para os padrões da época e usa sua capacidade de argumentação para provar que se trata de uma obra exemplar.

---

13 Casca.
14 Trouxe.

> ## Para refletir
>
> Sobre o fragmento 3, saindo do plano da forma, notamos que o poeta também se refere ao papel de soldado que teve de impor os valores humanistas aos mapuches. Releia o fragmento e redija um parágrafo no qual discorra sobre essa interpretação, comprovando-a com fragmentos das estrofes.

No que diz respeito à necessidade de pedir permissão ao rei para a publicação da obra, retomemos o fragmento 2. Nesse fragmento, podemos constatar a humildade com que o poeta pede ao rei para que considere sua obra e a publique:

> Suplícoos, gran Felipe, que mirada
> esta labor, de vos sea recebida,
> que, de todo favor necesitada,
> queda em darse a vos favorecida: (Ercilla, 2023)

O poeta necessita dizer que sua obra lhe parece pobre diante da magnitude do rei e, por isso, carece de sua ajuda para ser reconhecida como digna de edição. Trata-se de uma retórica de respeito ao monarca. Há outras estrofes em cujos versos continua presente essa retórica:

Fragmento 4

> Y haberme en vuestra casa yo criado,
> que crédito me da por em parte,
> hará mi torpe estilo delicado,
> y lo que va sin orden lleno de arte:
> así, de tantas cosas animado,
> la pluma entregaré al furor de Marte;

dad orejas, Señor, a lo que digo,
que soy de parte de ello buen testigo[15]. (Ercilla, 2023)

Ercilla menciona até mesmo a amizade íntima que tem com Felipe II, precisamente o fato de ter sido criado dentro do palácio real, o que lhe garantiu uma educação exemplar para a erudição.

Nesse fragmento, o poeta entrega sua pluma ao furor de Marte. Como já vimos, toda a inspiração de Ercilla veio dos clássicos. Porém, os poetas da Antiguidade Clássica, quando iam escrever suas épicas, pediam inspiração às Musas. Você se perguntou por que o poeta soldado não segue essa tradição? Vejamos outro fragmento:

Fragmento 5

Digo que Norte Sur corre la tierra,
 y baña la del Oeste la marina;
a la banda del Este va em sierra
que el mismo rumbo mil leguas camina:
en medio es donde el punto de la guerra
por uso y ejercicio más se afina:
Venus y Amor aquí no alcanzan parte;
sólo domina el iracundo Marte. (Ercilla, 2023)

Ercilla descreve geograficamente a terra dos mapuches, que é o Chile, terra comprida, mas estreita. Assim, o poeta demonstra que a guerra acontece em um espaço muito estreito e, tal como esse espaço, causa angústia. Então, ele encerra sua descrição representativa dos horrores da guerra com os versos que dizem que naquelas terras não há lugar para Vênus e o Amor, somente

---

15 Testemunho.

para a ira de Marte. De fato, se a narração trata de uma guerra sangrenta contra um povo extremamente instintivo para a concepção de mundo humanista de Ercilla, só a fúria de Marte pode ajudá-lo a representar esteticamente essa verdade.

Acerca da descrição dos mapuches e de toda a reflexão que o poeta e soldado faz sobre eles, vejamos o seguinte fragmento:

Fragmento 6

Cosas diré también harto notables
de gente que a ningún rey obedecen,
temerarias empresas memorables
que celebrarse em razón merecen;
raras industrias, términos loables[16]
que más los españoles engrandecen;
pues no es el vencedor más estimado
de aquello em que el vencido es reputado. (Ercilla, 2023)

Ercilla reconhece o valor dos mapuches por sua coragem e por tudo o que foram capazes de fazer para se defenderem. Então, afirma que toda a resistência guerreira dos indígenas chilenos engrandeceu mais os espanhóis porque lutaram contra adversários que não se entregaram facilmente ("pues no es el vencedor más estimado de aquello em que el vencido es reputado").

Contudo, o que soa mais interessante nessa estrofe e que se repete em outras, fato que comprova sua importância, é a seguinte observação: "gente que a ningún rey obedecen". Em um primeiro momento, Ercilla reflete por comparação com os outros povos pré-colombianos conquistados, como os astecas e os

---

16 Louváveis.

incas, os quais tinham um imperador com poder centralizado. Lembre-se, caro leitor, de que o conquistador dos astecas, Hernán Cortés, conseguiu sua vitória porque o imperador desses povos, Moctezuma, era tirânico e tinha muitos inimigos. Em outras palavras, de uma maneira ou de outra, os astecas se deixaram dominar por um rei. Os incas também tinham um imperador, Atahualpa, igualmente derrotado com facilidade pelo conquistador desses povos, Francisco Pizarro.

Essa primeira análise demonstra uma reflexão sobre a hierarquização das comunidades indígenas em processo de comparação. Alonso de Ercilla vê mais união e senso de comunidade entre os mapuches precisamente porque eles não têm um imperador contra quem lutar ou para quem entregar sua autonomia.

Todavia, há outra reflexão mais interessante porque implica o próprio Ercilla e, por consequência, a organização hierárquica espanhola. Já sabemos que a literatura nos faz sair de nós mesmos e entrar em um mundo alheio, via imaginário, o que proporciona o exercício da alteridade. Isso acontece quando entramos no mundo dos personagens, mas também se nos dedicamos a escrever literatura. No caso do poeta e soldado, observar que os mapuches não se deixam dominar por um rei é também refletir sobre si mesmo. Dito de outro modo, quando Ercilla conhece a estrutura hierárquica dos mapuches e sua resistência severa contra a Coroa espanhola, passa inevitavelmente a refletir sobre sua própria obediência excessiva ao rei. Ercilla não faz essa reflexão em uma chave crítica rebelde, mas ela está presente inclusive quando ele tem de pedir permissão humildemente ao rei para que ele aprove sua obra e a publique, ou seja, até para que sua obra artística tenha reconhecimento, ele necessita da autorização do rei. Trata-se de uma passagem edificante, pois o conquistador erudito reconhece que pode aprender com os pré-colombianos instintivos e deixa essa aprendizagem registrada em sua épica.

> ## Para refletir
>
> No fragmento a seguir, no qual são descritos o Chile e os mapuches, Ercilla usa uma imagem interessante para representar esses indígenas valentes: a fruta romã (granada). Analise essa imagem e redija um parágrafo para interpretá-la.
>
> > Chile, fértil provincia, y señalada
> > en la región antártica famosa,
> > de remotas naciones respetada
> > por fuerte, principal y poderosa,
> > **la gente que produce es tan granada,**
> > tan soberbia, gallarda y belicosa,
> > que no ha sido[17] por rey jamás regida,
> > ni a extranjero dominio sometida. (Ercilla, 2023, grifo nosso)

Estimado leitor, com *La Araucana*, você conheceu uma épica em homenagem a um povo pré-hispânico, mas escrita por um espanhol. Na próxima seção, vamos analisar uma obra escrita por um inca mestiço cultural: Guamán Poma de Ayala.

---

17 *Ha sido* é uma forma do pretérito composto, que, na língua espanhola, indica uma ação não terminada, ou seja, o poeta quer mostrar que nem no presente os mapuches se deixaram dominar. A tradução dessa forma para o português seria "foi".

cincopontotrês
Una gente *in* día

Chegamos à seção dedicada à obra *Nueva crónica y buen gobierno*, de Felipe Guamán Poma de Ayala. Não se sabe ao certo a data de nascimento desse inca por linhagem tanto de pai quanto de mãe, mas a mais aceita estaria entre 1545 e 1550. Com relação ao fato de ser descendente somente de incas, o que significa que ele não tinha sangue espanhol, em um artigo científico, Carlos González Vargas, Hugo Rosati Aguerre e Francisco Sánchez Cabello, professores da Pontificia Universidad Católica de Chile, explicam:

> Pela informação que Guamán Poma nos entrega em sua crônica, devemos entender que é indígena tanto por linha paterna quanto materna; seus avós teriam sido Tupac Inca Yupanqui e Mama Ocllo, cuja filha Curi Ocllo teria se casado com Guaman Mallqui, pai de nosso cronista e filho de Guaman Chawa, governante da região do Chinchaysuyu, representante da dinastia Yaro Willca, na época anterior à chegada dos espanhóis a esta área[18]. (Vargas; Aguerre; Cabello, 2001)

---

18 No original: "Por la información que Guaman Poma nos entrega en su crónica, debemos entender que es indígena tanto por línea paterna como materna; sus abuelos habrían sido Tupac Inca Yupanqui y Mama Ocllo, cuya hija Curi Ocllo se habría casado con Guaman Mallqui, padre de nuestro cronista e hijo de Guaman Chawa, gobernante de la región del Chinchaysuyu, representante de la dinastía Yaro Willca, en época anterior a la llegada de los españoles a esta área".

É importante considerar as origens de Guamán Poma de Ayala porque ele costuma ser reconhecido como um mestiço cultural. Veja, estimado leitor, que, apesar de ser inca, Guamán tinha sobrenome hispânico. Isso se deve ao fato de que seu pai era servo em um hospital onde salvou a vida de um conquistador espanhol que tinha sido vítima de uma rebelião de outros espanhóis contra ele. Como recompensa pela atitude exemplar, o pai de Guamán recebeu o sobrenome hispânico, o que era considerado uma honra. Além desse detalhe que explica sua mestiçagem por nome, a família de Guamán era católica convertida, o que justifica que ele seja conhecido como *mestiço cultural* (ressaltar a cultura destaca que o inca não tinha sangue espanhol).

Sobre a escrita do livro, Guamán Poma fazia parte da comissão do clérigo Cristóbal de Albornoz, que visitava várias províncias da região. Nosso cronista pôde observar tudo o que está registrado em seu livro. Sobre a data da escrita, acredita-se que está entre 1612 e 1615. Guamán narra, na primeira parte, *Nueva crónica*, a visão de mundo andina desde suas origens e seus costumes antes da chegada dos colonizadores. Já na segunda parte, *Buen gobierno*, ele registra os abusos cometidos tanto por conquistadores e jesuítas quanto por indígenas e mestiços, com a intenção de aconselhar o rei sobre como deveria administrar a colônia, logicamente pedindo que fosse verdadeiramente de acordo com os valores humanistas cristãos.

A intenção de Guamán era que o livro chegasse ao rei da Espanha; é por isso que se diz que ele o entregou ao vice-rei do Peru. Todavia, houve todo um percurso que fez com que a crônica chegasse à Dinamarca, onde está até hoje. Vargas, Aguerre e Cabello (2001) relatam essa história:

> Em relação ao histórico do manuscrito que tentou entregar ao Vice-Rei do Peru, a pessoa que finalmente pôde recebê-lo teria sido Juan de Mendoza y Luna, Marquês de Monteclaros, que havia sido Vice-Rei entre os anos 1607 e 1615, ou então, Francisco de Borja y Aragón, Príncipe de Esquilache, que o sucede governando de 1615 até 1621. Abraham Padilla Bendezú supõe que este último remeteu o manuscrito ao monarca espanhol e sustenta que fez parte da biblioteca do Conde-Duque de Olivares, a qual foi comprada por um embaixador dinamarquês em 1653[19].

Sobre a chegada da obra à Dinamarca, os autores destacam:

> Muito tempo depois começa a história moderna da *Nueva Corónica y Buen Gobierno* quando o manuscrito é localizado pelo doutor Richard Pitschman, da Universidade de Götingen, na Antiga Coleção Real da Biblioteca Real da Dinamarca, em 1908. Depois de 22 anos de seu achado, em 1930, o fundador do Museu do Homem em Paris e diretor do Instituto Etnológico de Paris, Paul Rivet, prepara a famosa e conhecida edição facsimilar que é publicada

---

19 No original: "En relación con el historial del manuscrito que intentó entregar al Virrey del Perú, la persona que finalmente pudo haberlo recibido habría sido Juan de Mendoza y Luna, Marqués de Monteclaros, quien fuera Virrey entre los años 1607 al 1615, o bien, Francisco de Borja y Aragón, Príncipe de Esquilache, quien lo sucede gobernando desde 1615 hasta 16219. Abraham Padilla Bendezú supone que este último remitió el manuscrito al monarca español y sostiene que formó parte de la biblioteca del Conde-Duque de Olivares, la que fue comprada por un embajador danés en 1653".

no ano 1936. A partir de 15 de maio de 2001, a Biblioteca Real de Copenhague pôs na Internet uma digitalização total do original da *Nueva Corónica y Buen Gobierno*[20]. (Vargas; Aguerre; Cabello, 2001)

Cabe ressaltar que é por mérito da iniciativa de digitalizar a obra que nós podemos estudá-la aqui.

Caro leitor, o que você precisa considerar durante todo o percurso deste estudo é que Guamán Poma de Ayala se dedicou a escrever esse livro porque queria que suas observações e reflexões tivessem alcance máximo. Logo, seu primeiro desafio foi aprender o processo da escrita ocidental, pois tenha em conta que os incas não tinham essa cultura porque se baseavam na oralidade e em registros não ocidentais, os *quipus*. Ademais, ele teve de aprender a língua espanhola, a qual nunca dominou completamente porque era nativo da língua quéchua e não teve muito tempo para aprender profundamente o espanhol.

Comentamos sobre um sistema de registro dos incas, *el quipu*, conhecido como uma espécie de ábaco inca. Ele é utilizado para registro de cantos, histórias e também de contagem, por exemplo, de rebanho. Guamán o desenhou em suas lâminas, como ilustra a Figura 5.1.

---

20 No original: "Mucho tiempo después comienza la historia moderna de la *Nueva Corónica y Buen Gobierno* cuando el manuscrito es localizado por el doctor Richard Pitschman, de la Universidad de Götingen, en la Antigua Colección Real de la Biblioteca Real de Dinamarca, en 1908. Después de 22 años de su hallazgo, en 1930, el fundador del Museo del Hombre en París y director del Instituto Etnológico de París, Paul Rivet, prepara la famosa y conocida edición facsimilar que es publicada en el año 1936. A partir del 15 de mayo del año 2001, la Biblioteca Real de Copenhague a puesto en Internet una digitalización total del original de la *Nueva Corónica y Buen Gobierno*".

Figura 5.1 – *El quipu*, de Guamán Poma de Ayala

FONTE: Ayala, 1615.

Ressaltamos que não ter a cultura da escrita ocidental significa muito mais que não registrar os fatos por letras em um papel, significa ter outro esquema todo diferente da perspectiva e da representação de mundo. O grande desafio de Guamán foi, então, registrar sua visão de mundo como mestiço cultural, fazendo-se compreender pelos ocidentais, mas deixando infiltrar sua cultura pré-colombiana, a qual nunca quis abandonar. O que você verá, então, é uma mescla de escrita com lâminas de desenhos, os quais representam o que a escrita não pôde fazê-lo ou infiltram a visão andina nas imposições culturais ocidentais. Por isso, os desenhos são muito importantes, e Guamán explica seu esquema à maneira andina no início da obra (Figura 5.2).

Figura 5.2 – Lâmina i

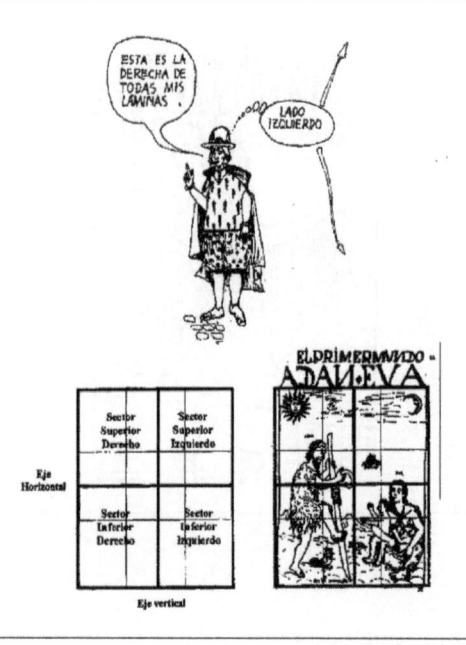

FONTE: Ayala, 1615.

Guamán explica que tudo o que está à sua direita, que é nossa esquerda, é superior em valor ao que está à sua esquerda (nossa direita). Igualmente, o que está acima é superior ao que está abaixo. Guarde essa orientação para comparar o que ele escreve com o que desenha.

Vamos começar pela *Nueva crónica* e conhecer a visão cristianizada de nosso cronista.

Figura 5.3 – L̂âmina 2

Dibujo 2. Santa Trinidad: la coronación de la Virgen María como Reina de los Cielos

2 [2]

/ INRI /[1]

[←] CORÓNICA

1 Como em tantas outras de suas composições pictóricas, Guamán Poma emprega aqui a iconografia da arte cristã com todos os seus detalhes convencionais: Pinta a Deus Pai em seu atavio pontifical, levando o nimbo triangular, símbolo da Trindade, e a tiara, uma mitra de três coroas, que é um símbolo exclusivo do Sumo Pontífice; a mão sobre a esfera indica o poder. Somente a pomba que representa o Espírito Santo não parece ser uma pomba de tipo convencional; por suas garras exageradas se assemelha mais ao waman (águia) andino que à ave europeia tradicional. Compare o desenho do waman no escudo de armas da capa da obra. (Ayala, 1615)

Como mencionado na própria nota da cópia da biblioteca da Dinamarca, a pomba que representa o Divino Espírito Santo foi desenhada por Guamán de acordo com a cultura andina, ou seja, trata-se de um condor, a ave símbolo dos incas, cuja importância está no fato de que representa a liberdade. Fica evidente a mestiçagem cultural de nosso cronista, que age de maneira um pouco subversiva ao infiltrar a cultura pré-colombiana em uma representação divina da cultura ocidental. Porém, não se trata de falta de respeito, pois veja que Jesus está no lado considerado superior, enquanto o Espírito Santo mestiço ocupa um lugar intermediário. De fato, é uma maneira de aceitar a nova fé sem deixar que sua subjetividade e suas tradições morram – uma verdadeira lição de autodeterminação e sabedoria para preservação de si e de seu povo.

> ### Para refletir
>
> Analise a próxima lâmina de Guamán Poma de Ayala, em comparação com o texto, e redija um parágrafo no qual discorra sobre sua mestiçagem cultural (destaque o que ele infiltrou da cultura andina).
>
> Transcrevemos o texto no original para que você veja como Guamán deixou uma explicação em sua língua nativa (quéchua). Observe também suas falhas em língua espanhola, já que não a dominava completamente.

Figura 5.4 – **Lâmina 3**

Desenho 320. Todos os índios hão de ter um relógio para ordenar seus dias de trabalho e oração.

853 [867]

RELOJO Q[VE] AN DE TENER I[NDI]OS

/ Doze ora, la una, descanse. / A de tener en todo el rreyno ora. / *Micuy pacha suc* ora. [La hora de comer, una hora.] / *Suc yanocuy*. [Una hora para cocinar.] [a] / *Samacuy, churi*. [Descansa, hijo.] / 7 ora*manta* ciru*inqui* 5 ora. [Desde las siete de la mañana, servirás por cinco horas.] / 12 ora*manta* 1 ora *samanqui*. [Desde las doce, descansarás por una hora.] / 5 ora *chici cama* siru*inqui*. [Desde las cinco hasta la noche, servirás.] / trabaja y rrelojo /

IN[DI]OS

/ *Mikhuy pacha suk* hora. / *Suk yanukuy*. / *Samakuy, churi*. / 7 hora*manta* servin*ki* 5 hora. / 12 hora*manta* 5 hora *samanki*. / 5 hora *ch'isi kama* servin*ki*, /

[a] *Huc yanuychica:* Una hora que es lo que se tarda un guisado en cozer, GH, p. 365. (Ayala, 1615)

Passando ao *Buen gobierno*, segunda parte, que se dedica à época colonial, vamos analisar lâminas e textos em cujas linhas há denúncias de maus-tratos aos indígenas tanto por parte de colonizadores e clérigos quanto por parte de andinos e mestiços. O interessante aqui é a honestidade de nosso cronista, que não pretende ocultar os erros de seu povo para vender uma imagem distorcida de que eles seriam apenas vítimas e os espanhóis os únicos vilões nessa história. Guamán Poma de Ayala sabe e admite, como todo aquele dotado de inteligência e virtude, que os vícios fazem parte do ser humano, o qual, se não é educado de maneira correta, deixa-se levar pelos baixos instintos. Em outras palavras, os vícios, a maldade, não são questão de raça, cultura, gênero, condição social, nacionalidade ou qualquer outro parâmetro, senão de educação e escolha pessoal.

Seguindo a linha da história, vejamos os primeiros fatos da conquista dos incas.

Figura 5.5 – **Lâmina 4**

368 [370]

PRIMER CONQVISTA DESTE REINO:

Y después, ciendo papa Bonefacio nono, niapolitano pontífise, y después se descubrió el camino de la mar en el año de 1493 años. Ciendo papa Alexandro sexto, español, enperador de Roma Maximiliano, rreyna de España doña Juana, se supo la Mar de Sur setecientas leguas a Paraguay a las Yndias. Y auido nueua en toda Castilla y Roma de cómo se auía hallado el Mundo Nuebo, que así lo llamaron los hombres antigos de Castilla.

Estaua esta tierra en más alto grado, así lo llamaron Yndias. Quiere dezir *tierra en el día*, como le pucieron el nombre *tierra en el día*, yndias, no porque se llamase los naturales yndios de yndias rrodearon yndios el qual esta tierra está en más alto que todo Castilla y las demás tierras del mundo. El primer bocablo fue el Mundo Nuebo; este título y uerdadero nombre tiene y se llama naturales. (Ayala, 1615, grifo nosso)

Caro leitor, releia o último parágrafo do texto ora transcrito, no qual se lê a expressão "tierra en el día" em destaque.

Guamán ressignifica o nome que os colonizadores davam à sua terra para destacar o valor de sua gente. Com seu conhecimento de latim, devido à sua educação com os jesuítas, nosso cronista diz que *Índias* significam "*in* día". Ele dá esse sentido ao nome por dois motivos: sua terra é iluminada, tanto por ser o reino do Sol quanto por ser elevada em seus valores; ademais, é atual, está em dia. Trata-se de um belo exemplo de transfiguração de fatos, muitos deles trágicos, em uma elevação de ânimo pela estética da linguagem.

O episódio mais conhecido da conquista do Peru está relatado por Guamán Poma na parte do *Buen gobierno*. Trata-se do "**Diálogo de Cajamarca**". O mal-entendido se relaciona com a ausência da prática da escrita dos incas. Os conquistadores, conscientes disso, armam uma estratégia contra o imperador Atahualpa, a qual resulta em seu cativeiro. Vejamos a narração de nosso cronista.

Figura 5.6 – **Lâmina 5**

385 [387]

CONQUISTA

Dom Francisco Pizarro e dom Diego de Almagro e frei Vicente da ordem do senhor São Francisco, como Atahuálpa Ynca desde os banhos se foi à cidade e corte de Caxamarca.

E chegado com sua majestade e cercado de seus capitães com muito mais gente dobrado de cem mil índios na cidade de Caxamarca, na praça pública no meio em seu trono e assento, degraus que tem, se assentou Atahuálpa Ynca.

E logo começou dom Francisco Pizarro e dom Diego de Almagro a lhe dizer, com o tradutor Felipe índio Guanca Bilca, lhe disse que era mensageiro e embaixador de um grande senhor e que fosse seu amigo que só para isso vinha. Responde o Ynca com uma majestade e disse que seria verdade que de tão distante terra vinham

> como mensageiros e então acreditava que o amigo era grande senhor, mas não tinha que fazer amizade, que também ele era grande senhor de seu reino.
>
> Depois desta resposta entra frei Vicente, levando na mão direita uma cruz e na esquerda a bíblia. E lhe diz a Atahualpa Ynca que também é embaixador e mensageiro de outro senhor, muito grande, amigo de Deus, e que ele fosse seu amigo e adorasse a cruz e acreditasse no evangelho de Deus e que não adorasse nada mais porque todo o resto era coisa de burla. Responde Atahualpa Ynca e diz que não tem que adorar ninguém senão ao Sol, que nunca more nem suas relíquias e deuses, também têm em sua lei, e que guardasse aqueles objetos.
>
> E perguntou o dito Ynca a frei Vicente quem lhe tinha dito sobre seu Deus. Responde frei Vicente que lhe havia dito o evangelho, o livro. E Atahualpa disse: "Dame-o para que o ouça." E assim o frei lhe entregou a bíblia em mãos. O Ynca começou a folhear as folhas do dito livro. E disse: "O quê? Por que para mim não diz nada? Nem me dirige palavra o dito livro!" Falando com grande majestade, assentado em seu trono, e lançou o dito livro de suas mãos o dito Ynca Atahuálpa.
>
> Como frei Vicente deu vozes e disse: "Aqui, cavaleiros, com estes índios gentis são contra nossa fé!" E dom Francisco Pizarro e dom Diego de Almagro por sua vez disseram: "Avancem, cavaleiros, contra estes infiéis que são contra nossa cristianidade e nosso imperador e rei
>
> / usnu / waqa / (Ayala, 1615)

Fatos históricos importantes são narrados nessa passagem. Em primeiro lugar, ocorrem as tentativas de negociação dos conquistadores Francisco Pizarro e Diego de Almagro:

E logo começou dom Francisco Pizarro e dom Diego de Almagro a lhe dizer, com o tradutor Felipe índio Guanca Bilca, lhe disse que era mensageiro e embaixador de um grande senhor e que fosse seu amigo que só para isso vinha. Responde o Ynca com uma majestade e disse que seria verdade que de tão distante terra vinham como mensageiros e então acreditava que o amigo era grande senhor, mas não tinha que fazer amizade, que também ele era grande senhor de seu reino. (Ayala, 1615)

Os conquistadores tentam dizer a Atahualpa que ele deve ser amigável com eles porque são representantes de um grande senhor (o rei da Espanha). Porém, o imperador dos incas demonstra que não é ingênuo e, ademais, se afirma com muito valor e até com um pouco de arrogância.

Fracassadas as tentativas diplomáticas pela política, entra o jesuíta para tentar impor a conquista sob os preceitos cristãos:

Depois desta resposta entra frei Vicente, levando na mão direita uma cruz e na esquerda a bíblia. E lhe diz a Atahualpa Ynca que também é embaixador e mensageiro de outro senhor, muito grande, amigo de Deus, e que ele fosse seu amigo e adorasse a cruz e acreditasse no evangelho de Deus e que não adorasse nada mais porque todo o resto era coisa de burla. (Ayala, 1615)

Frei Vicente Valverde fala que é representante de outro senhor muito grande – Deus –, e seu discurso é mais impositivo que o dos conquistadores porque rechaça as crenças dos andinos.

A resposta do imperador andino é muito bonita e importante por ser um exemplo de orgulho em relação às tradições de um povo: "Responde Atahualpa Ynca e diz que não tem que adorar ninguém senão ao Sol, que nunca more nem suas relíquias e deuses, também têm em sua lei, e que guardasse aqueles objetos" (Ayala, 1615).

O que acontece após esse diálogo – muito bem narrado por Guamán porque representa o movimento da tensão, que vai crescendo e já anuncia o fim trágico – é um mal-entendido decorrente da questão escrita × oralidade. Vejamos:

> E perguntou o dito Ynca a frei Vicente quem lhe tinha dito sobre seu Deus. Responde frei Vicente que lhe havia dito o evangelho, o livro. E Atahualpa disse: "Dame-o para que o ouça." E assim o frei lhe entregou a bíblia em mãos. O Ynca começou a folhear as folhas do dito livro. E disse: "O quê? Por que para mim não diz nada? Nem me dirige palavra o dito livro!" Falando com grande majestade, assentado em seu trono, e lançou o dito livro de suas mãos o dito Ynca Atahuálpa. (Ayala, 1615)

Estimado leitor, lembre-se de que os incas não conheciam o sistema de escrita ocidental. Quando Atahualpa pergunta ao frei quem lhe havia dito sobre Deus, ele se referia à fala (língua oral), com a voz. Assim, quando toma a Bíblia nas mãos, ele a leva aos ouvidos, acreditando que ela dizia as coisas ao frei e faria o mesmo com ele. Por isso o imperador se queixa ("Nem me dirige palavra o dito livro!!") para depois jogá-lo ao chão.

Desse mal-entendido decorrem o massacre dos incas e a prisão de Atahualpa.

> IMPORTANTE!
>
> Esse episódio, de suma relevância para compreender as diferenças culturais que aprofundaram os conflitos na colonização, foi muito bem analisado pelo intelectual peruano Antonio Cornejo Polar na obra *O condor voa: literatura e cultura latino-americanas*, publicada no Brasil pela editora da Universidade Federal de Minas Gerais (UFMG).

Passemos, agora, às denúncias de Guamán em relação aos maus-tratos e injustiças cometidos por gente ambiciosa e sem caráter e pertencente a ambos os lados dessa história de conquista. Em primeiro lugar, a denúncia recai sobre a Igreja.

Figura 5.7 – **Lâmina 6**

Desenho 227. O padre de doutrina ameaça a tecelã andina que trabalha por ordem sua.

564 [578]

Q[VE] HAZE TEGER ROpa por fuerza a las yndias, deciendo y amenazando questá amanzibada y le da de palos y no le paga[1].

/ dotrina /

P[adres]

[Tradução: Que faz tecer roupa por força às índias, dizendo e ameaçando esta amancebada e lhe dá pauladas e não lhe paga.]

[1] Compárese lo que dice al respecto el virrey Mendoza y Luna en su relación: "Es menester velar mucho desde luego en que todo género de gente haga buen tratamiento y paga a los indios de quien se siruen, castigando con vigor qualquier excesso. Eme uisto a ueces apretado cerca desto en las haciendas de algunas regiones y sobre pendencias que tenían con sus reinos los que las administrauan, que de ordinario suelen ser gente lecenciosa y sin las obligaciones de hábito aunque le visten como donados" [...]. (Ayala, 1615)

Há o reconhecimento de que a vilania também estava entre os andinos.

> Figura 5.8 – LÂMINA 7
>
> Desenho 327. Um joven andino viola o quarto mandamento do Senhor: "Morra, velho!" grita o filho. "Por Deus, não bata em teu pai!" responde o anciano.
>
> 874 [888]
>
> Q[VE] NO OBEDEZE A SV P[ADR]E: MANA yayayquita, mamayquita yupaychacoc. Yallinrac collcouan macanqui.
>
> [No has honrado a tu padre ni a tu madre. Por el contrario, lo golpeaste con un palo.]
>
> / "Uanoy, macho." ["Muere, viejo."] / "Diosrayco, ama macho yayayquita macauaycho. Justiciaman uillasac. Diosta manchay." ["Por Dios, no me golpees, a tu padre viejo. Voy a acusarte al justicia. Teme a Dios."] / soberbia /
>
> IN[DI]OS
>
> / Mana yayaykita, mamaykita yupaychakuq. Yallinraq k'ullkuwan maqanki. / Wañuy, machu. / Diosrayku, ama machu yayaykita maqawaychu. Justiciaman willasaq. Diosta manchay. / (Ayala, 1615)

Também ocorre a denúncia da ambição e violência dos corregedores.

Figura 5.9 – LÂMINA 8

Desenho 212. Um juiz, mandado por um administrador das minas reais, rouba um cacique principal.

529 [533]

Q[VE] LOS D[IC]HOS MINEROS enbían a jueses a que rrobe a los caciques prencipales y a los pobres yndios en su pueblo.

/ de las minas /

MINEROS

[Tradução: que os ditos mineiros enviam juízes para que roubem os caciques principais e os pobres índios em seu povoado das minas.] (Ayala, 1615)

Todavia, Guamán sabe reconhecer a bondade ainda quando não está em alguém de seu povo, o que mostra que sua intenção não é disseminar ódio por vingança, senão realmente atuar pelo bem de toda a comunidade e da humanidade.

Figura 5.10 – LÂMINA 9

Desenho 205. O corregedor Gregorio Lopes de Puga, grande letrado, servo de Deus e dos pobres

508 [512]

COREG[ID]OR, LICINCIADO Gregorio Lopes de Puga fue crístianícimo y gran letrado, amigo de Dios.

/ probincias /

COREGIMIENTO

[Tradução: Corregedor licenciado Gregorio Lopes de Puga foi cristianíssimo e grande letrado, amigo de Deus.] (Ayala, 1615)

cincopontoquatro
Ave sin pluma alada

Entramos agora no contexto colonial do século XVII e no Vice-Reino do México. Você vai conhecer a incrível Juana Inés de Asbaje y Ramírez (1651-1695), uma mulher apaixonada pelo conhecimento e pelas artes que por isso se tornou freira somente porque, como mulher comum na sociedade, sobretudo se se casasse, não poderia dedicar-se aos estudos e à criação artística. Por causa de sua entrada num convento, ela é mais conhecida como **Sor Juana Inés de la Cruz**, a maior artista da literatura hispano-americana do século XVII.

A genialidade de Sor Juana apareceu muito cedo, pois ela aprendeu a ler e a escrever com 3 anos de idade. Aos 14 foi escolhida por **Leonor Carreto**, esposa do **vice-rei Antonio Sebastián de Toledo**, para ser sua dama de companhia. Como passou a viver na Corte, rapidamente encantou a todos com sua erudição e suas criações artísticas.

Após o convívio na Corte, ela ingressou no convento em cujo claustro havia constantes saraus, pois Sor Juana sempre recebia visita dos muitos admiradores de seu talento. Como a vida no convento lhe proporcionou muito tempo e contemplação, justamente o que buscava, ela conseguiu se dedicar a muitos campos do conhecimento, como a astronomia, e pôde criar arte, desde música (composições e tratados musicais) a gêneros literários diversos, como poesia, teatro e *villancicos*[21].

---

[21] Canção popular, de assunto religioso, cantada no Natal, ou gênero de composição poética com estribilho.

Interessante notar que Sor Juana era tão apaixonada pelo conhecimento que seu claustro mais parecia uma verdadeira academia bem equipada com objetos de todas as áreas, pois lá havia telescópio, relógio solar, astrolábio e uma excelente biblioteca.

Um episódio bastante conhecido de sua vida é a polêmica que houve entre ela e o **bispo de Puebla, Manuel Fernández de la Cruz**. Tudo começou por causa de uma obra de Sor Juana intitulada *Carta Atenagórica*, em cujas linhas a freira critica o *Sermão do Mandato*, de um grande conhecido nosso, o jesuíta português **Antonio Vieira**. O bispo publicou, então, a *Carta de Sor Filotea de la Cruz*, uma resposta às críticas de Sor Juana, sob esse pseudônimo de Soror Filotea e na qual recomendava à freira que se dedicasse somente à vida do convento, e não mais às reflexões teológicas, atividade que, segundo ele, estava reservada somente aos homens. Sor Juana reagiu à carta com a *Resposta a Sor Filotea de la Cruz*, uma bela defesa de seu direito a se dedicar a atividades mais elevadas como o conhecimento e a erudição.

> **Importante!**
>
> Sobre o episódio de Sor Juana com o bispo de Puebla, Octavio Paz, intelectual, escritor e poeta, publicou um estudo indispensável para compreender toda a complexidade da genialidade de Sor Juana. O livro, publicado no Brasil com o título *Sor Juana Inés de la Cruz ou As armadilhas da fé*, já foi editado pela Mandarim, em 1998, e pela Ubu, em 2017.

A complexidade de Sor Juana está no fato de que ela convivia com a Corte e com nobres de nível intelectual elevado para o nível da colônia, sobretudo em comparação com a Europa, que já dava passos que culminariam no Iluminismo. Um grande amigo e interlocutor da freira foi Carlos de Sigüenza y Góngora, parente e admirador de Luis de Góngora, poeta do *Siglo de Oro* espanhol. Desse modo, ela tinha acesso à produção intelectual e artística da Europa, mas em condições rudimentares, pois estava sempre sob as ameaças da Inquisição. O diferencial de Sor Juana é que, como demonstra Octavio Paz na obra que dedica à freira, sua produção se inspira no *Siglo de Oro* espanhol, mas apresenta características próprias suas que sugerem um contato, ainda que mínimo e às vezes pouco preciso, com o que havia de novidade no continente europeu (Galileo, Kepler, Copérnico, Descartes).

Para que você conheça essas características tão interessantes, vejamos alguns poemas de Sor Juana. Vamos começar por um soneto que é comovente pela elegância na forma e pela emoção do conteúdo. Costuma-se classificá-lo como soneto de amor e discrição.

> *Em que satisfaz um receio com a retórica do pranto.*
>
> Esta tarde, meu bem, pois te falava
> e no teu rosto e nos teus atos via que com palavras não te persuadia,
> que o coração me visses desejava;
>
> e Amor, que meus intentos ajudava,
> venceu o que impossível parecia: pois entre o pranto meu, que a dor vertia,
> o coração desfeito destilava.

> Baste já de rigores, meu bem, baste;
> não te atormentem mais zelos malsãos,
> nem vil receio a calma te contraste
> com sombras néscias, com indícios vãos,
> que já em líquido humor viste e tocaste
> meu coração desfeito em tuas mãos. (Cruz, 2023)[22]

Veja, estimado leitor, como Sor Juana, como poeta, consegue calcular o poema. Ela cria um eu lírico que, apesar de falar de sentimentos e tentar seduzir o amado, calcula tudo racionalmente, a começar pelo texto que inicia o soneto, o qual admite que se trata de uma retórica do pranto, ou seja, o eu lírico chora para convencer ou comover o amado. O desafio que resta ao eu lírico é como modo provar a alguém a verdade de nossos sentimentos. Então, vem a inspiração de que se pode mostrar o coração pelo pranto. A imagem que a poeta Sor Juana cria é muito bonita: a dor produz o pranto, e este, por sua vez, desfaz o coração que destila pelas lágrimas.

Para os versos que são o desenlace em um soneto, isto é, as duas últimas estrofes, o eu lírico traz a solução: "Baste já de rigores, meu bem, baste; / não te atormentem mais zelos malsãos". Aqui se confessa que a discrição do eu lírico (rigores, zelos malsãos) estava impedindo que o amado reconhecesse seu sentimento ("nem vil receio a calma te contraste / com sombras néscias, com indícios vãos"). Assim, a retórica do pranto revela tudo de maneira derramada: "que já em líquido humor viste e tocaste / meu

---

[22] Versão original disponível em: <http://bibliotecadigital.ilce.edu.mx/sites/fondo2000/vol2/33/htm/sec_6.html>. Acesso em: 15 abr. 2023.

coração desfeito em tuas mãos". É uma beleza ao estilo barroco, inclusive por influência de Góngora, mas ao mesmo tempo com uma marca muito pessoal de Sor Juana e muito distinta de tudo o que havia então, sobretudo quando se consideram a época e o lugar em que viveu a freira.

> ## Para refletir
>
> Reflita sobre a biografia de Sor Juana, sobre seu estilo clássico e ao mesmo tempo pessoal, bem como sobre a análise de seu poema, e responda: Por que a imagem de um verso seu ("ave sin pluma alada"), escolhida como título desta seção, a representa?

Agora, vamos analisar um poema de tema filosófico.

Queixa-se da sorte: insinua sua aversão aos vícios, e justifica seu divertimento às Musas

A perseguir-me, mundo, que tanto prezas?
Em que te ofendo, se meu só intento
é por belezas no meu entendimento
e não meu entendimento nas belezas?
[...]
(Soror..., 2019)

Temos de observar que *mundo* está escrito com maiúscula, ou seja, refere-se às coisas mundanas, o que se confirma pelo texto de introdução "insinua sua aversão aos vícios". Aparece no poema, então, o jogo entre beleza e entendimento para que o eu lírico explique sua escolha de vida: estimular o intelecto ética e esteticamente, e não capturar os encantos naturais e humanos pelo entendimento. Trata-se de um dilema filosófico diante do qual o eu lírico se posiciona: rechaça a concepção racionalista que crê que o homem pode domesticar a natureza e a sensibilidade por meio da razão.

Na segunda estrofe[23], o tema já são os bens materiais, os quais o eu lírico também rechaça porque prefere as riquezas do conhecimento, ou seja, quer investir sua dedicação nos estudos, e não na vida material.

A terceira estrofe trata de um tema muito comum na arte barroca, que é a brevidade da vida, representada pela finitude da beleza, porém os versos não são cópia de um estilo, como costumava ocorrer no período. No caso de Sor Juana, a poeta diz a mesma coisa, mas com a particularidade de seu estilo: "Eu não estimo formosura que vencida / é o despojo vulgar pelas idades".

Outro tema barroco – o *carpe diem* – aparece na última estrofe muito à maneira de Sor Juana: "pois melhor é em minhas verdades / consumir vaidades nessa vida / que consumir a vida nas vaidades". Se na tradição barroca o *carpe diem* é um convite para desfrutar ao máximo os prazeres, para o eu lírico da freira é mais um motivo para aproveitar o tempo com os estudos, pois os vícios consomem a vida.

> ## Indicações culturais
>
> 1. Você conhece a série *As aventuras de Tintim*, de Hergé? Pois há um álbum dedicado à cultura inca, intitulado "O Templo do

---

[23] Poema completo disponível em: <http://culturafm.cmais.com.br/radiometropolis/lavra/soror-juana-ines-de-la-cruz-queixa-se-da-sorte>. Acesso em: 15 abr. 2023.

Sol", cujos desenhos foram inspirados nas lâminas de Guamán Poma de Ayala. Se você quiser ler, pode comprá-lo no Brasil. Se quiser conhecer a história, a versão animada está disponível nos *links* indicados a seguir.

TINTIM – Episódio 31 – O Templo do Sol (Parte 1). 19 jan. 2017. Disponível em: <https://www.youtube.com/watch?v=eFHtwY6tyQ0>. Acesso em: 15 abr. 2023

TINTIM – Episódio 31 – O Templo do Sol (Parte 2). 19 jan. 2017. Disponível em: <https://www.youtube.com/watch?v=keW7vLTFu14>. Acesso em: 15 abr. 2023..

2. Quando você for a Santiago do Chile, não deixe de visitar o Cerro Santa Lucía, pois se trata do lugar onde o conquistador Pedro de Valdivia, presente na obra *La Aracuana*, construiu um forte de resistência na Guerra do Arauco. A partir desse monte, fundou-se a cidade de Santiago. Antes da chegada dos espanhóis, o monte estava ocupado pelos mapuches, os quais o chamavam *Huelén*, termo cujo significado é "dor". Atualmente, o monte é um ponto turístico belíssimo, com vários atrativos e muitos mirantes com vistas fantásticas da cidade e da Cordilheira dos Andes. Em um ponto, há uma homenagem a um dos caciques mapuches que também aparece na obra citada: Caupolicán.

3. Sobre Sor Juana Inés de la Cruz, cabe destacar que seu claustro transformado em academia era tão admirado que chegou a ser retratado em pintura. Procure na internet pelo quadro *Retrato de Sor Juana Inés de la Cruz*, de Miguel Cabrea (1750).

Síntese

Neste capítulo, apresentamos três nomes muito importantes da literatura colonial hispano-americana, ainda que um, Alonso de Ercilla, seja espanhol. No caso de sua obra, *La Aracuana*, é importante considerar que se trata de uma épica cujos homenageados são os mapuches chilenos, os quais conquistaram o respeito e a admiração do poeta e soldado por sua coragem e pela organização de sua comunidade.

O tema principal de abordagem das três obras estudadas foi a transfiguração da dor do trágico em visão estética, inspirado na epígrafe deste livro e definido pelo intelectual, escritor e poeta mexicano Octavio Paz.

No caso de Ercilla, inspiramo-nos em duas imagens criadas por ele: o Estreito de Magalhães, o qual representa bem o encontro conflituoso entre conquistadores e pré-colombianos, os quais entram em batalha, mas ao mesmo tempo se mesclam culturalmente; e o povo granada, representação da coragem e da união dos mapuches.

Com relação a Guamán Poma de Ayala, destacamos sua imensa capacidade de resiliência por se compreender como um escultor de si mesmo. Nosso cronista inca, cristão convertido, aceita a cultura e a fé que lhe são impostas, mas sabe selecionar o que faz sentido para ele e infiltra sua cultura nativa em tudo o que mantém para si. Ademais, como sincero humanista que se forma, o cronista faz denúncias dos maus-tratos e abusos cometidos pelos homens na colônia, porém não oculta a parte dos andinos e mestiços porque sabe e não quer dissimular que problemas de caráter não pertencem a uma raça, nacionalidade, condição social ou outra categoria, senão a qualquer ser humano sem educação do espírito.

    A respeito da genial Sor Juana Inés de la Cruz, vimos sua imensa capacidade de transfiguração, inclusive através de si mesma, pois a mulher que quis se dedicar ao conhecimento e às artes teve de se tornar freira só para ter autorização para tal. Essa escultora de si mesma encantou a Corte do Vice-Reino do México e, quando se tornou freira, transformou seu claustro em uma academia muito bem equipada com ciência e artes. Sua genialidade lhe permitiu produzir vários gêneros literários, como poesia, teatro e *villancicos*. Seu estilo, inspirado na tradição barroca, brilha pela particularidade de sua engenhosidade própria. Apesar de ser mulher e de, por isso, ser impedida de exercer atividades intelectuais, sua força e determinação permitiram que se tornasse a mais importante escritora das letras hispano-americanas do século XVII.

Atividades de autoavaliação

1. Analise a seguinte lâmina de Guamán Poma de Ayala e assinale a alternativa correta:

Figura A – **Lâmina 10**

Dibujo 16. Pontifical mundo: Las Indias del Perú y el reino de Castilla

42 [42]

MVNDO

/ las Yndias del Pirú en lo alto de España / Cuzco / Castilla en lo auajo de las Yndias / Castilla /

[←] PONTIFICAL (Ayala, 1615)

a. A representação de Castilla com desenhos maiores demonstra sua superioridade para o cronista.
b. O tamanho do reino de Castilla está representado em desproporção para demonstrar opressão.
c. Guamán usa o termo *pontifical*, mas o desconstrói em seu desenho por falta de harmonia.
d. A diferença de tamanho entre as casas dos dois mundos é para mostrar que os incas respeitam mais a natureza.
e. O sol está em posição totalmente inferior porque, como cristão, Guamán o rechaça como deus.

2. Analise a seguinte estrofe de *La Araucana* e assinale a alternativa **incorreta**:

> De diez y seis caciques y señores
> es el soberbio estado poseído,
> en militar estudio los mejores
> que de bárbaras madres han nacido:
> reparo de su patria y defensores,
> ninguno en el gobierno preferido;
> otros caciques hay, mas por valientes
> son éstos en mandar los preeminentes. (Ercilla, 2023)

a. O número de caciques demonstra que os mapuches não se deixam dominar por alguém com poder centralizado.
b. Ercilla observa os caciques e descobre a inexistência entre eles de alguns que não sejam valentes.
c. As mulheres são valorizadas pelos mapuches, já que eles escolhem como guerreiros os filhos das valentes.

- d. A formação dos defensores dos mapuches é feita por estratégia, e não ao acaso.
- e. Cada cacique tem sua função e seu valor no governo dos mapuches porque não há preferido.

3. Analise o "Soneto VIII", de Sor Juana Inés de la Cruz, disponível no link a seguir, e assinale a alternativa **incorreta**:

    CRUZ, S. J. I. de la. In: MIRANDA, A. **Poesías de íbero-américa**. Sor Juana Inés de la Cruz. Tradução de Antonio de Miranda. Disponível em: <http://www.antoniomiranda.com.br/iberoamerica/mexico/sor_juana_cruz.html>. Acesso em: 15 abr. 2023.

    - a. Na primeira estrofe, o eu lírico se indigna porque seu interlocutor se permite perder a razão por ciúme.
    - b. A razão do ciúme de Alcino é que Célia, seu amor, não o quer mais e vai deixá-lo.
    - c. Na penúltima estrofe, o eu lírico pondera que há que saber garantir um amor ainda que este seja temporário.
    - d. O eu lírico desaprova que Alcino culpe o Amor porque este nunca garantiu a posse de seu bem.
    - e. Na última estrofe, o eu lírico pondera que Fortuna e Amor são para usar, e não para possuir.

4. Analise as estrofes a seguir, extraídas de *La Araucana*, e indique V para as afirmativas verdadeiras e F para as falsas.

    En lo que usan los niños, en teniendo
    habilidad y fuerza provechosa,
    es que un trecho seguido han de ir corriendo
    por una áspera cuesta pedregosa;

y al puesto y fin del curso revolviendo
le dan al vencedor alguna cosa:
vienen a ser tan sueltos y alentados
que alcanzan por aliento los venados.

Y desde la niñez al ejercicio
los apremian por fuerza y los incitan,
y en el bélico estudio y duro oficio,
entrando en más edad, los ejercitan:
si alguno de flaqueza da un indicio,
del uso militar lo inhabilitan;
y al que sale en las armas señalado
conforme a su valor le dan el grado. (Ercilla, 2023)

( ) Os meninos precisam ter habilidade para a guerra e, por isso, praticam exercícios difíceis.
( ) Ercilla observa os exercícios com que os mapuches preparam os meninos para serem guerreiros.
( ) Os treinos são tão eficazes que os meninos têm resistência como a dos veados.
( ) Os meninos que se mostram frágeis para o ofício militar recebem algum tipo de castigo.
( ) Da observação de Ercilla, nota-se que os guerreiros mapuches já nascem preparados para tal.

Agora, assinale a alternativa que apresenta a sequência correta:

a. F, V, V, F, F.
b. F, V, F, F, V.
c. V, F, F, V, F.
d. F, V, F, F, F.
e. V, V, V, V, F.

5. Sobre o proceso de transfiguração de fatos trágicos em estética, indique V para as afirmativas verdadeiras e F para as falsas.

( ) As infiltrações da cultura andina nas lâminas de Guamán Poma de Ayala são uma ressignificação e apropriação da cultura que lhe impuseram.

( ) A observação de Alonso de Ercilla sobre o fato de que os mapuches não se deixam dominar por um rei é uma reflexão sobre sua relação com a Coroa espanhola.

( ) A marca pessoal de Sor Juana na tradição do barroco é sua maneira de deixar a constância da memória de seu amor pelo conhecimento e pelas artes.

( ) Guamán Poma de Ayala transfigura o trágico da violência colonial denunciando-a em sua crônica para culpar a Espanha.

( ) Alonso de Ercilla homenageia os mapuches com uma épica também para mostrar os erros cometidos pelos espanhóis.

Agora, assinale a alternativa que apresenta a sequência correta:

a. V, V, F, V, F.
b. V, V, V, F, F.
c. F, F, V, F, V.
d. V, V, F, V, V.
e. F, F, V, V, F.

Atividades de aprendizagem

Questões para reflexão

1. Analise as estrofes a seguir, extraídas do último canto de *La Araucana*. Ercilla reflete sobre a missão de seguir escrevendo sobre a guerra depois de ter passado por tantos horrores.

> Quíselo aquí dejar, considerado
> ser escritura larga y trabajosa,
> por ir a la verdad tan arrimado
> y haber de tratar siempre de una cosa;
> que no hay tan dulce estilo y delicado,
> ni pluma tan cortada y sonorosa,
> que en un largo discurso no se estrague,
> ni gusto que un manjar no le empalague[24].

> Que si a mi discreción dado me fuera
> salir al campo y escoger las flores,
> quizá el cansado gusto removiera
> la usada variedad de los sabores:
> pues como otros han hecho, yo pudiera
> entretejer mil fábulas y amores;
> mas, ya que tan adentro estoy metido,
> habré de proseguir lo prometido. (Ercilla, 2023)

Considerando que Ercilla tem de estar encostado à verdade dos fatos, que tem de tratar sempre da mesma coisa (a guerra) e de uma mesma maneira (justa medida), ele reflete sobre a espécie de transfiguração que lhe é possível fazer. Escreva um parágrafo no

---

24 *Empalagar* é traduzido como "enjoar".

qual você esclareça que reflexão Ercilla faz nessa segunda estrofe. Para ajudá-lo, pense na questão posta nas primeiras estrofes da obra. Há possibilidade de amor na guerra?

2. Reflita sobre a vida e a obra de Guamán Poma de Ayala e redija um parágrafo no qual discorra sobre o fato de que ele se formou um humanista exemplar.

Atividade aplicada: prática

1. Nossa contemporaneidade tem uma indígena que, assim como Guamán Poma de Ayala, teve de aprender a língua espanhola para deixar testemunho sobre seu povo e sobre os abusos que tiranos de uma ditadura cometeram contra sua gente. Ela se chama Rigoberta Menchú, é guatemalteca e foi agraciada com o Nobel da Paz em 1992. Pesquise sobre sua vida e seu livro, intitulado *Me llamo Rigoberta Menchú y así me nació la conciencia*, e redija sua biografia.

{

um ¡Tant' amáre! ¡Campeador! – Baixa Idade Média I

dois Santa Maria Strela do Dia. Reyna de los cyelos, madre del pan de trigo – Baixa Idade Média II

três Nascido no rio: o pícaro no reino católico de Carlos I

quatro Na noite escura. A flecha *enherbolada* de amor. A mística no reino de Felipe II

cinco Un pueblo granada. Una gente *in* día. Ave sin pluma alada. A transfiguração da colônia

seis Num lugar de la Mancha, de cujo nome não quero me lembrar... Dom Quixote

sete Era do ano a estação florida. Pó serão, mas pó apaixonado

{

❧ PROVAVELMENTE, ESTE É o capítulo cujo assunto você mais conhece. Do complexo romance *D. Quixote de La Mancha*, de Miguel de Cervantes, vamos estudar o prólogo e refletir inclusive sobre temas de teoria da literatura. Dos muitos capítulos selecionados, discutiremos temas como o riso e o drama, a sabedoria popular e a erudição, o imaginário e as referências da realidade, a liberdade e os limites das vontades pessoais, entre outros. Sobre a primeira frase do narrador, escolhida para compor o título do capítulo, vamos propor um longo exercício de análise, mas já vale a pena pensar que se trata do narrador, ou seja, de quem vai contar a história, e que é ele quem escolhe o que quer recordar: o nome real ou outro?

seispontoum
O prólogo do padrasto

Agora você vai estudar a obra que inaugura o romance moderno. Já sabemos e não vamos negar: uma das obras mais relevantes de toda a literatura universal e a mais importante do mundo hispânico. A magnitude é tanta que é impossível tratar em um livro apenas tudo o que se considera indispensável sobre ela. Imagine, então, em um capítulo. Nesse sentido, nossa decisão foi selecionar os temas mais necessários do prólogo, texto fabuloso por sua engenhosidade, e analisar alguns capítulos em cujas linhas estão episódios famosos ou muito relevantes para a discussão dos assuntos determinantes dessa narrativa.

Primeiramente, gostaríamos de ressaltar que um, dois semestres ou talvez toda uma graduação não seriam suficientes para discutir tudo o que essa obra de Cervantes oferece. Logo, nosso conselho é que você receba o aprendizado que terá neste capítulo como estímulo para se aprofundar mais no conhecimento por meio de pesquisas e de leituras e releituras dessa narrativa cuja contemplação é bastante prazerosa.

Começando pelo prólogo, vamos abordar os seguintes temas:

- o tratamento por vocativo dado ao leitor;
- o escritor como padrasto;
- a retórica da humildade;
- o uso de *latinicos*;
- Quixote e Sancho.

Sobre o tratamento dispensado ao leitor, vejamos como Cervantes inicia o prólogo:

> DESOCUPADO LEITOR: Não preciso de prestar aqui um juramento para que creias que com toda a minha vontade quisera que este livro, como filho do entendimento, fosse o mais formoso, o mais galhardo, e discreto que se pudesse imaginar [...]. (Cervantes, 2005)

Para nós, atualmente, parece um insulto, não é verdade? Mas não é assim. Lembre-se, como vimos no capítulo sobre Lazarillo de Tormes, que naquela época ter de trabalhar para viver era indigno. Um dos motivos disso era que o trabalho impedia o tempo necessário para o sossego e a contemplação, tão indispensáveis para a erudição. O homem desocupado era o aristocrata de gosto elevado, que podia e queria se dedicar a ler e a cultivar o espírito. Uma vez mais, estimado leitor, e agora meu descupado leitor, estamos lidando com o ideal do homem humanista.

O que segue após essa apresentação é uma ironia em relação às regras dos prólogos nos quais o escritor tinha de demonstrar sua erudição, mas com a retórica da humildade diante do rei. Aqui, vamos recordar o discurso de Alonso de Ercilla em *La Aracuana*, quando o poeta, amigo íntimo do rei Felipe II, teve de pedir reconhecimento à sua obra para publicá-la. Ao mesmo tempo que o poeta tinha de dizer que havia mérito na obra, também precisava se rebaixar diante do rei porque não podia parecer mais elevado que o monarca. Vejamos o que Cervantes faz com toda essa tradição:

que podia portanto o meu engenho, estéril e mal cultivado, produzir neste mundo, senão a história de um filho magro, seco e enrugado, caprichoso e cheio de pensamentos vários, e nunca imaginados de outra alguma pessoa? Bem como quem foi gerado em um cárcere onde toda a incomodidade tem seu assento, e onde todo o triste ruído faz a sua habitação! O descanso, o lugar aprazível, a amenidade dos campos, a serenidade dos céus, o murmurar das fontes, e a tranquilidade do espírito entram sempre em grande parte, quando as musas estéreis se mostram fecundas, e oferecem ao mundo partos, que o enchem de admiração e de contentamento.

Acontece muitas vezes ter um pai um filho feio e extremamente desengraçado, mas o amor paternal lhe põe uma peneira nos olhos para que não veja estas enormidades, antes as julga como discrições e lindezas, e está sempre a contá-las aos seus amigos, como agudezas e donaires.

Porém eu, que, ainda que pareço pai, não sou contudo senão padrasto de D. Quixote, não quero deixar-me ir com a corrente do uso, nem pedir-te, quase com as lágrimas nos olhos, como por aí fazem muitos, que tu, leitor caríssimo, me perdoes ou desculpes as faltas que encontrares e descobrires neste meu filho; e porque não és seu parente nem seu amigo, e tens a tua alma no teu corpo, e a tua liberdade de julgar muito à larga e a teu gosto, e estás em tua casa, onde és senhor dela como el-rei das suas alcavalas, e sabes o que comumente se diz que debaixo do meu manto ao rei mato (o que tudo te isenta de todo o respeito e obrigação) podes do mesmo modo dizer desta história tudo quanto te lembrar sem teres medo de que te caluniem pelo mal, nem te premeiem pelo bem que dela disseres. (Cervantes, 2005, grifo nosso)

Ao contrário de Ercilla e de toda a tradição, Cervantes não usa uma retórica vacilante entre diminuir o próprio talento e, ao mesmo tempo, insinuá-lo. Diferentemente, diz-se estéril de engenhosidade e conclui que por isso só pôde criar um personagem seco, enrugado e inconstante. O escritor segue desatendendo deliberadamente à tradição ao enfatizar que não conhece o leitor, o qual é a autoridade que decide se vai publicá-lo ("não és seu parente nem seu amigo"), e que não vai implorar que este perdoe as faltas de sua má escrita: "não quero deixar-me ir com a corrente do uso, nem pedir-te, quase com as lágrimas nos olhos, como por aí fazem muitos, que tu, leitor caríssimo, me perdoes ou desculpes as faltas que encontrares e descobrires neste meu filho". Trata-se de um texto muito irreverente, sem lugar para dúvidas.

Igualmente irreverente e ainda inovador é quando o escritor lança a ironia de se dizer padrasto de Quixote e não pai. Depois de dizer isso, comenta sobre o livre-arbítrio de seu leitor avaliador para reconhecer o valor da obra ou não.

> ## Preste atenção!
>
> Cervantes está fazendo um jogo teórico-crítico muito antecipado com relação à teoria literária. Ao mesmo tempo que esse leitor é seu avaliador, é também o grupo de leitores que vão apreciá-lo. Considerando isso, o escritor já estava fazendo uma reflexão como "a morte do autor", ou seja, estava renunciando à sua autoridade sobre o sentido e a interpretação da narrativa.

Como dissimula não ter erudição, nosso escritor irônico vai dizer que não tinha como demonstrar cultivo de espírito, obrigação tradicional nos prólogos até então. Isso se demonstrava criando ou citando sonetos clássicos, assim como pensamentos e filósofos reconhecidos. Cervantes diz que não tem conhecimento para tal e que desistiria de publicar sua história, quando um amigo lhe deu uma ideia. Vejamos como o escritor relata tudo isso e que ideia o amigo lhe dá:

> O que eu somente muito desejava era dar-ta mondada e despida, sem os ornatos de prólogo nem do inumerável catálogo dos costumados sonetos, epigramas, e elogios, que no princípio dos livros por aí é uso pôr-se; pois não tenho remédio senão dizer-te que, apesar de me haver custado algum trabalho a composição desta história, foi contudo o maior de todos fazer esta prefação, que vais agora lendo. Muitas vezes peguei na pena para escrevê-la, e muitas a tornei a largar por não saber o que escreveria; e estando em uma das ditas vezes suspenso, com o papel diante de mim, a pena engastada na orelha, o cotovelo sobre a banca, e a mão debaixo do queixo, pensando no que diria, entrou por acaso um meu amigo, homem bem entendido, e espirituoso, o qual, vendo-me tão imaginativo, me perguntou a causa, e eu, não lha encobrindo, lhe disse que estava pensando no prólogo que havia de fazer para a história do D. Quixote, [...] Porque como quereis vós que me não encha de confusão o antigo legislador, chamado Vulgo, quando ele vir [...] uma legenda seca como as palhas, falta de invenção, minguada de estilo, pobre de conceitos, e alheia a toda a erudição e doutrina, sem notas às margens, nem comentários no fim do livro, como vejo que estão por aí muitos outros livros (ainda que sejam fabulosos e profanos) tão cheios de sentenças de Aristóteles, de

Platão, e de toda a caterva de filósofos que levam a admiração ao ânimo dos leitores, e fazem que estes julguem os autores dos tais livros como homens lidos, eruditos, e eloquentes? Pois que, quando citam a Divina Escritura, se dirá que são uns Santos Tomases, e outros doutores da Igreja [...].

De tudo isto há-de carecer o meu livro, porque nem tenho que notar nele à margem, nem que comentar no fim, e ainda menos sei os autores que sigo nele para pô-los em um catálogo pelas letras do alfabeto, como se usa [...].

Também há-de o meu livro carecer de sonetos no princípio, pelo menos de sonetos cujos autores sejam duques, marqueses, condes, bispos, damas, ou poetas celebérrimos, bem que se eu os pedisse a dois ou três amigos meus que entendem da matéria, sei que mos dariam tais, que não os igualassem os daqueles que têm mais nome na nossa Espanha. Enfim, meu bom e querido amigo, [...] eu me sinto incapaz de remediá-las em razão das minhas poucas letras e natural insuficiência, e, ainda de mais a mais, porque sou muito preguiçoso e custa-me muito a andar procurando autores que me digam aquilo que eu muito bem me sei dizer sem eles. [...] (Cervantes, 2005, grifo nosso)

O escritor faz piada, dizendo que queria poder publicar a obra sem prólogo, já que não consegue escrevê-lo a contento: "O que eu somente muito desejava era dar-ta mondada e despida, sem os ornatos de prólogo nem do inumerável catálogo dos costumados sonetos, epigramas, e elogios, que no princípio dos livros por aí é uso pôr-se".

Então, ele menciona os aspectos de um prólogo elevado; em alguns deles, só de olhar para o livro já se pode notar essa qualidade, porque o escritor culto adiciona notas explicativas para desfilar sua erudição (fica evidente a burla de Cervantes em relação a essa tradição): "sem notas às margens, nem comentários no fim do livro".

Em face da suposta ausência de conhecimento do escritor, o amigo lhe dá a ideia de engenhosidade:

> "O reparo que fazeis sobre os tais sonetos, epigramas e elogios que faltam para o princípio do vosso livro, e que sejam de personagens graves e de Título, se pode remediar, uma vez que vós mesmo queirais ter o trabalho de os compor, e depois batizá-los, pondo-lhes o nome da pessoa que for mais do vosso agrado, podendo mesmo atribuí-los ao Prestes João das Índias, ou ao imperador de Trapizonda, dos quais eu por notícias certas sei que foram famosos poetas; [...]

> "Enquanto ao negócio de citar nas margens do livro os nomes dos autores, dos quais vos aproveitardes para inserirdes na vossa história os seus ditos e sentenças, não tendes mais que arranjar-vos de maneira que venham a ponto algumas dessas sentenças, as quais vós saibais de memória, ou pelo menos que vos dê o procurá-las muito pouco trabalho, como será, tratando por exemplo de liberdade e escravidão:

> Non bene pro toto libertas venditur auro.

[...]

Se da amizade e amor que Deus manda ter para com os inimigos, entrai-vos logo sem demora pela Escritura Divina, o que podeis fazer com uma pouca de curiosidade, e dizer depois as palavras pelo menos do próprio Deus: Ego autem dico vobis: Diligite inimicos vostros. [...] se da instabilidade dos amigos, aí está Catão que vos dará o seu dístico:

    Donec eris felix, multos numerabis amicos,

      Tempora si fuerint nubila, solus eris.

Com estes latins, e com outros que tais, vos terão, sequer por gramático, que já o sê-lo não é pouco honroso, e às vezes também proveitoso nos tempos de agora.

"Pelo que toca a fazer anotações ou comentários no fim do livro, podeis fazê-los com segurança da maneira seguinte: Se nomeardes no vosso livro algum gigante, não vos esqueçais de que este seja o gigante Golias, e somente com este nome, que vos custará muito pouco a escrever, tendes já um grande comentário a fazer, porque podeis dizer, pouco mais ou menos, isto: "O gigante Golias, ou Goliath, foi um Filisteu, a quem o pastor David matou com uma grande pedrada que lhe deu no vale de Terebinto, segundo se conta no livro dos Reis, no capítulo onde achardes que esta história se acha escrita". [...] (Cervantes, 2005)

A ironia de Cervantes com o pedantismo dos prólogos é muito refinada. Seu amigo o aconselha a inventar sonetos e seus poetas (ou seja, difícil não é criar, e sim desfilar erudição). Mas o mais interessante de sua crítica está nas citações em latim. Aqui, há que se considerar que a língua romance, no caso o castelhano, já estava legitimada, porém isso decorreu da vulgarização do latim. Em outras palavras, se em algum tempo anterior saber citações em latim era sinal de muita erudição, agora já não era. Muitas frases já tinham se convertido em sabedoria popular. Isso em muito se assemelha aos casos de citações de escritores e pensadores compartilhadas nas redes sociais, certo? Ou seja, Cervantes insinua que muitos escritores que se passavam por eruditos, na verdade, só repetiam frases feitas, sem jamais ter lido e refletido profundamente sobre o pensamento dos citados.

Depois de fazer essas confissões, o escritor, que, claro está, veste-se de personagem, fala de Quixote e, sobretudo, de Sancho Pança:

> Com grande silêncio estive eu escutando o que o meu amigo me dizia, e com tal força se imprimiram em mim as suas razões, que sem mais discussão alguma as aprovei por boas, e delas mesmas quis compor este prólogo: aqui verás, leitor suave, a discrição do meu amigo, a minha boa ventura de encontrar um tal conselheiro em tempo de tão apertada necessidade, e a tua consolação em poderes ler a história tão sincera e tão verdadeira do famoso D. Quixote de la Mancha, do qual a opinião mais geral dos habitantes do Campo de Montiel é haver sido o mais casto enamorado, e o mais valente cavaleiro que desde muitos anos a esta parte apareceu por aqueles sítios. Não quero encarecer-te o serviço que te presto em dar-te a conhecer tão honrado e notável cavaleiro; mas sempre quero que me agradeças o conhecimento que virás a

ter do grande Sancho Pança, seu escudeiro, no qual, segundo o meu parecer, te dou enfeixadas todas as graças escudeirais que pela caterva dos livros ocos de cavalarias se encontram espalhadas e dispersas. E com isto Deus te dê saúde, e se não esqueça de mim. (Cervantes, 2005, grifo nosso)

Assim como vimos em Lazarillo, até então não era comum que as obras elevadas tratassem de temas da gente comum. No entanto, depois da picaresca, e com a valorização que o barroco conquistou para as cenas cotidianas, a sabedoria popular e o mundo humilde ganharam prestígio. Aqui, Cervantes reconhece o valor de Quixote, mas à tradição já estabelecida da épica e das novelas de cavalaria adiciona a comédia, a cultura popular, inspirado nos pícaros, tudo representado na figura de Sancho Pança.

Por último, em uma pequena mas grandiosa frase, o escritor provoca uma reflexão sobre o sentido que sustenta a atividade da escrita literária, ou seja, ele espera que Deus não o esqueça. Todo artista deseja deixar a constância de sua memória.

Para refletir

Volte à seção dedicada à obra *La Araucana* e analise as estrofes em que Alonso de Ercilla pede ao rei que considere o valor de sua obra. Em seguida, compare as retóricas do poeta e de Cervantes e redija um parágrafo em que você discorra sobre as diferenças e as semelhanças identificadas.

seispontodois
Num lugar de la Mancha, de cujo nome não quero me lembrar

Vamos começar com uma análise da primeira frase do narrador e, para tanto, vamos pensá-la dentro do parágrafo em que está:

> Capítulo I
>
> Que trata da condição e exercício do famoso fidalgo D. Quixote de La Mancha.
>
> **NUM** lugar da Mancha, de cujo nome não quero lembrar-me, vivia, não há muito, um fidalgo, dos de lança em cabido, adarga antiga, rocim fraco, e galgo corredor.
>
> Passadio, olha seu tanto mais de vaca do que de carneiro, as mais das ceias restos da carne picados com sua cebola e vinagre, aos sábados outros sobejos ainda somenos, lentilhas às sextas-feiras, algum pombito de crescença aos domingos, consumiam três quartos do seu haver. [...]
>
> Tinha em casa uma ama que passava dos quarenta, uma sobrinha que não chegava aos vinte, e um moço da poisada e de porta a fora, tanto para o trato do rocim, como para o da fazenda.
>
> Orçava na idade o nosso fidalgo pelos cinquenta anos. Era rijo de compleição, seco de carnes, enxuto de rosto, madrugador, e amigo da caça.

> Querem dizer que tinha o sobrenome de Quijada ou Quesada (que nisto discrepam algum tanto os autores que tratam da matéria), ainda que por conjecturas verossímeis se deixa entender que se chamava Quijana. Isto porém pouco faz para a nossa história; basta que, no que tivermos de contar, não nos desviemos da verdade nem um til. (Cervantes, 2005, grifo nosso)

Veja, querido leitor! É o início da narrativa, e o narrador, ou seja, o responsável por nos contar a história, aquele que quer nos contar, revela que não faz questão de recordar o nome do lugar onde o fidalgo morava. Isso não pode passar despercebido pelo bom leitor. Outra aparente displicência está no fato de que o narrador não se importa muito em saber com exatidão o sobrenome do senhor: "Querem dizer que tinha o sobrenome de Quijada ou Quesada (que nisto discrepam algum tanto os autores que tratam da matéria), ainda que por conjecturas verossímeis se deixa entender que se chamava Quijana. Isto porém pouco faz para a nossa história".

Você já sabe por que o narrador é displicente com essas informações? Examinar melhor a última frase – "Isto porém pouco faz para a nossa história" – pode ajudá-lo?

Na narrativa, temos dois personagens em um só: um que na narrativa vive a vida real, o fidalgo, e outro que ele decide inventar para si, o cavaleiro andante. Qual deles vivia em uma fazenda em um lugar de La Mancha? Qual se chamava Alonso Quesada ou Quijana? O fidalgo da vida real, certo? Mas o narrador quer contar a história de qual dos dois?

Pois é disso que se trata: os dados do fidalgo não interessam ao narrador porque a história que ele vai contar é a do cavaleiro no qual tal senhor se transformou. Essa é a história de um fidalgo de vida tão pacata que gastava seu tempo com leituras de romances de cavalaria. De tanto fazer isso, só as leituras deixaram de bastar, então ele decide se tornar cavaleiro andante e viver todas as aventuras que lia. O fidalgo quis trocar sua vida real pelas fictícias que via nos livros:

> Em suma, tanto naquelas leituras se enfrascou, que as noites se lhe passavam a ler desde o sol posto até à alvorada, e os dias, desde o amanhecer até fim da tarde. E assim, do pouco dormir e do muito ler se lhe secou o cérebro, de maneira que chegou a perder o juízo.
>
> Encheu-se-lhe a fantasia de tudo que achava nos livros, assim de encantamentos, como pendências, batalhas, desafios, feridas, requebros, amores, tormentas, e disparates impossíveis; e assentou-se-lhe de tal modo na imaginação ser verdade toda aquela máquina de sonhadas invenções que lia, que para ele não havia história mais certa no mundo.
>
> Dizia ele que Cid Rui Dias fora mui bom cavaleiro; porém que não tinha que ver com o Cavaleiro da Ardente Espada, que de um só revés tinha partido pelo meio a dois feros e descomunais gigantes. (Cervantes, 2005, grifo nosso)

Então, sua transformação é muito bem pensada:

Afinal, rematado já de todo o juízo, deu no mais estranho pensamento em que nunca jamais caiu louco algum do mundo; e foi: parecer-lhe convinhável e necessário, assim para aumento de sua honra própria, como para proveito da república, fazer-se cavaleiro andante, e ir-se por todo o mundo, com as suas armas e cavalo, à cata de aventuras, e exercitar-se em tudo em que tinha lido se exercitavam os da andante cavalaria, desfazendo todo o gênero de agravos, e pondo-se em ocasiões e perigos, donde, levando-os a cabo, cobrasse perpétuo nome e fama.

Já o coitado se imaginava coroado pelo valor do seu braço, pelo menos com o império de Trapizonda; e assim, com estes pensamentos de tanto gosto, levado do enlevo que neles trazia, se deu pressa a pôr por obra o que desejava; e a primeira coisa que fez foi limpar umas armas que tinham sido dos seus bisavós, e que, desgastadas de ferrugem, jaziam para um canto esquecidas havia séculos. Limpou-as e consertou-as o melhor que pôde; porém viu que tinham uma grande falta, que era não terem celada de encaixe, senão só morrião simples. A isto porém remediou a sua habilidade: arranjou com papelões uma espécie de meia celada, que encaixava com o morrião, representando celada inteira. (Cervantes, 2005)

O narrador comenta que se tornar cavaleiro andante era algo como o "mais estranho pensamento em que nunca jamais caiu louco algum do mundo", pois, lembre-se, o contexto já era a Idade Moderna e o fidalgo queria viver como se estivesse na Idade Média. É muito importante considerar esse ponto para compreender, por exemplo, o discurso que Quixote fará sobre a Idade de Ouro, o qual vamos analisar mais adiante.

> ### Para refletir
>
> Sobre o fato de que o fidalgo, ao se tornar cavaleiro andante, quis trazer o passado de volta, cabe observar que isso também está representado pela maneira como ele busca sua vestimenta e tudo o que necessita para se armar cavaleiro. Releia o fragmento em que é narrado como ele se vestiu e redija um parágrafo no qual você explique a relação com a ideia de trazer de volta o passado.

seispontotrês
O cavaleiro sem escudeiro

No Capítulo II da obra, o fidalgo já está transformado em Dom Quixote. Contudo, trata-se da primeira saída de casa do cavaleiro andante e, nessa ocasião, ele ainda não tinha reparado que necessitava de um escudeiro. Então, nosso cavaleiro sai em busca de aventuras:

> Caminhou quase todo o dia sem lhe acontecer coisa merecedora de ser contada; com o que ele se amofinava, pois era todo o seu empenho topar logo logo onde provar o valor do seu forte braço.
>
> [...] e, ao anoitecer, ele com o seu rocim se achava estafado e morto de fome; e que, olhando para todas as partes, a ver se se

lhe descobriria algum castelo, ou alguma barraca de pastores, onde se recolher, e remediar sua muita necessidade, viu não longe do caminho uma venda [...].

Deu-se pressa em caminhar, e chegou a tempo, que já a noite se ia cerrando. (Cervantes, 2005, grifo nosso)

Aqui, começa a aparecer a sede por aventuras do cavaleiro e o esforço de imaginário que fará para que a realidade de seu tempo moderno se encaixe em seu desejo de viver aventuras de cavalaria medieval:

Achavam-se acaso à porta duas mulheres moças, destas que chamam de boa avença, as quais se iam a Sevilha com uns arrieiros, que nessa noite acertaram de pousar na estalagem.

E como ao nosso aventureiro tudo quanto pensava, via, ou imaginava, lhe parecia real, e conforme ao que tinha lido, logo que viu a locanda se lhe representou ser um castelo com suas quatro torres, e coruchéus feitos de luzente prata, sem lhe faltar sua ponte levadiça, e cava profunda, e mais acessórios que em semelhantes castelos se debuxam.

Foi-se chegando à pousada (ou castelo, pelo que se lhe representava); e a pequena distância colheu as rédeas a Rocinante, esperando que algum anão surgiria entre as ameias a dar sinal de trombeta por ser chegado cavaleiro ao castelo.

Vendo porém que tardava, e que Rocinante mostrava pressa em chegar à estrebaria, achegou-se à porta da venda, e avistou as duas divertidas moças que ali estavam, que a ele lhe pareceram duas formosas donzelas, ou duas graciosas damas, que diante das portas do castelo se espaireciam.

Sucedeu acaso que um porqueiro, que andava recolhendo de uns restolhos a sua manada de porcos (que este, sem faltar à cortesia, é que é o nome deles), tocou uma buzina a recolher. No mesmo instante se figurou a D. Quixote o que desejava; a saber: que lá estava algum anão dando sinal da sua vinda. E assim, com estranho contentamento, chegou à venda e às damas.

Elas, vendo acercar-se um homem daquele feitio, e com lança e adarga, cheias de susto já se iam acolhendo à venda, quando D. Quixote, conhecendo o medo que as tomara, levantando a viseira de papelão, e descobrindo o semblante seco e empoeirado, com o tom mais ameno e voz mais repousada lhes disse:

— Não fujam Suas Mercês, nem temam desaguisado algum, porquanto a Ordem de cavalaria que professo a ninguém permite que ofendamos, quanto mais a tão altas donzelas, como se está vendo que ambas sois.

Miravam-no as moças, e andavam-lhe com os olhos procurando o rosto, que a desastrada viseira em parte lhe encobria; mas como se ouviram chamar donzelas, coisa tão alheia ao seu modo de vida, não puderam conter o riso; e foi tanto, que D. Quixote chegou a envergonhar-se e dizer-lhes: [...] (Cervantes, 2005, grifo nosso)

Observe que esse fragmento é importante tanto para essa passagem quanto para toda a obra: "E como ao nosso aventureiro tudo quanto pensava, via, ou imaginava, lhe parecia real, e conforme ao que tinha lido". Em outras palavras, o narrador está nos dizendo que Dom Quixote ia forçar a realidade a ser como ele queria que ela fosse, e ele queria que seu tempo presente fosse a Idade Média, o tempo das Cruzadas, das batalhas que os cavaleiros andantes tinham de enfrentar com coragem e ousadia. Mas atenção: também esse "tempo" era uma idealização do cavaleiro, pois o modelo que ele tinha era o da ficção dos romances de cavalaria.

É importante ter isso em conta porque basicamente há duas perspectivas de interpretação para as aventuras de Quixote: (1) a herança dos românticos alemães costuma considerá-lo um herói que vê tudo de maneira distinta porque humaniza pessoas simples ou os marginalizados e porque não se conforma com o mundo real, sempre injusto, e luta por transformá-lo; (2) a outra perspectiva, menos idealista, segue mais os próprios sinais do narrador, ou seja, considera que o cavaleiro prefere a ficção dos romances de cavalaria e força a realidade de seu presente a obedecer-lhe, ou seja, trata-se de uma perspectiva mais apegada ao contexto da obra.

Dito isso, voltemos ao episódio da venda. Dom Quixote está sedento por viver uma aventura. Quando vê a venda, diz para si que se trata de um castelo (medieval). A leitura romântica indica que isso ocorre porque nosso cavaleiro é justo e valoriza as pessoas humildes, isto é, dá igual valor à venda como se fosse um castelo. Já a leitura que segue o narrador, a que nos parece mais acertada, explica que Quixote dissimula que vê um castelo para criar uma história para si.

Fato é que Quixote, como ilustre cavaleiro, quer ser anunciado pelos anões que tocam trombetas alegremente para receber tão honrada presença: "esperando que algum anão surgiria entre as ameias a dar sinal de trombeta por ser chegado cavaleiro ao castelo". Isso não acontece, mas a realidade lhe dá uma oportunidade de fantasiar, então um porqueiro toca um corno para recolher os porcos, e o cavaleiro fantasioso decide que viu o anão trombeteiro: "Sucedeu acaso que um porqueiro, que andava recolhendo de uns restolhos a sua manada de porcos [...], tocou uma buzina a recolher. No mesmo instante se figurou a D. Quixote o que desejava; a saber: que lá estava algum anão dando sinal da sua vinda".

Você riu, estimado leitor? Esse fragmento é para provocar riso, sem dúvida. As passagens das donzelas também, pois elas são prostitutas ("destas que chamam de boa avença"), mas o cavaleiro, como quer inventar que está em um castelo, trata-as por damas: "e avistou as duas divertidas moças que ali estavam, que a ele lhe pareceram duas formosas donzelas, ou duas graciosas damas". A situação é tão incomum que elas próprias riem da confusão: "mas como se ouviram chamar donzelas, coisa tão alheia ao seu modo de vida, não puderam conter o riso".

Uma vez mais, a leitura romântica identifica uma humanização dos marginalizados no episódio das prostitutas e, até mesmo, enfatiza a desgraça de sua vida, chamando atenção para o fato de que nem elas mesmas se respeitam porque, quando alguém as trata bem, fazem troça disso. Observe que a leitura romântica retira o caráter cômico da passagem. Já a leitura do contexto mantém a comicidade e vê apenas uma insistência descabida do cavaleiro em forçar a realidade a ser como ele quer que seja.

Nessa venda, Quixote forçará tanto que o real seja sua ficção que causará muitos problemas ao dono. Este, consciente dos delírios do cavaleiro, mas também de sua bondade, tem uma ideia para se livrar dele. Diz-lhe que vai armá-lo cavaleiro, já que Quixote o vê como um nobre, porém o aconselha a sair em busca de um escudeiro. É desse plano do dono da venda que nasce em Quixote a ideia de buscar Sancho Pança.

seispontoquatro
Com Sancho e os cabreiros

Depois de sair da venda, encontrar seu escudeiro e viver o famoso episódio dos moinhos, Quixote, acompanhado de Sancho Pança, no Capítulo XI, encontra acolhida de uns cabreiros. Estes convidam os protagonistas a jantar com eles, e Quixote faz questão de que seu escudeiro lhe faça companhia. Vejamos:

> porque os cabreiros os tiraram da lareira e, estendendo na terra uns velos de ovelha, aparelharam azafamados a sua mesa rústica, e convidaram aos dois com mostras de muito boa vontade para o que ali havia.
>
> Seis sentaram-se à roda das peles, que era quantos se contavam na malhada, depois de haverem com grosseiras cerimônias rogado a D. Quixote que se sentasse numa gamela que lhe puseram com o fundo para cima. Sentou-se D. Quixote, ficando Sancho de pé

para lhe ir servindo o copo, que era feito de pau do ar. O amo, reparando-lhe na postura, disse-lhe:

– Para que vejas, Sancho, o bem que encerra a andante cavalaria, e quão a pique estão os que em qualquer ministério dela se exercitam, de virem em pouco tempo a ser nobilitados e estimados do mundo, quero que te sentes aqui ao meu lado e em companhia desta boa gente, e que estejas tal qual como eu, que sou teu amo e natural senhor, que comas no meu prato, e bebas por onde eu beber, porque da cavalaria se pode dizer o mesmo que se diz do amor: todas as condições iguala.

— Viva muitos anos — respondeu Sancho — mas sou por dizer a vossa Mercê que, tendo eu bem de comer, tão bem e melhor o comeria em pé e sozinho, como sentado à ilharga de um Imperador; e até (se hei-de dizer toda a verdade) muito melhor me sabe comer no meu cantinho, sem cerimônias, nem respeitos, ainda que não seja senão pão e cebola, que os perus de outras mesas com a obrigação de mastigar devagar, beber pouco, limpar-me a miúdo, não espirrar nem tossir quando me for preciso, nem fazer outras coisas, que a solidão e liberdade trazem consigo. [...]

— Apesar disso hás-de te sentar, porque quem mais se humilha mais se exalta.

E puxando-lhe pelo braço, o obrigou a sentar-se-lhe a par. (Cervantes, 2005, grifo nosso)

> ## Para refletir
>
> Quixote dá uma lição de humildade e uma mostra de amizade a Sancho Pança quando o convida a comer com ele. A narrativa mistura drama com humor, estando o cômico por conta da resposta do escudeiro quando tenta escapar de comer perto de seu amo. Redija um parágrafo no qual você destaque o discurso elevado de Quixote e os motivos cômicos da recusa de Sancho. Depois, discorra sobre a função das sabedorias popular e erudita nessa passagem.

Como agradecimento pela gentileza dos cabreiros, Quixote faz um belo discurso sobre a idade dourada:

> — Ditosa idade e afortunados séculos aqueles, a que os antigos puseram o nome de dourados, **não porque nesses tempos o ouro** (que **nesta idade de ferro** tanto se estima!) se alcançasse sem fadiga alguma, mas sim porque então **se ignoravam as palavras teu e meu**! Tudo era comum naquela santa idade; a ninguém era necessário, para alcançar o seu ordinário sustento, mais trabalho que **levantar a mão e apanhá-lo das robustas azinheiras**, que liberalmente estavam oferecendo o seu doce e sazoado fruto. As claras nascentes e correntes rios ofereciam a todos, com magnífica abundância, as saborosas e transparentes águas. Nas abertas das penhas, e no côncavo dos troncos formavam as suas repúblicas as solícitas e discretas abelhas, oferecendo a qualquer, sem interesse algum, a abundosa colheita do seu dulcíssimo trabalho. Os valentes sobreiros despegavam de si, sem mais artifícios que a sua natural cortesia, as suas amplas e leves cortiças, com que se

começaram a cobrir casas sobre rústicas estacas, sustentadas só para reparo contra as inclemências do céu. Tudo então era paz, tudo amizade, tudo concórdia. [...] Então expressavam-se os conceitos amorosos da alma simples, tão singelamente como ela os dava, sem se procurarem artificiosos rodeios de fraseado para os encarecer. Com a verdade e lhaneza não se tinha ainda misturado a fraude, o engano, e a malícia. A justiça continha-se nos seus limites próprios, sem que ousassem turbá-la nem ofendê-la o favor e interesse, que tanto hoje a enxovalham, perturbam e perseguem. [...] E agora, **nestes nossos detestáveis séculos**, nenhuma está segura, ainda que a encerre e esconda outro labirinto de Creta [...]. Para segurança delas, com o andar dos tempos, e crescendo mais a malícia, se instituiu a ordem dos cavaleiros andantes, defensora das donzelas, amparadora das viúvas, e socorredora dos órfãos e necessitados.

Desta ordem sou eu, irmãos cabreiros, a quem agradeço o bom agasalho e trato que me dais a mim e ao meu escudeiro; pois, ainda que por lei natural todos os viventes estão obrigados a favorecer aos cavaleiros andantes, contudo sei que vós outros, ignorando esta obrigação, me acolhestes e obsequiastes; e razão é que eu vos agradeça quanto posso a vossa boa vontade. (Cervantes, 2005, grifo nosso)

Podemos perceber que essa idade dourada da qual Quixote sente saudade nunca existiu como realidade. O cavaleiro a tem como ideal em seu imaginário povoado por suas leituras de romances de cavalaria. De todo modo, seu discurso revela o que ele tem dentro de si, ou seja, seu bom caráter e sua fé na humanidade. Na base do que ele valoriza está, de forma evidente, a vida simples que se sustenta por meio de recursos da natureza, mas sem explorá-los:

> naquela santa idade; a ninguém era necessário, para alcançar o seu ordinário sustento, mais trabalho que **levantar a mão e apanhá-lo das robustas azinheiras**, que liberalmente estavam oferecendo o seu doce e sazoado fruto. **As claras nascentes e correntes rios ofereciam a todos, com magnífica abundância, as saborosas e transparentes águas**. Nas abertas das penhas, e no côncavo dos troncos formavam as suas repúblicas as solícitas e discretas abelhas, oferecendo a qualquer, sem interesse algum, **a abundosa colheita do seu dulcíssimo trabalho**. [...] (Cervantes, 2005, grifo nosso)

Para deixar evidente que não está falando de bens materiais, Quixote esclarece que chama a idade de "dourada" não porque nela houvesse ouro, mas por seus valores singelos. Quando o faz, recorre a um jogo de palavras para determinar que sua contemporaneidade – "de ferro" – ou seja, dura, difícil, desumana, é a ambiciosa: "Ditosa idade e afortunados séculos aqueles, a que os antigos puseram o nome de dourados, **não porque nesses tempos o ouro (que nesta idade de ferro** tanto se estima!) se alcançasse sem fadiga alguma". Considerando-se que se trata da Idade Moderna e dos tempos de navegação e colonização, essa crítica se faz bastante compreesível com respeito ao ouro.

No desfecho do discurso, Quixote menciona a ordem dos cavaleiros e se diz pertencente a ela. Então, agradece aos cabreiros a acolhida.

> ### Para refletir
>
> Com relação ao discurso da idade dourada, analise o fragmento a seguir e redija um parágrafo no qual você explique o que eram virtudes no tempo que Quixote exalta e o que fez tudo se transformar em vícios.
>
> > mas sim porque então se ignoravam as palavras teu e meu!
> >
> > [...]
> >
> > a abundosa colheita do seu dulcíssimo trabalho. Os valentes sobreiros despegavam de si, sem mais artifícios que a sua natural cortesia, as suas amplas e leves cortiças, com que se começaram a cobrir casas sobre rústicas estacas, sustentadas só para reparo contra as inclemências do céu. (Cervantes, 2005)

seispontocinco
Os galeotes e o bacharel

As próximas aventuras selecionadas aqui causam uma reflexão sobre os valores humanistas que estamos discutindo neste livro. Recordemos alguns deles: o *Discurso sobre a dignidade do homem* e a necessidade que Deus demonstra a Adão de estar atento às suas atitudes para não se rebaixar ao ponto de viver só irracionalmente como um animal; a justa medida aristotélica, segundo a qual o homem deve equilibrar-se entre os vícios e as virtudes; o conceito de homem discreto, que está mencionado no prólogo de Quixote como uma virtude do amigo do escritor; o valor da autorreflexão para o autoconhecimento como algo necessário inclusive para o alcance de Deus.

No Capítulo XIX, Quixote e Sancho vão seguindo pela noite escura (lembre-se de que, naquela época, não havia eletricidade e, por isso, a escuridão era total) quando veem muitas luzes:

> viram que, pelo caminho mesmo que levavam, se dirigia para eles **grande multidão de luzes**, que não pareciam senão estrelas errantes. Pasmou Sancho quando as avistou, e D. Quixote não deixou de as estranhar.
>
> [...] Viram que as luzes se lhes iam aproximando, e, quanto mais se aproximavam, maiores pareciam. Àquela vista Sancho pôs-se a tremer como um azougado, e ao próprio D. Quixote se arrepiaram os cabelos. Este, porém, animando-se um tanto, disse:
>
> — Esta é, que sem dúvida, Sancho, deve ser grandíssima e perigosíssima aventura, e será necessário mostrar eu nela todo o meu valor e esforço.
>
> — Malfadado de mim! — respondeu Sancho — se acaso esta aventura for de fantasmas, segundo me vai parecendo, onde haverá costelas que lhes bastem?
>
> [...]

[...] se viu o que era, porque descobriram uns vinte encamisados, todos a cavalo, com suas tochas acesas nas mãos, após eles uma liteira coberta de luto, seguida de outros seis a cavalo, enlutados até os pés das mulas, que bem se via que o eram, e não cavalos, pelo sossego com que andavam.

Iam os encamisados sussurrando em voz baixa e lastimosa.

Tão estranha vista, e tão a desoras, e num despovoado, era bastante para pôr medo no coração de Sancho, e até no de seu amo. (Cervantes, 2005, grifo nosso)

Quixote vê uma oportunidade de batalha, mas, como todos eram enlutados que levavam um morto para o cortejo fúnebre, ele não encontra resistência. Porém, o cavaleiro chega a golpear um deles. Quando se aproxima dele, descobre que é um pobre estudante inocente e, pior, que lhe causou uma ferida incurável:

— Rendido demais estou eu, pois não me posso mover; tenho uma perna quebrada. Suplico a Vossa Mercê, **se é cavaleiro cristão**, me não mate, pois grande sacrilégio seria isso, sendo eu, como sou, licenciado, e tendo as primeiras ordens, como tenho.

— Pois quem diabo o trouxe aqui — instou D. Quixote — sendo homem da Igreja?

— Quem, senhor? — replicou o caído — **a minha desdita**.

— Pois outra maior vos ameaça — disse D. Quixote — se me não satisfazeis a tudo que ao princípio vos perguntei.

— Com facilidade será Vossa Mercê satisfeito — respondeu o licenciado — e portanto saberá Vossa Mercê que, ainda que primeiro lhe disse, que era licenciado, não sou senão bacharel, e chamo-me Afonso Lopes; sou natural de Alcobendas; venho da cidade de Baeça com outros onze sacerdotes, que são os que fugiram com as tochas; vamos à cidade de Segóvia acompanhando um morto, que vai naquela liteira, que é um cavaleiro que faleceu em Baeça, onde foi depositado; e agora, como lhe digo, levamos os seus ossos ao seu sepulcro, que está em Segóvia, que é a sua naturalidade.

— E quem o matou? — perguntou D. Quixote.

— Matou-o Deus por meio dumas febres pestilenciais que lhe deram — respondeu o bacharel.

— Dessa maneira — disse D. Quixote — livrou-me Nosso Senhor do trabalho que eu tomaria de vingar-lhe a morte, se outrem qualquer o tivera morto; mas, sendo quem foi o matador, não há senão calar, e encolher os ombros, que é o mesmo que eu havia de fazer se ele me matara a mim; e quero que saiba Vossa Reverência, que eu sou um cavaleiro da Mancha chamado D. Quixote; e é o meu ofício e exercício andar pelo mundo endireitando tortos, e desfazendo agravos.

— Não sei como pode ser isso de endireitar tortos — disse o bacharel — pois bem direito era eu, e vós agora é que me entortastes, deixando-me uma perna quebrada, que nunca mais em dias de vida me tornará a ser direita; e o agravo que a mim me desfizestes foi deixardes-me agravado de maneira que hei-de ficar agravado para sempre; e desventura grande há sido para mim encontrar-me convosco nesse buscar de aventuras. (Cervantes, 2005, grifo nosso)

A obsessão de Quixote em fazer a realidade se transformar em sua ficção havia lhe trazido muitos infortúnios, mas até então praticamente só a ele e a seu escudeiro. Contudo, sua falta de prudência, uma grande virtude para os humanistas, e sua desatenção em relação à ética da justa medida fazem com que ele cause uma desgraça na vida de um jovem. Quixote, por se deixar levar por seus vícios e instintos, age como uma besta e se rebaixa por ausência total de racionalidade. Aqui, a narrativa inspira um debate ético humanista sobre a necessidade de autocontrole, de respeito à liberdade alheia, de paciência para escutar o outro antes de agir e de necessidade de uso da razão antes de agir diante dos fatos. Não é nada engraçado que um jovem que seguia um velório termine ferido e aleijado para sempre por causa dos caprichos de um senhor que insiste em impor suas vontades individuais sobre o próximo e a despeito das evidências dos fatos.

> ## Para refletir
>
> Nesse fragmento do bacharel, há antíteses usadas pelo jovem. Aponte quais são e o que significam, considerando Quixote e sua vítima.

No Capítulo XXII, Quixote e Sancho encontram com uma comissão de polícia que leva doze condenados presos para cumprir sentença, os famosos galeotes. O cavaleiro pergunta a Sancho o que significa aquilo, e seu escudeiro responde que é gente forçada do rei que vai para as galeras pagar uma condenação. Quixote não gosta de ouvir que os galeotes estão indo à força:

> — Esta é cadeia de galeotes, gente forçada da parte de El-Rei, para ir servir nas galés.
>
> — Como "gente forçada"? — perguntou D. Quixote — é possível que El-Rei force a nenhuma gente?
>
> — Não digo isso — respondeu Sancho — digo que é gente que, por delitos que fez, vai condenada a servir o Rei nas galés por força.
>
> — Em conclusão — replicou D. Quixote — como quer que seja, esta gente, ainda que os levam, vai à força, e não por sua vontade.
>
> — É verdade — disse Sancho.
>
> — Pois sendo assim — disse o amo — aqui está onde acerta à própria o cumprimento do meu ofício; desfazer violências, e dar socorro e auxílio a miseráveis. (Cervantes, 2005)

Aqui, estimado leitor, a obsessão por aventuras e a idealização de um conceito abstrato de liberdade levarão o cavaleiro à imprudência, vício muito malvisto pelos humanistas. Quixote quer saber por que os galeotes estão condenados:

> Nisto chegou a cadeia dos galeotes, e D. Quixote com mui corteses falas pediu aos que os iam guardando fossem servidos de informá-lo, e dizer-lhe a causa, ou causas, por que levavam aquela gente daquele modo.

Um dos guardas de cavalo respondeu que eram galeotes (gente pertencente a Sua Majestade) que iam para as galés; e que não havia que dizer, nem ele que perguntar. (Cervantes, 2005, grifo nosso)

No entanto, o guarda não sabia com quem falava e tinha por certo que seria só dizer que se tratava de galeotes que o senhor vestido de cavaleiro compreenderia o motivo do cativeiro, pois esperava que todo indivíduo educado tivesse senso de justiça. Quixote insiste em ouvir os galeotes, os quais não ocultam seus crimes, mas usam uma ironia que o cavaleiro, muito acostumado a ler tudo literalmente, não consegue captar:

> Com esta licença, que D. Quixote por si tomaria, ainda que lha não dessem, chegou-se à leva, e perguntou ao primeiro por que mau pecado ia ali daquela maneira tão desastrada. Respondeu ele que por enamorado.
>
> — Só por isso e mais nada? — replicou D. Quixote — Se por coisas de namoro se vai para as galés, há muito tempo que eu as pudera andar remando.
>
> — Não são namoros, como Vossa Mercê cuida — disse o forçado; — o meu namoro foi com uma canastra de roupa branca, que a abracei comigo tão fortemente, que, se a justiça ma não tira por força, ainda agora por vontade minha não a tinha largado. Fui apanhado em flagrante, excusaram-se tratos, e concluída a causa, assentaram-me nas costas um cento de estouros, e por crescenças três anos de gurapas; e acabou-se a obra.

— Que vem a ser gurapas? — perguntou D. Quixote.

— Gurapas são galés — respondeu o forçado, que era um rapaz que poderia contar os seus vinte e quatro anos e disse ser natural de Piedraíta.

Igual pergunta fez D. Quixote ao segundo. Este não respondeu palavra, segundo ia cheio de paixão e melancolia, mas respondeu por ele o primeiro, e disse:

— Este senhor vai por canário; venho a dizer que por músico e cantor.

— Como é isso? — disse admirado D. Quixote — Pois também por ser músico e cantor se vai parar às galés?

— Sim, senhor — respondeu o galeote — nem ele há pior coisa do que é um homem cantar nas ânsias.

— Antes sempre ouvi — disse D. Quixote — que "quem canta seus males espanta".

– Cá é às avessas – disse o forçado – quem uma vez canta toda a vida chora.

— Não entendo — disse D. Quixote. Mas um dos guardas lhe disse:

— Senhor cavaleiro, cantar nas ânsias se chama entre esta gente non sancta confessar nos tratos o crime que se fez. A este pecador meteram-no a tormentos, e confessou ser ladrão de bestas [...]. Vai sempre pensativo e triste, porque os outros ladrões, uns, que ainda por lá ficam, e os outros, que vão aqui, o enxovalham, e mofam dele, porque caiu em confessar, e não teve ânimo para dizer niques; porque dizem eles que tantas letras tem um não como um sim. Que fortuna para um delinquente ter na língua à sua escolha a vida e a morte, em vez de as ter à mercê de testemunhas e provas! e para mim, tenho que não vão errados. (Cervantes, 2005, grifo nosso)

> Importante!
>
> A resposta que o primeiro galeote dá a Quixote já deveria ser suficiente para que ele se convencesse de que aquela ação era justa. Por quê? Em primeiro lugar, basta contrastar o que o galeote valoriza com o discurso da idade dourada que nosso cavaleiro fez para os cabreiros. Lembre-se de que ele se queixou de que, nos tempos dos quais tinha saudade, ninguém dava mais valor às riquezas artificiais, e isso era sinal de bom caráter. Contudo, nosso cavaleiro deseja tanto viver aventuras e se convencer de que libertou presos inocentes que não presta atenção nessa prova de baixeza que o galeote lhe dá. Se considerarmos os valores humanistas, os quais eram caros para Cervantes, perceberemos que Quixote estava ignorando a necessidade de agir com a ética da justa medida entre emoção e razão porque sua sede de aventuras anulou sua capacidade de raciocinar.

Seu problema com o segundo galeote é receber o que ouviu de maneira literal porque assim consegue manter uma narrativa que autoriza seu desejo por libertar os galeotes e dizer que fez justiça a favor dos necessitados. Nesse caso, pouco adianta que o guarda explique o que significa "cantar nas ânsias", pois Quixote, fora de sua capacidade de raciocinar, o ignora.

Note que o episódio do segundo galeote levanta uma discussão sobre a ética invertida dos cativos. Com a explicação do guarda, descobrimos que "cantar nas ânsias" significa confessar um crime sob tortura, ou seja, o galeote não aguentou as torturas dos guardas e confessou seu crime. O que ocorre é que, por ter feito isso, é constantemente castigado pelos outros criminosos:

> — Cá é às avessas — disse o forçado — quem uma vez canta toda a vida chora.
>
> — Não entendo — disse D. Quixote. Mas um dos guardas lhe disse:
>
> – Senhor cavaleiro, cantar nas ânsias se chama entre esta gente non sancta confessar nos tratos o crime que se fez. A este pecador meteram-no a tormentos, e confessou ser ladrão de bestas; [...] Vai sempre pensativo e triste, porque os outros ladrões, uns, que ainda por lá ficam, e os outros, que vão aqui, o enxovalham, e mofam dele, porque caiu em confessar, e não teve ânimo para dizer niques. (Cervantes, 2005, grifo nosso)

Depois de ouvir todos os galeotes e ignorar suas burlas, por insistir em compreendê-las de maneira literal, Quixote, com a máxima da cavalaria de que, se Deus nos fez livres, nenhum homem pode nos retirar a liberdade, resolve lutar contra a justiça do rei e dar liberdade aos perigosos criminosos. É importante analisar o discurso que nosso cavaleiro faz antes de cometer o desatino de soltar os galeotes:

— De tudo que me haveis dito, caríssimos irmãos, tenho tirado a limpo o seguinte: que, se bem vos castigaram por vossas culpas, as penas que ides padecer nem por isso vos dão muito gosto, e que ides para elas muito a vosso pesar e contra vontade, e que bem poderia ser que o pouco ânimo daquele nos tratos, a falta de dinheiro neste, os poucos padrinhos daqueloutro, e finalmente que o juízo torto do magistrado fossem causa da vossa perdição, e de se vos não ter feito a justiça que vos era devida. Tudo isto se me representa agora no ânimo, de maneira que me está dizendo, persuadindo e até forçando, que mostre em favor de vós outros o para que o céu me arrojou ao mundo, e me fez nele professar a ordem de cavalaria que professo, e o voto que nela fiz de favorecer aos necessitados, e aos oprimidos pelos maiores que eles. Mas como sei que uma das condições da prudência é que o que se pode conseguir a bem se não leve a mal, quero rogar a estes senhores guardas e comissários façam favor de vos descorrentar e deixar-vos ir em paz; não faltarão outros, que sirvam a El-Rei com maior razão; porque dura coisa me parece o fazerem-se escravos indivíduos que Deus e a natureza fizeram livres; quanto mais, senhores guardas — acrescentou D. Quixote — que estes pobres nada fizeram contra vós outros; cada qual lá se avenha com o seu pecado. Lá em cima está Deus, que se não descuida de castigar ao mau e premiar ao bom; e não é bem que os homens honrados se façam verdugos dos seus semelhantes, de mais sem proveito. Digo isto com tamanha mansidão e sossego, para vos poder agradecer, caso me cumprais o pedido; e quando à boamente o não façais, esta lança e esta espada com o valor do meu braço farão que por força o executeis. (Cervantes, 2005, grifo nosso)

Há uma discussão ética acerca da boa vontade em relação aos demais e sobre seus limites, ou seja, novamente, a ética da justa medida. Quixote vê os galeotes como seus irmãos cristãos, e isso, sob a concepção cristã, não está mal. Todavia, o cavaleiro se deixa tomar pelo orgulho por si mesmo: "que mostre em favor de vós outros o para que o céu me arrojou ao mundo, e me fez nele professar a ordem de cavalaria que professo, e o voto que nela fiz de favorecer aos necessitados, e aos oprimidos pelos maiores que eles". Cervantes faz uma crítica à falta de limites – a falta da justa medida – entre compaixão e soberba. Em outras palavras, muitas vezes os bem-intencionados usam o discurso da compaixão ou da justiça somente para engrandecer a si mesmos como uma boa alma ou alguém justo, superior aos demais. É o que acontece com Dom Quixote nesse momento. O cavaleiro impõe sua visão distorcida, a que lhe convém, à justiça oficial, somente para forjar sua imagem de herói. O que o salva é o fato de ser ingênuo, e não cínico.

Como está fora de seu juízo, mas tem inteligência, Quixote encontra argumentos para fundamentar sua decisão equivocada: "e que ides para elas muito a vosso pesar e contra vontade, [...] a falta de dinheiro neste, os poucos padrinhos daqueloutro, e finalmente que o juízo torto do magistrado fossem causa da vossa perdição, e de se vos não ter feito a justiça que vos era devida". Veja, estimado leitor, que nosso cavaleiro tenta justificar os crimes dos galeotes só para respaldar a má atitude que tomará de pôr gente perigosa em liberdade e, assim, ter a si mesmo como um cavaleiro heroico. Parece bastante contemporâneo, não?

Vejamos outros dois argumentos distorcidos por Quixote somente para atender a seu interesse pessoal:

- "porque dura coisa me parece o fazerem-se escravos indivíduos que Deus e a natureza fizeram livres";
- "e não é bem que os homens honrados se façam verdugos dos seus semelhantes".

Duas análises são suficientes para mostrar que o cavaleiro só quer impor sua vontade pessoal sobre a justiça oficial. Em primeiro lugar, basta contrastar esse discurso de agora com o anterior, o da idade dourada, quando Quixote se queixa do mau uso da justiça oficial: "A justiça continha-se nos seus limites próprios, sem que ousassem turbá-la nem ofendê-la o favor e interesse, que tanto hoje a enxovalham, perturbam e perseguem"..

Em segundo lugar, não podemos nos esquecer de que eram tempos de absolutismo, ou seja, o rei era considerado o representante direto de Deus na Terra. Logo, para os homens daquela época, a justiça do rei era a justiça divina, tanto que a guarda real, a qual conduzia os galeotes, chamava-se Santa Irmandade.

Em outras palavras, nosso cavaleiro só queria convencer a si mesmo de que estava diante de um caso de injustiça e que aqueles criminosos eram uns necessitados que ele devia salvar. Novamente, Quixote forçou a vida real a obedecer a seus desejos imaginários. Sua falta de racionalidade não sairá barata.

Antes de passar ao desfecho desse episódio, é importante comentar que o cavaleiro está consciente dos princípios humanistas, pois menciona o valor da prudência: "Mas como sei que uma das condições da prudência é que o que se pode conseguir a bem se não leve a mal". Mas, se o cavaleiro sabe disso, por que decide agir equivocadamente? Novamente, impõe sua vontade pessoal, distorcida, sobre o bem comum.

Depois de agir mal e pôr criminosos em liberdade, Quixote exige gratidão dessa gente perigosa e lhes pede que procurem Dulcineia e lhe contem sua façanha. Entre os galeotes estava um dos mais perigosos, Ginés de Pasamonte, que, por muito esperto, percebe que o cavaleiro está fora de seu juízo e, portanto, faz troça dele.

Quixote, indignado com a ingratidão, reage com agressividade, o que acaba muito mal para ele e para Sancho:

> — O que Vossa Mercê nos manda, senhor e libertador de todos nós, é impossível de toda a impossibilidade cumprirmo-lo, porque não podemos ir juntos por essas estradas, senão sós e separados cada um de per si, procurando meter-se nas entranhas da terra, para não dar com ele a Santa Irmandade, que sem dúvida alguma há-de sair à nossa busca. [...]
>
> — Pelo Deus que me criou! — exclamou D. Quixote já posto em cólera — Dom filho duma tinhosa, Dom Ginezinho de Paropilho, ou como quer que vos chamais, que haveis de ir agora vós só com o rabo entre as pernas, com toda a cadeia às costas.

Passamonte que nada tinha de sofrido, e já estava caído na conta de que D. Quixote não tinha o juízo todo (pois tal disparate havia cometido como era o de querer dar-lhes liberdade), vendo-se mal tratado, e daquela maneira, deu de olho aos companheiros, e retirando-se à parte começaram a chover tantas pedradas sobre D. Quixote, que poucas lhe eram as mãos para se cobrir com a rodela; e o pobre Rocinante já fazia tanto caso da espora, como se fora de bronze.

Sancho, por trás do seu asno, com esse antemural lá se ia defendendo da chuva de pedras que não cessava de lhe cair em cima. Não se pôde anteparar tão bem D. Quixote, que lhe não acertassem não sei quantos seixos no corpo, e com tanta sustância, que pregaram com ele em terra.

Apenas caiu, veio sobre ele o estudante, tirou-lhe da cabeça a bacia e bateu-lhe com ela três ou quatro baciadas nas costas, e outras tantas no chão, com o que a fez quase pedaços.

Tiraram-lhe um roupão que trazia por cima das armas, e até as meias calças lhe queriam tirar, se as grevas lho não estorvaram.

Ao Sancho, tiraram o gabão, deixando-o desmantelado, e, repartindo entre si todos os despojos da batalha, tomou cada um para a sua parte com mais cuidado de escapar à temível Irmandade, que de se carregarem com a cadeia, e irem apresentar-se à senhora Dulcineia del Toboso.

Ficaram sós o jumento e Rocinante, Sancho e D. Quixote; o jumento cabisbaixo e pensativo, sacudindo de quando em quando as orelhas, por cuidar que ainda não teria acabado o temporal das seixadas, que ainda lhe zuniam aos ouvidos; Rocinante, estendido junto do amo, pois também o derrubara outra pedrada; Sancho desenroupado, e temeroso da Santa Irmandade; e D. Quixote raladíssimo, por se ver com semelhante pago daqueles mesmos a quem tamanho benefício tinha feito. (Cervantes, 2005, grifo nosso)

Desses episódios e de outros nos quais nosso cavaleiro leva muitos golpes físicos ele sairá tão ferido, inclusive perdendo dentes, que Sancho lhe dará o apelido de Cavaleiro da Triste Figura. São muitas as aventuras que ambos vivem e, quanto mais convivem, mais um se transforma no outro, em um processo conhecido como a *quixotização de Sancho*. Como vimos pelos episódios selecionados, Sancho, por ter a vida difícil da gente simples, é pragmático, só pensa em comer e em receber recompensa material. Esse homem singelo, mas com muito senso de realidade, só aceita acompanhar Dom Quixote nessas aventuras porque seu amo lhe promete uma ilha. Assim, no início das façanhas, Sancho sempre adverte Quixote sobre as coisas reais que vê, como no episódio dos moinhos, quando o cavaleiro vê gigantes e seu escudeiro o avisa de que são moinhos. Contudo, durante a convivência, a capacidade de imaginação de Quixote conquista a simpatia de Sancho. Esse homem simples percebe que essas aventuras deixam sua vida plena de sentido.

Prova disso está no capítulo do bacharel. Sancho vê Quixote lutando contra os pobres inocentes, mas acredita que são perigosos, pois já está se quixotizando: "Estava Sancho a ver tudo maravilhado do desembaraço e atrevimento do fidalgo; e dizia entre si: — Sem dúvida que este meu amo é tão valente e esforçado como ele diz" (Cervantes, 2005).

Quixote, ao contrário, vai perdendo sua vontade de impor a ficção à realidade, pois precisamente em razão de fatos como o do bacharel, que sai aleijado para sempre por culpa do cavaleiro, e dos galeotes, os quais são ingratos, ele se deixa levar ao outro extremo, que é viver só da realidade. Novamente, a narrativa está estimulando a reflexão sobre a ética da justa medida.

No último capítulo, assim se comenta sobre a iminência de sua morte:

> Chamaram os seus amigos o médico, tomou-lhe este o pulso e disse-lhe que, pelo sim pelo não, cuidasse da salvação da sua alma,, **porque a do corpo corria perigo**. Ouviu-o D. Quixote com ânimo sossegado, mas não o ouviram da mesma forma a ama, a sobrinha e o escudeiro, que principiaram a chorar ternamente, como se já o tivessem morto diante de si.
>
> O médico foi de parecer que *o que dava cabo dele eram melancolias e desabrimentos.*
>
> Pediu D. Quixote que o deixassem só, porque queria dormir um pedaço. Obedeceram-lhe, e dormiu de uma assentada mais de seis horas, tanto que a ama e a sobrinha pensaram que não tornaria a acordar. Despertou ao cabo do tempo já referido e, dando um grande brado, exclamou:
>
> – Bendito seja o poderoso Deus, que tanto bem me fez. Enfim, as suas misericórdias não têm limite e não as abreviam nem as impedem os pecados dos homens.

[...]

— Que diz Vossa Mercê, senhor? temos alguma coisa de novo? Que misericórdias são essas, e que pecados dos homens?

— As misericórdias, sobrinha — respondeu D. Quixote — são as que neste momento Deus teve comigo, sem as impedirem, como disse, os meus pecados. Tenho o juízo já livre e claro, sem as sombras caliginosas *da ignorância com que o ofuscou a minha amarga e contínua leitura dos detestáveis livros das cavalarias*. Já conheço os seus disparates e os seus embelecos [...]. (Cervantes, 2005, grifo nosso)

Observe que Quixote passa a negar as histórias de cavalaria e as culpa por seus infortúnios. Todavia, o que nosso personagem não consegue ver é que seu problema são os extremismos e o fato de nunca refletir sobre si mesmo e sobre suas escolhas diante da vida. Agora, decepcionado com tudo o que fez, decide morrer porque vai do extremo da vida sob a ficção para o extremo do império dos fatos puramente e da razão.

Sancho, que aprendeu a não ser tão pragmático, sofre com a iminente perda:

— Ai! — respondeu Sancho Pança, chorando — não morra Vossa Mercê, senhor meu amo, mas tome o meu conselho e viva muitos anos, *porque a maior loucura que pode fazer um homem nesta vida é deixar-se morrer sem mais nem mais*, sem ninguém nos matar, nem darem cabo de nós outras mãos que não sejam as da melancolia. Olhe, não me seja Vossa Mercê preguiçoso, levante-se dessa cama e vamos para o campo *vestidos de pastores*, como combinamos. Talvez em alguma mata encontremos a senhora dona Dulcineia desencantada, que não haja aí mais que ver. *Se morre de pesar de se ver vencido*, deite-me as culpas a mim, dizendo que por eu ter apertado mal as silhas de Rocinante é que o derrubaram; tanto mais, que Vossa Mercê há-de ter visto nos seus livros de cavalarias ser coisa ordinária derribarem-se os cavaleiros uns aos outros, *e o que é hoje vencido ser vencedor amanhã*. (Cervantes, 2005, grifo nosso)

Sancho sabe que seu amigo quer morrer, vai deixar-se morrer por desiludido que está. Então, tenta animá-lo com novos imaginários, nova ficção, desta vez a vida bucólica dos pastores, mas nada mais há que fazer por Quixote porque ele voltou a ser Alonso Quijano:

— Senhores — acudiu D. Quixote — deixemo-nos dessas coisas; o que foi já não é: *fui louco e estou hoje em meu juízo; fui D. Quixote de la Mancha, e sou agora, como disse, Alonso Quijano, o Bom*; possam o meu arrependimento e a minha verdade restituir-me a estima em que Vossas Mercês me tinham, e prossiga para diante o senhor tabelião. (Cervantes, 2005, grifo nosso)

A morte de Quixote lhe devolve sua inicial doçura. Sobre isso, o escritor peruano Mario Vargas Llosa reflete:

Porém, ainda que o Quixote não mude, encarcerado como está em sua rígida visão cavaleiresca do mundo, o que sim vai se transformando é seu entorno, as pessoas que o circundam e a própria realidade que, como contagiada por sua poderosa loucura, vai se desrealizando pouco a pouco até – como em um conto borgiano – converter-se em ficção. Este é um dos aspectos mais sutis e também mais modernos do grande romance cervantino[1]. (Vargas Llosa, in Cervantes, 2004)

Em outras palavras, a grande capacidade de imaginário de Quixote vai deixando a vida das pessoas que convivem com ele plena de encanto. Aqui está a defesa da ficção, da estética, da literatura como um direito humano[2], como instância indispensável para a formação humana do indivíduo, para contribuir com algum sentido em sua vida privada e pública. O homem que é educado da maneira correta com o direito ao exercício do imaginário, da ficção, tem maior possibilidade de cuidar melhor de si e de sua comunidade porque tem melhor leitura de mundo e mais condições de pôr encanto em sua vida. Essa é também a defesa de Vargas Llosa (in Cervantes, 2004): "O grande tema de Dom Quixote de la Mancha é a ficção, sua razão de ser, e a maneira como ela, ao infiltrar-se na vida, vai modelando-a, transformando-a[3]".

---

1 No original: "Pero, aunque el Quijote no cambia, encarcelado como está en su rígida visión caballeresca del mundo, lo que sí va cambiando es su entorno, las personas que lo circundan y la propia realidad que, como contagiada de su poderosa locura, se va desrealizando poco a poco hasta – como en un cuento borgiano – convertirse en ficción. Éste es uno de los aspectos más sutiles y también más modernos de la gran novela cervantina".
2 Sou grata a meu supervisor de pós-doutorado, Prof. Dr. Marcus Vinicius de Freitas, da Universidade Federal de Minas Gerais (UFMG), por essa aprendizagem.
3 No original: "El gran tema de Don Quijote de la Mancha es la ficción, su razón de ser, y la manera como ella, al infiltrarse en la vida, la va modelando, transformando".

Indicações culturais

1. Em 1973, foi publicada no Brasil uma homenagem à obra *Dom Quixote*. A história foi ilustrada por Candido Portinari e, para cada ilustração de episódios da narrativa, há um poema de Carlos Drummond de Andrade. Se você quiser conhecer um pouco mais desse trabalho, acesse o *link* indicado a seguir.

TRAÇOS e versos de Portinari e Drummond sobre a obra "Dom Quixote" de Cervantes. *Revista Prosa Verso e Arte*, 30 set. 2017. Disponível em: <https://www.revistaprosaversoearte.com/tracos-e-versos-de-portinari-e-drummond-sobre-a-obra-dom-quixote-de-cervantes/>. Acesso em: 15 abr. 2023.

2. A rede de TV espanhola RTVE fez uma excelente série sobre *Dom Quixote*, a qual está disponível integralmente em sua página *web*.

EL QUIJOTE. Direção de Manuel Gutíerrez Aragón. Disponível em: <https://www.rtve.es/television/el-quijote/>. Acesso em: 15 abr. 2023.

3. O músico Jordi Savall, especialista em música antiga, fez um trabalho magistral de investigação sobre as canções e costumes da época de Cervantes e gravou um disco com músicas baseadas na obra *Dom Quixote*. Confira o bonito trabalho no *link* a seguir.

DON QUIJOTE de La Mancha: Romances y Músicas. Disponível em: <https://www.alia-vox.com/en/catalogue/don-quijote-de-la-mancha-romances-y-musicas/>. Acesso em: 15 abr. 2023.

Síntese

Neste capítulo, abordamos uma parte das infinitas discussões e análises pronfundas e indispensáveis para o homem e a humanidade que são estimuladas por esta grande obra que é *Dom Quixote de la Mancha*, de Miguel de Cervantes. Para isso, destacamos que há duas perspectivas de interpretação que costumam ser mais aceitas pela crítica literária: a inspirada nos românticos alemães e a que se pauta mais no contexto humanista da época.

A leitura romântica considera o cavaleiro como um herói libertário que não se deixa submeter pelas referências da realidade e pelas instituições criadas pelo homem. A humanista já o vê como um bem-intencionado sonhador que, apesar de bom caráter, coloca a própria vida e a dos demais em risco porque insiste em impor seu desejo pessoal de ficção e imaginário à vida real e, para isso, ignora a razão e a prudência (a justa medida).

Como já seria um desafio analisar essa obra em apenas um livro, para fazê-lo em um capítulo, selecionamos algumas passagens, como: o prólogo, por sua irreverência em relação à tradição tratadista do período e pelas discussões relativas a ideias que posteriormente seriam a base da teoria da literatura, como a contestação da autoridade do escritor sobre a obra; a primeira saída de Quixote sem seu escudeiro; o discurso da idade dourada, por mostrar o que queria nosso cavaleiro, mas também o que foi deixando de observar em suas aventuras; e os episódios dramáticos do bacharel e dos galeotes, nos quais a falta de prudência de Quixote causa fatos trágicos. Analisamos também a quixotização de Sancho e seu significado, como a importância da ficção na vida do homem.

Atividades de autoavaliação

1. Releia o fragmento do prólogo de Dom Quixote e assinale a alternativa **incorreta**:
   a. "Acontece muitas vezes ter um pai um filho feio e extremamente desengraçado, mas o amor paternal lhe põe uma peneira nos olhos para que não veja estas enormidades". Nesse fragmento, o escritor justifica por que avalia bem sua obra.
   b. "nem pedir-te, quase com as lágrimas nos olhos, como por aí fazem muitos, que tu, leitor caríssimo, me perdoes ou desculpes as faltas que encontrares e descobrires neste meu filho". O escritor trata seu avaliador por "caríssimo" para demonstrar compreensão.
   c. "e tens a tua alma no teu corpo, e a tua liberdade de julgar muito à larga e a teu gosto, e estás em tua casa, onde és senhor dela". O escritor usa o pensamento humanista para deixar o leitor livre em sua escolha sobre a obra.
   d. "que podia portanto o meu engenho, estéril e mal cultivado, produzir neste mundo, senão a história de um filho magro, seco e enrugado, caprichoso e cheio de pensamentos vários, e nunca imaginados de outra alguma pessoa?". O escritor contradiz a afirmação de que é padrasto da obra.
   e. "O descanso, o lugar aprazível, a amenidade dos campos, a serenidade dos céus, o murmurar das fontes, e a tranquilidade do espírito entram sempre em grande parte, quando as musas estéreis se mostram fecundas, e oferecem ao mundo partos, que o enchem de admiração e de contentamento". Em um lugar de contemplação, qualquer musa traz inspiração para escrever.

2. No prólogo de Dom Quixote, há uma série de sonetos, como exigia a tradição, mas, seguindo a irreverência do escritor, todos inventados por ele. Analise o seguinte soneto, que é um diálogo entre Babieca, o cavalo de El Cid, e Rocinante, e assinale a alternativa incorreta:

Diálogo entre Babieca e Rocinante
Soneto

B. Como estás, Rocinante, tão delgado?
R. Porque nunca se come, e se trabalha.
B. Pois, que é da cevada e da palha?
R. Não me deixa meu amo nem um bocado.

B. Vai, senhor, que estais mui malcriado
pois vossa língua de asno ao amo falha.
R. Asno se é do berço à mortalha.
Quere-lo ver? Olhai-o enamorado.

B. É necedade amar?
R. Não é grande imprudência.
B. Metafísico estais.

R. É que não como.
B. Queixai-vos do escudeiro.
R. Não é bastante.

Como me hei de queixar em minha dolência,
Se o amo e escudeiro ou mais mordomo
São tão rocins como Rocinante? (Cervantes, 2005)

a. Rocinante diz que a falta de inteligência de seu senhor será para a vida toda, sem reparo.
b. Rocinante diz que seu amo, Quixote, come cevada e palha, ou seja, insinua que é burro.

c. O soneto faz troça sobre filosofar insuando que o faz quem se distrai com outros prazeres.
d. Babieca repara a condição física de Rocinante porque é mais bem cuidado que ele.
e. Babieca sabe das leis de respeito aos cavaleiros e as segue, por isso repreende Rocinante.

3. *Dom Quixote* mistura drama e comédia. Indique C para comédia e D para drama nas passagens a seguir, transcritas da referida obra.

( ) "Miravam-no as moças, e andavam-lhe com os olhos procurando o rosto, que a desastrada viseira em parte lhe encobria".

( ) "— Apesar disso hás-de te sentar, porque quem mais se humilha mais se exalta. E puxando-lhe pelo braço, o obrigou a sentar-se-lhe a par".

( ) "— Não sei como pode ser isso de endireitar tortos — disse o bacharel — pois bem direito era eu, e vós agora é que me entortastes, deixando-me uma perna quebrada, que nunca mais em dias de vida me tornará a ser direita".

( ) "— Pelo Deus que me criou! — exclamou D. Quixote já posto em cólera — Dom filho duma tinhosa, Dom Ginezinho de Paropilho, ou como quer que vos chamais, que haveis de ir agora vós só com o rabo entre as pernas, com toda a cadeia às costas".

( ) "não morra Vossa Mercê, senhor meu amo, tome o meu conselho e viva muitos anos, porque a maior loucura que pode fazer um homem nesta vida é deixar-se morrer sem mais nem mais".

Agora, assinale a alternativa que apresenta a sequência correta:

a. C, D, D, D, D.
b. C, C, C, D, D.
c. C, C, D, C, D.
d. D, D, C, C, C.
e. D, D, D, C, C.

4. Analise as seguintes afirmações para as respectivas passagens da obra de Cervantes e assinale a alternativa **incorreta**:

    a. "— Bendito seja o poderoso Deus, que tanto bem me fez. Enfim, as suas misericórdias não têm limite e não as abreviam nem as impedem os pecados dos homens". Quixote está contente porque crê que Deus o perdoou.

    b. "Tenho o juízo já livre e claro, sem as sombras caliginosas da ignorância com que o ofuscou a minha amarga e contínua lenda dos detestáveis livros das cavalarias". Quixote se ressente dos romances de cavalaria.

    c. "tanto mais, que Vossa Mercê há-de ter visto nos seus livros de cavalarias ser coisa ordinária derribarem-se os cavaleiros uns aos outros, e o que é hoje vencido ser vencedor amanhã". Sancho quer que Quixote creia que pode voltar a vencer.

    d. "fui louco e estou hoje em meu juízo; fui D. Quixote de la Mancha e sou agora, como disse, Alonso Quijano, o Bom; possam meu arrependimento e minha verdade restituir-me a estima em que Vossas Mercês me tinham". Quixote volta a ser o fidalgo porque crê que é o correto.

    e. "Olhe, não me seja Vossa Mercê preguiçoso, levante-se dessa cama e vamos para o campo vestidos de pastores, como combinamos". Sancho quer viver sem os estímulos ao imaginário que lhe dava seu senhor.

5. Analise o poema que fizeram de epitáfio a Quixote e, em seguida, assinale a alternativa **incorreta**:

Yace aquí el Hidalgo fuerte
Que a tanto extremo llegó
De valiente, que se advierte
Que la muerte no triunfó
De su vida con su muerte.

Tuvo a todo el mundo en poco;
Fue el espantajo y el coco[4]
Del mundo, en tal coyuntura,
Que acreditó su ventura,
Morir cuerdo y vivir loco. (Cervantes, 2005)

a. "Que a tanto extremo llegó / De valiente". Reconhece Quixote como extremo e valente.
b. "Que la muerte no triunfó / De su vida con su muerte". Considera-se que se tornou imortal.
c. "Fue el espantajo y el coco / Del mundo, en tal coyuntura". Recorda que não aceitou o mundo tal como era.
d. "Que acreditó su ventura, / Morir cuerdo y vivir loco". Sua rejeição ao mundo o fez lúcido.
e. "Yace aquí el Hidalgo fuerte". É também uma homenagem ao fidalgo.

---

4 Monstro.

Atividades de aprendizagem

Questões para reflexão

1. No discurso da idade dourada, Quixote faz uma bela reflexão sobre a justiça e se queixa de que em seu tempo atual o homem não a tenha em conta por valor, e sim por interesse. Contudo, no capítulo dos galeotes, o próprio cavaleiro desacata a justiça real por um capricho, pois sua obsessão por viver aventuras de cavalaria o deixa cego para os fatos. Compare os dois discursos que o cavaleiro faz nas duas passagens e redija um parágrafo em que você ofereça sua reflexão sobre a ética humanista, a qual estimula Cervantes nessa discussão. Considere os discursos sobre justiça de nosso tempo e complemente sua reflexão referente à nossa realidade após seu contato com a obra.

2. No capítulo dos galeotes, uma observação que leva Quixote a querer dar a liberdade aos criminosos é o fato de que eles não querem a prisão (como se existisse alguém que quisesse). O cavaleiro diz o seguinte: "— De tudo que me haveis dito, caríssimos irmãos, tenho tirado a limpo o seguinte: que, se bem vos castigaram por vossas culpas, as penas que ides padecer nem por isso vos dão muito gosto, e que ides para elas muito a vosso pesar e contra vontade" (Cervantes, 2005). Para o cavaleiro, o homem pode viver em sociedade de acordo apenas com suas vontades pessoais, tanto que ele mesmo impõe as suas à realidade e aos fatos. Porém, trata-se de uma concepção condenável para a lógica dos romances de cavalaria e histórias de heróis. Em outras palavras, todo herói é alguém que sacrifica sua vida pessoal para salvar os demais. Considerando isso,

redija um parágrafo no qual você discorra sobre essa incoerência de Quixote e sobre o paradoxo em que ele está.

Atividade aplicada: prática

1. Já comentamos aqui sobre a importância da literatura em seu papel de proporcionar o autodesdobramento como uma viagem na qual o leitor sai de si mesmo e entra na vida de um outro. Esse evento tem potência para educar para a solidariedade. Se estamos falando de viagem, veja que se trata justamente do que era necessário aos cavaleiros para socorrer os necessitados, ou seja, todo cavaleiro tinha de se deslocar por territórios para encontrar aqueles que precisavam de sua ajuda. Assim o fez Quixote. Agora, interessa-nos saber de uma viagem que você fez, estimado leitor, na qual tenha aprendido algo novo que resultou em uma aprendizagem de vida. Escreva sobre essa viagem como se fosse um diário.

um ¡Tant' amáre! ¡Campeador! – Baixa Idade Média I

dois Santa Maria Strela do Dia. Reyna de los cyelos, madre del pan de trigo – Baixa Idade Média II

três Nascido no rio: o pícaro no reino católico de Carlos I

quatro Na noite escura. A flecha *enherbolada* de amor. A mística no reino de Felipe II

cinco Un pueblo granada. Una gente *in* día. Ave sin pluma alada. A transfiguração da colônia

seis Num lugar de la Mancha, de cujo nome não quero me lembrar… Dom Quixote

sete Era do ano a estação florida. Pó serão, mas pó apaixonado

AINDA NO *Siglo de Oro* e para fechar o livro, este capítulo apresenta a obra poética de dois grandes representantes desse período áureo da literatura hispânica: Luis de Góngora e Francisco de Quevedo. Esses dois rivais, que até mesmo escreveram poemas satíricos um contra o outro, defenderam estilos distintos, o de Góngora, conhecido como *cultismo*, e o de Quevedo, chamado *conceptismo*, mas ambos de igual competência estética e importância.

setepontoum
Cultismo e conceptismo

Depois de analisarmos uma das narrativas mais importantes da literatura universal, agora entraremos em outro capítulo muito especial, o qual é dedicado à lírica do *Siglo de Oro*, aqui representada pelos poetas mais reconhecidos: Luis de Góngora e Francisco de Quevedo. Ambos foram imensos em seu talento e engenhosidade, tanto que criaram e publicaram vários gêneros literários. Contudo, tinham estilos muito distintos e até mesmo faziam críticas um ao outro publicamente, sendo muito conhecidos por sua rivalidade (chegaram a escrever poemas satíricos um para o outro).

Luis de Góngora y Argote (Córdoba, 1561-1627) conquistou sua fama como poeta e sacerdote em vida, mas também como boêmio que foi, pois, apesar de ser capelão do rei, vivia de festas e jogos. Por sua vida nada discreta na Corte, sofreu ameaças de repreensões e por isso voltou a sua cidade natal em 1626.

Seu domínio da linguagem poética era algo impressionante, pois pôde escrever tanto poemas sacros quanto sonetos amorosos, burlescos, laudatórios, religiosos e funerários. Além da lírica, também publicou fábulas, epístolas morais e o maravilhoso *Soledades*, poema de linguaguem bastante complexa e escrito em silva (estrofe com versos endecassílabos ou heptassílabos).

Góngora defendia a poesia como um jogo de linguagem elevada e complexa em cujo hermetismo se ocultava o verdadeiro objeto descrito ou homenageado. A isso denominava **arte da dificuldade**. Para acessar a verdadeira mensagem, o leitor desses poemas precisava ter erudição e perspicácia. Por isso, Góngora se preocupava mais com a forma, a qual tinha de ser bastante refinada, do que com o conteúdo. A estética da linguagem e das formas escolhidas devia ter mais valor. Essa defesa de estilo e de refinamento da linguagem resultou classificada como **cultismo**.

Com relação à arte da dificuldade que Góngora pratica, Alvar, Mainer e Navarro (2009) afirmam, comentando sobre a obra *Soledades*:

> É o começo, pois, do auge insuperável da arte da dificuldade, *as Soledades*. Criam com seus versos um exercício prazeroso, porque, como diz Gracián, em sua *Agudeza y arte de ingenio*, "a verdade, quanto mais dificultosa, é mais agradável, e o conhecimento que custa, é mais estimado[1]".

A menção à **agudeza**, conceito defendido pelo intelectual e escritor humanista espanhol **Baltasar Gracián**, é muito importante para as análises dos poemas de Góngora, pois consiste em trabalhar dois elementos opostos, unindo-os por alguma característica que os iguale (Gracián, 2011).

Francisco de Quevedo y Villegas (Madrid, 1580-1645) estudou teologia na Corte, onde viveu sob a proteção do mecenas **Duque de Osuna**. Em defesa do duque, lutou nas missões na Itália, de onde retornou para se dedicar ao hábito em Madri. Em

---

1 No original: "Es el comienzo, pues, de la cima insuperable del arte de la dificultad, las *Soledades*. Crean con sus versos un ejercicio sumamente placentero, porque, como dice Gracián, en su *Agudeza y arte de ingenio*, 'la verdad, cuanto más dificultosa, es más agradable, y el conocimiento que cuesta, es más estimado".

1620, o duque perdeu seu poder e, por isso, Quevedo foi preso. Depois de conquistar outra proteção importante, a do **Duque Olivares**, esteve mais dedicado à política. Por causa disso, em 1641, alguns clérigos publicam o *Tribunal de la justa venganza, erigido contra los escritos de don Francisco de Quevedo, maestro de errores, doctor en desvergüenzas, licenciado en bufonerías, bachiller en suciedades, catedrático de vicios y protodiablo entre los hombres*. Isso se deve ao fato de que Quevedo tinha muita cultura e um domínio excepcional da linguagem, além de uma personalidade forte e muito autêntica. Dessa forma, muito de sua produção literária resultava irreverente ou provocativa, incluindo muitas sátiras, bem como temas de angústia existencial.

Assim como no caso de seu rival, e por também ter muita erudição, em seus poemas românticos há uma presença engenhosa de referências mitológicas, o que sempre era considerado sinal de refinamento. Todavia, a diferença em relação a Góngora é que Quevedo não concebia a poesia como criação autônoma e superior, aproximando-a mais do poder revolucionário da palavra. Como podemos notar, a ideia, o conteúdo tinha mais potência para Quevedo, motivo pelo qual seu estilo é conhecido como **conceptismo**.

Sobre as diferenças entre esses grandes rivais, Alvar, Mainer e Navarro (2009) destacam:

> Não teve a pretensão criadora de Góngora, lhe atraía mais a destruição verbal que o artifício suntuoso da poesia séria, seu *Poema heroico de las necedades y locuras de Orlando el enamorado* em oitavas

é uma mostra mais. E, apesar disso, nenhum poeta dominou tanto e tão profundamente todos os registros da língua[2].

Sobre essa diferença entre valorizar mais a linguagem poética – a forma – ou as ideias – o conteúdo –, constatamos que, no cultismo de Góngora, há mais agudeza no nível da linguagem e, no conceptismo de Quevedo, no nível dos conceitos. É o que vamos analisar nas seções dedicadas a eles.

setepontodois
Era do ano a estação florida

Esta seção é dedicada a Góngora e a intitulamos com o primeiro verso de um de seus poemas mais famosos. Vamos analisá-lo também, mas vamos começar por um de amor. Para que você saiba, esses poemas, no *Siglo de Oro*, costumavam estar escritos sob algumas histórias mitológicas. Considerando que o poeta é Góngora, você já sabe que debaixo da história mitológica que vai ler há outra para se descobrir. Vejamos:

> Con diferencia tal, con gracia tanta
> Aquel ruiseñor llora, que sospecho
> Que tiene otros cien mil dentro del pecho,
> Que alternan su dolor por su garganta;

---

2 No original: "No tuvo la pretensión creadora de Góngora, le atraía más la destrucción verbal que el artificio suntuoso de la poesía seria, su *Poema heroico de las necedades y locuras de Orlando el enamorado* en octavas es una muestra más. Y sin embargo, ningún poeta dominó tanto y tan profundamente todos los registros de la lengua".

> Y aun creo que el espíritu levanta,
> Como en información de su derecho,
> A escribir del cuñado el atroz hecho
> en las hojas de aquella verde planta.
>
> Ponga, pues, fin a las querellas que usa,
> Pues ni quejarse ni mudar estanza
> Por pico ni por pluma se le veda;
>
> Y llore solo aquel que su Medusa
> En piedra convirtió, porque no pueda
> Ni publicar su mal ni hacer mudanza. (Góngora, 1854, p. 433)

Na primeira estrofe, de uma beleza impressionante, o poeta consegue representar a imensa dor do rouxinol, afirmando que seu canto soa com tanta distinção – bonita – que parece ter outros tantos dentro de seu peito. Aqui, Góngora transmite tanto a dimensão da dor do rouxinol quanto a beleza de seu canto, transfiguração de seu drama. Trata-se da primeira leitura.

Na segunda estrofe, o rouxinol consegue levantar seu ânimo (espírito) por causa de seu canto e por isso escreve algo sobre a injustiça sofrida (informação de seu direito) por seu cunhado, que ocorreu de maneira atroz. A segunda leitura já começa a aparecer, pois se trata de um rouxinol, mas há um cunhado, ou seja, um ser do reino animal com um ser humano. O leitor já imagina que o rouxinol é uma metáfora para alguém.

No primeiro terceto, quando já começa a aparecer o desenlace, informa-se que a querela do rouxinol tem solução (*"ni quejarse ni mudar estanza [...] Por pico ni por pluma se le veda"*) porque ele pode cantá-la chorando ou escrevendo a denúncia. Novamente, quando entra a destreza de escrever, o leitor já sabe que o rouxinol é metáfora para uma pessoa.

No último terceto, o eu lírico compara a situação do rouxinol, que pelo menos pode reivindicar justiça e modificar sua vida, à trágica realidade dos apaixonados não correspondidos, dizendo que a amada que não os quer é como a Medusa, ou seja, petrifica-os e impede-os de escrever e se mobilizar ou mudar de vida. Aqui, a agudeza de Góngora ao conseguir comparar a amada indiferente à Medusa é genial.

Em um primeiro momento, o eu lírico está apaixonado, mas não é correspondido, então se compara com o rouxinol, mas se vê mais destruído por se sentir petrificado pela rejeição de sua amada. É interessante observar que há metalinguagem porque o próprio poema é a escrita, o desabafo, do amado rejeitado. Logo, há um paradoxo entre o que o eu lírico enuncia, ou seja, que o amado não correspondido não pode publicar sua dor, e a própria enunciação, pois o poema é seu grito de dor de amor.

Ainda resta analisar que história está por debaixo da primeira. Como já mencionamos, os poemas de amor eram escritos por meio das histórias mitológicas. Aqui, temos a história das filhas do rei Pandião de Atenas. Esse rei ofereceu uma de suas filhas, Procne ou Filomela, em casamento ao rei Tereu da Trácia. Tereu escolheu Procne, com quem teve um filho. Depois de cinco anos de casamento, Procne, com saudade de sua irmã, pediu a seu marido que a buscasse. Na viagem em que a levava para viver com eles, Tereu não resistiu à beleza de Filomela e a estuprou. Para que ninguém soubesse de seu crime, o estuprador cortou sua língua e a deixou só e trancada no meio do caminho, dizendo a sua esposa que sua irmã tinha morrido na viagem.

Apesar de Filomela não poder falar, reagiu à injustiça, desenhou sua tragédia em uma folha e a entregou a uma escrava, a quem pediu que a entregasse para sua irmã. Procne a resgatou e a levou ao palácio. Com ódio de seu marido, Procne matou e cozinhou seu filho porque ele se parecia muito com o pai. Como vingança, ela ofereceu o filho como comida para o marido. Quando ele descobriu, tentou matar as irmãs, mas os deuses intervieram e transformaram os três, Tereu, Procne e Filomela, respectivamente, nos pássaros poupa, andorinha e **rouxinol**!

Pois é disso que se trata, estimado leitor, o rouxinol é Filomela. Góngora usa essa história da mitologia grega para refletir sobre a dor do amor não correspondido. Filomela sofreu uma injustiça que lhe causou uma dor irremediável, mas pelo menos pôde lutar pela justiça dos homens e pela divina. O eu lírico reflete sobre o poder da arte e da palavra como transfiguração do trágico, pois Filomela canta para sublimar sua dor e escreve para lutar por justiça.

Mas o que pode fazer quem ama e não é correspondido? Góngora recorre a um dos mitos mais perversos, Medusa, e compara a amada indiferente a ela. A dor do amor não correspondido petrifica, ou seja, imobiliza e impede o apaixonado de reagir. Porém, o paradoxo para o qual chamamos atenção no início contesta essa conclusão. A metalinguagem está nos dizendo que um apaixonado rejeitado pôde escrever esse poema magnífico. Em outras palavras, nem a dor do amor rejeitado tem mais poder que a palavra poética.

A seguir, vejamos uma demonstração de agudeza.

Descripción de una dama

De pura honestidad templo sagrado,
Cuyo bello cimiento y gentil muro
De blanco nácar y alabastro duro
Fue por divina mano fabricado

Pequeña puerta de coral preciado,
Claras lumbreras de mirar seguro,
Que a la fina esmeralda el verde puro
Habéis para viriles usurpado;

Soberbio techo, cuyas cimbrias de oro
Al claro sol, en cuanto en torno gira,
Ornan de luz, coronan de belleza;

Idolo bello, a quien humilde adoro,
Oye piadoso al que por ti suspira,
Tus himnos canta y tus virtudes reza. (Góngora, 1854, p. 433)

Lembre-se, caro leitor, de que a agudeza consiste em encontrar uma característica comum entre coisas muito distintas. Nesse caso, o título do poema já informa que se trata da descrição de uma dama, mas observe que todo o tempo ela está descrita como se fosse uma catedral.

Na primeira estrofe, a honestidade (castidade) da dama é lisonjeada por comparação a um templo sagrado, fina agudeza. A cor de sua pele já se sabe branca (*"Cuyo bello cimiento y gentil muro / De blanco nácar"*), mas é também uma nova alusão à sua castidade. O eu lírico exalta a dama dizendo de sua perfeição, pois só pode ter sido fabricada por mão divina.

Na segunda estrofe, exaltam-se a boca e os olhos da dama em comparação com partes da catedral. Assim, a *"Pequeña puerta de coral preciado"* é, ao mesmo tempo, a porta da catedral e a boca vermelha dela, e *"Claras lumbreras de mirar seguro"* são a claraboia da construção e os olhos da dama, que são verdes: *"Que a la fina esmeralda el verde puro"*.

O primeiro terceto, início do desenlace em um soneto, é de uma beleza impressionante, pois Góngora representa a cor do cabelo da dama – loiro – e mostra que até o sol se rende à sua formosura porque gira em torno dela: *"Soberbio techo, cuyas cimbrias de oro / Al claro sol, en cuanto en torno gira, / Ornan de luz, coronan de belleza"*.

No último terceto, o eu lírico segue com a agudeza de comparar a dama com uma catedral e revela que é porque a ama tanto que a tem como a um ídolo religioso, divino, ou seja, ela é motivo de adoração: *"Ídolo bello a quien humilde adoro"*. Engenhoso, ele usa a retórica, pois, se ela é um ídolo divino, tem de ter piedade e atender a sua súplica – *"Oye piadoso al que por ti suspira"* – porque ele é um exemplar e fiel dedicado: *"Tus himnos canta y tus virtudes reza"*.

O poema a seguir trata de um tema muito presente no *Siglo de Oro*: a brevidade da vida e o consequente conselho do *carpe diem*.

Ilustre y hermosísima María

Ilustre y hermosísima María,
mientras se dejan ver a cualquier hora
en tus mejillas la rosada Aurora,
Febo en tus ojos y en tu frente el día,

> y mientras con gentil descortesía
> mueve el viento la hebra voladora
> que la Arabia en sus venas atesora
> y el rico Tejo en sus arenas cría;
>
> antes que, de la edad Febo eclipsado
> y el claro día vuelto en noche obscura,
> huya la Aurora del mortal nublado;
>
> antes que lo que hoy es rubio tesoro
> venza a la blanca nieve su blancura:
> goza, goza el color, la luz, el oro. (Góngora, 2021)

Na primeira estrofe, o eu lírico fala do tempo presente e quer enfatizar a simultaneidade da atualidade com a potência da juventude, por isso usa o conectivo *enquanto* ("*mientras*") para depois exaltar as belezas de Maria, ao mesmo tempo que demonstra sua erudição ao citar mitos gregos:

- o tom rosado de suas bochechas, o qual, com agudeza, ele compara com a Aurora, homenageando, inclusive, a *Odisseia*, de Homero;
- o brilho formoso dos olhos, por agudeza comparado com o sol, representado por Febo, ou Apolo;
- a luz e a pureza branca de seu semblante, igual à claridade do dia.

A segunda estrofe é toda dedicada ao cabelo de Maria e ao propósito de reforçar a beleza de sua cor loira. Aqui, o poeta teve o desafio de representar a cor loira sem compará-la com o ouro, metáfora que já estava gasta. Dessa forma, precisou provar sua agudeza e o refinamento de sua linguagem. Vejamos:

- Nos dois primeiros versos, o cabelo é tão bonito que o vento quer tocá-lo de qualquer maneira: *"y mientras con gentil descortesía / mueve el viento la hebra voladora"*.
- Nos dois últimos versos, o poeta vence o desafio de não comparar o cabelo loiro como ouro e prova sua agudeza, pois traz a representação pela Arábia, conhecida por suas minas de ouro, e pelo Tejo, rio que na tradição castelhana tinha fama de guardar ouro nas areias. É magnífico!
- Passando ao desenlace dos tercetos, o poeta troca "enquanto" por "antes" e isso já soa como alerta: toda essa beleza será tragada pelo tempo, tão inclemente que eclipsa a formosura e a luz tipo Febo e afugenta a potência da Aurora.
- A retórica do poeta aparece, então, com o *carpe diem*, ou seja, é como se ele dissesse "desfruta tua beleza hoje, Maria" com os versos finais.

Para refletir

Analise o poema a seguir, de Góngora, e redija um texto com a interpretação e a análise dos termos formais.

Mientras por competir con tu cabello

Mientras por competir con tu cabello,
oro bruñido, el sol relumbra en vano
mientras con menosprecio en medio el llano
mira tu blanca frente el lilio bello;

mientras a cada labio, por cogello,
siguen más ojos que al clavel temprano,
y mientras triunfa con desdén lozano
del luciente cristal tu gentil cuello;

> goza cuello, cabello, labio y frente,
> antes que lo que fue en tu edad dorada
> oro, lirio, clavel, cristal luciente,
>
> no sólo en plata o víola troncada
> se vuelva, mas tú y ello, juntamente,
> en tierra, en humo, en polvo, en sombra, en nada. (Góngora, 1854, p. 432)

setepontotrês
Pó serão, mas pó apaixonado

Provavelmente você está encantado com o refinamento de forma e de conteúdo de Góngora, por sua agudeza na linguagem. Pois agora vamos seguir encantando você com a agudeza de conceito de Francisco de Quevedo. É necessário observar que isso não significa que cada um deles só tenha um tipo de agudeza. Seguramente você percebeu a agudeza de conceito de Góngora, mas ocorre que um tipo aparece mais em um que em outro.

Encerramos a seção sobre Góngora com poemas que abordavam a brevidade da vida. No poema *"Mientras por competir con tu cabello"*, citado na seção "Para refletir" anterior, Góngora usou o elemento "pó" (*"polvo"*)para representar a morte como o fim de toda possibilidade. Por isso, vamos introduzir Quevedo com um poema em que ele também usa esse elemento, mas por agudeza de conceito o transfigura e lhe retira a fatalidade que Góngora aceita. Trata-se precisamente do poema cujos versos intitulam esta seção. Vejamos:

Amor constante más allá de la muerte

Cerrar podrá mis ojos la postrera
sombra que me llevare el blanco día,
y podrá desatar esta alma mía
hora a su afán ansioso lisonjera;

mas no, de esotra parte, en la ribera,
dejará la memoria, en donde ardía:
nadar sabe mi llama la agua fría,
y perder el respeto a ley severa.

Alma a quien todo un dios prisión ha sido,
venas que humor a tanto fuego han dado,
medulas que han gloriosamente ardido

su cuerpo dejará, no su cuidado;
serán ceniza, mas tendrá sentido;
polvo serán, mas polvo enamorado. (Quevedo, 2016, p. 657)

Você percebeu que, nessa beleza de poema, o eu lírico diz que a morte não poderá nunca matar o amor que ele sente por sua amada? Vejamos então como ele o diz.

Sendo um soneto, já sabemos que as duas primeiras estrofes, os quartetos, introduzem o tema. No primeiro quarteto, o eu lírico fala da morte (derradeira sombra) e diz, por **hipérbato**, ou seja, inversão da ordem habitual das palavras em uma oração, que ela poderá fechar seus olhos e, triunfante (lisonjeira), desatar sua alma de seu corpo. Na verdade, ele se refere ao dia fatal do qual ninguém escapa.

No segundo quarteto, ele fala de algo contra o qual a morte, ainda que infalível, não poderá lutar porque não poderá matar. E não o poderá porque sua memória não o deixará (*"mas no, de esotra parte, en la ribera, / dejará la memoria, en donde ardía:"*). O leitor saberá de que se trata porque o eu lírico diz ser algo que ardia e, então, Quevedo cria os dois últimos versos, sublimes. O penúltimo, com o uso da um paradoxo, diz que o amor que ele sente, uma chama, saberá nadar pela água fria da morte. O último adverte que esse amor saberá faltar com o respeito pela lei severa da morte (*"y perder el respeto a ley severa."*).

Sobre o desenlace que sempre vem nos tercetos, no primeiro se mencionam as instâncias responsáveis pela paixão: alma, veias, medulas, algumas das quais, como percebemos, físicas. Em outras palavras, o eu lírico adianta que, sim, a parte física que alimenta esse amor perecerá.

Contudo, o último desenlace, do último terceto, soluciona tudo: esse amor é mais forte que a morte; assim, alma, veias, medula e todo o corpo do apaixonado serão cinzas, mas seguirão tendo um sentido, que é seu amor. E depois vem o último verso, de uma beleza comovente: seu corpo será pó, mas o sentimento seguirá inclusive nesses restos mortais – será pó apaixonado.

> ## Para refletir
>
> Na seção "Para refletir" anterior, você analisou um poema de Góngora cujo tema é a brevidade da vida e viu que o eu lírico diz à dama que, depois que o tempo levar sua beleza, ela não poderá gozar seus amores. Compare esse entendimento com o tema de Quevedo no poema que acabamos de analisar e redija um parágrafo no qual discorra sobre a diferença entre eles.

Quevedo fez poemas satíricos muito divertidos e com excelente maestria. Vamos analisar agora um muito engraçado, o qual alguns pesquisadores dizem ter sido escrito para seu grande rival, Góngora. Para que você saiba, Góngora tinha um nariz bastante grande; busque retratos dele na internet e confira. No entanto, há pesquisadores que defendem que o poema foi escrito para os judeus. Vejamos:

> A una nariz
>
> Érase un hombre a una nariz pegado,
> érase una nariz superlativa,
> érase una nariz sayón y escriba,
> érase un pez espada muy barbado.
>
> Era un reloj de sol mal encarado,
> érase una alquitara pensativa,
> érase un elefante boca arriba,
> era Ovidio Nasón más narizado.
>
> Érase el espolón de una galera,
> érase una pirámide de Egipto,
> las doce tribus de narices era.
>
> Érase un naricísimo infinito,
> muchísimo nariz, nariz tan fiera
> que en la cara de Anás fuera delito. (Quevedo, 1648)

Esse tema satírico foi conceituado por Quevedo como *figuras* em tratados sobre sátira que ele chegou a publicar, um deles intitulado *Vida de corte*. Nessa obra, o artista catalogou as figuras entre *naturales*, ou seja, aquelas cujas características exageradas seriam de sua natureza, e *artificiales*, com aspectos de personalidade.

Como você já percebeu, o caso do homem de nariz muito grande é de uma sátira de figura natural.

A comicidade na primeira estrofe já começa na ideia que Quevedo constrói de que o nariz é tão grande que não se trata de ter sido posto no homem, senão o contrário: *"Érase un hombre a una nariz pegado"*. Depois, reforça-se o tamanho exagerado do nariz com a repetição da ideia: *"superlativa"*, *"érase una nariz sayón y escriba"*. Compará-lo a uma túnica é objetificó-lo mais, pois se trata realmente de um objeto. Para aprofundar no escárnio, o último verso parte para o animalesco: *"érase un pez espada muy barbado"*.

Na segunda estrofe, as comparações a objetos longos e pontiagudos continuam: *"Era un reloj de sol mal encarado"*. Podemos perceber que, além de debochar do nariz, o eu lírico também adverte que o homem tem uma má feição. O animalesco volta com mais ferocidade porque a imagem resulta mais ridícula: *"érase un elefante boca arriba"*. Então, chega o verso que entrega que a crítica é a um judeu, pois *escriba* era o doutor da lei judaica. Para introduzir sua erudição, Quevedo tem a ideia genial de comparar o nariz com um poeta latino cujo nome recorda a ideia de nariz grande: *"era Ovidio Nasón más narizado"* (Quevedo, 1648).

O primeiro terceto segue com os objetos pontiagudos, mas agora bastante maiores que os anteriores: "o esporão de uma galera", "uma pirâmide do Egito", "as doze tribos". Estas são as doze tribos são as de Israel, isto é, também são referência aos judeus.

O último terceto encerra o poema, retomando o nariz e reforçando seu tamanho exagerado: *"naricísimo infinito"*, *"muchísimo nariz"*. Ou seja, tudo na cara do satirizado é somente seu imenso nariz.

Indicações culturais

1. Você já estudou os poemas de Gregório de Matos, poeta barroco brasileiro? Como naquela época era vigente o paradigma da emulação, Gregório emulou dois sonetos de Góngora que estudamos aqui. Confira o poema a seguir e note que há versos de *"Mientras por competir con tu cabello"* e de *"Ilustre y hermosísima Maria"*.

   Discreta e formosíssima Maria,
   Enquanto estamos vendo a qualquer hora
   Em tuas faces a rosada Aurora,
   Em teus olhos, e boca o Sol, e o dia:

   Enquanto com gentil descortesia
   O ar, que fresco Adônis te namora,
   Te espalha a rica trança voadora,
   Quando vem passear-te pela fria:

   Goza, goza da flor da mocidade,
   Que o tempo trota a toda ligeireza,
   E imprime em toda a flor sua pisada.

   Oh não aguardes, que a madura idade
   Te converta em flor, essa beleza
   Em terra, em cinza, em pó, em sombra, em nada. (Gregório..., 2013)

2. Jordi Savall, o músico especialista em música antiga que já indicamos anteriormente, também fez um trabalho com canções do *Siglo de Oro*. Vale muito a pena escutá-lo para sentir os sons e o clima da época.

> CANCIONEROS del Siglo de Oro. Disponível em: <https://www.alia-vox.com/en/catalogue/cancioneros-del-siglo-de-oro/>. Acesso em: 15 abr. 2023.
>
> ENTREMESES del Siglo de Oro: Lope de Veja y Su Tiempo. Disponível em: <https://open.spotify.com/album/7hjesZSIUJuSpk1gfUfyjZ>. Acesso em: 15 abr. 2023.
>
> MAESTROS del Siglo de Oro. Disponível em: <https://www.alia-vox.com/en/catalogue/maestros-del-siglo-de-oro/>. Acesso em: 15 abr. 2023.

Síntese

Esperamos que este capítulo tenha sido para você o que é para nós, ou seja, um deleite pela elegância da linguagem e dos conceitos que estão, ambos, em Góngora e Quevedo, mas o primeiro elemento mais no poeta nascido em Córdoba, porque assim ele o queria, e o segundo mais no madrilenho, igualmente por sua escolha. Ademais, esperamos que tenha se divertido com as sátiras e burlas aqui reproduzidas, tão contundentes e até escatológicas, mas paradoxal e magistralmente refinadas.

Desses dois rivais, vimos que os jogos de linguagem intencionalmente refinados em Góngora, sua agudeza de linguagem, são conhecidos como *cultismo*. Já Quevedo, mais inclinado ao conteúdo, cultivava a agudeza de conceitos, o *conceptismo*.

Apesar das diferenças e da profunda rivalidade, ou graças a isso, esses dois poetas do *Siglo de Oro* nos presentearam com magníficos tesouros quando refletiram sobre a brevidade da vida para, em seguida, solucioná-la com o *carpe diem*; quando confessavam sua infinita e irrestrita capacidade de amar e quando brigavam entre si e se insultavam, porque desde Lazarillo já sabemos que o riso também é uma instância erótica (no sentido de potência de vida).

Atividades de aprendizagem

1. Analise o poema de Góngora cujo verso intitulou nosso capítulo. Trata-se de um dos mais famosos e faz parte de sua obra *Soledades*. Em seguida, assinale a alternativa que apresenta a interpretação **incorreta**:

   ### Soledad primera

   Era del año la estación florida
   en que el mentido robador de Europa,
   (media luna las armas de su frente
   y el Sol todo los rayos de su pelo),
   luciente honor del cielo,
   en campos de zafiro pace estrellas,
   cuando el que ministrar podia la copa
   a Júpiter mejor que el garzón de Ida,
   náufrago y desdeñado, sobre ausente,
   lagrimosas de amor dulces querellas
   da al mar, que condolido,
   fue a las ondas, fue al viento
   el mísero gemido
   segundo de Arïön dulce instrumento.
   [...]
   (Góngora, 2023)

   a. *"media luna las armas de su frente"*: imagem que representa um touro.
   b. *"Era del año la estación florida"*: significa que era primavera.

c. *"lagrimosas de amor dulces querellas / da al mar, que condolido"*: o mar lhe é indiferente.

d. *"náufrago y desdeñado, sobre ausente"*: um náufrago sofre por amor rejeitado.

e. *"y el sol todo los rayos de su pelo"*: o sol ilumina os pelos do touro.

2. Analise o seguinte soneto de Góngora e assinale a alternativa **incorreta**:

Vana rosa

Ayer naciste, y morirás mañana.
¿Para tan breve ser, quién te dió vida?
¿Para vivir tan poco estás lucida,
y para no ser nada estás lozana?

Si te engañó tu hermosura vana,
bien presto la verás desvanecida,
porque en tu hermosura está escondida
la ocasión de morir muerte temprana.

Cuando te corte la robusta mano,
ley de la agricultura permitida,
grosero aliento acabará tu suerte.

No salgas, que te aguarda algún tirano;
dilata tu nacer para tu vida,
que anticipas tu ser para tu muerte. (Góngora, 2000)

a. Os dois primeiros versos tratam da brevidade da vida tendo a rosa como objeto.

b. A indagação do segundo verso transmite indignação e descrença em relação ao Criador.

c. A segunda estrofe anuncia a formosura como motivo da breve vida da rosa.

d. No primeiro terceto se diz que o destino da rosa está regido por uma lei, que é ser cortada.

e. O último terceto apresenta o paradoxo da rosa, pois em seu nascer está sua sentença de morte.

3. A seguir, analise o poema satírico que Quevedo fez para Góngora, em resposta aos ataques que este lhe havia feito, e indique V para as afirmativas verdadeiras e F para as falsas.

Yo te untaré mis obras con tocino,
porque no me las muerdas, Gongorilla,
perro de los ingenios de Castilla,
docto en pullas, cual mozo de camino.

Apenas hombre, sacerdote indino,
que aprendiste sin christus na cartilla;
chocarrero de Córdoba y Sevilla,
y en la Corte, bufón a lo divino.

¿Por qué censuras tú la lengua griega
siendo sólo rabí de la judía,
cosa que tu nariz aun no lo niega?

No escribas versos más, por vida mía;
aunque aquesto de escribas se te pega,
por tener de sayón la rebeldía. (Quevedo, 2000)

( ) Nos dois primeiros versos, Quevedo diz que protegerá suas obras dos ataques de Góngora.

( ) Nos últimos versos da primeira estrofe, Quevedo reconhece Góngora como bom poeta.

( ) Nos dois primeiros versos da segunda estrofe, Quevedo recorda que Góngora não nasceu católico.

( ) No último verso da segunda estrofe, Quevedo diz que o papel de seu rival na Corte é mais de palhaço que de poeta.

( ) No primeiro terceto, Quevedo recupera o valor de Góngora recordando que ele é judeu.

Agora, assinale a alternativa que apresenta a sequência correta:

a. F, F, V, V, F.
b. V, F, V, V, F.
c. V, V, F, F, V.
d. F, V, F, V, V.
e. V, F, F, V, V.

4. Ainda sobre a sátira a Góngora, assinale a alternativa **incorreta** sobre as comparações que Quevedo usa para representar seu rival:

a. *"Yo te untaré mis obras con tocino, / porque no me las muerdas […]"*. Quevedo debocha porque Góngora era judeu e judeus não comem carne de porco.

b. *"docto en pullas, cual mozo de camino"*. Quevedo acusa o rival de indelicado que grita insultos como a plebe.

c. *"[…] sacerdote indino, / que aprendiste sin christus na cartilla"*. O poeta ofende o rival porque ele não nasceu católico.

d. *"chocarrero de Córdoba y Sevilla"*. O insulto agora vem do fato de seu rival ter nascido fora da Corte.

e. *"siendo sólo rabí de la judía, / cosa que tu nariz aun no lo niega?"*. Quevedo segue com o insulto pela origem judaica de seu rival.

5. Retome todos os poemas e analise os recursos formais neles empregados. Em seguida, assinale a alternativa incorreta:
   a. *"Era del año la estación florida"*. Nesse verso está presente a figura de linguagem literária da hipérbole.
   b. *"(media luna las armas de su frente / y el Sol todo los rayos de su pelo)"*. Os termos destacados formam uma antítese.
   c. *"da al mar, que condolido, / fue a las ondas, fue al viento"*. O termo destacado é uma personificação.
   d. *"dilata tu nacer para tu vida, / que anticipas tu ser para tu muerte"*. Os dois versos apresentam o paradoxo da rosa.
   e. *"docto en pullas, cual mozo de camino"*. Nesse verso, adota-se o recurso da comparação.

Atividades de aprendizagem

Questões para reflexão

1. Reflita sobre o soneto de Góngora inspirado no rouxinol de Filomela e no soneto de Quevedo sobre o amor constante ("pó apaixonado"). Em ambos se observa a defesa da arte como transfiguração do trágico. Redija um parágrafo no qual você explique como esse tema está presente em ambos os sonetos.

2. Analise os fragmentos a seguir, extraídos de dois sonetos – um de Quevedo e outro de Góngora. Os temas são a morte e o que ela leva consigo. Pense sobre a solução que os poetas apresentam para a inevitável realidade da morte e redija um parágrafo no qual você discorra acerca disso sob seu ponto de vista.

Quadro A – S**onetos de** Q**uevedo e de** G**óngora**

A um avarento, *de Quevedo*	*Ora que por competir com teu cabelo,* *de Góngora*
"Morreu com cem mil dores sem podê-lo remediar, tão somente por não gastar"	"Não só em prata ou víola cortada Se torna, mas tu e isso juntamente Em terra, em fumo, em pó, em sombra, em nada" (Argote, 1988)

Atividade aplicada: prática

1. O tema da brevidade da vida angustiava nossos poetas. Sobre a solução para eles, o *carpe diem*, a perspectiva girava em torno dos bens materiais e do gozo dos sentidos do corpo. Se pensarmos sobre nossa contemporaneidade, quando ao homem atual o tempo lhe parece mais breve em razão das atividades obrigatórias que já ocupam mais sua vida, veremos que a angústia pode ser maior porque muitos desperdiçam tempo de lazer em redes sociais. Considerando essa realidade, prepare uma sequência didática para o ensino médio cujo objetivo seja educar para o tema transversal do lazer. Considere atividades contemplativas edificantes, como artes, atividades ao ar livre e viagens.

{

considerações finais

❦ ESTIMADO LEITOR, CHEGAMOS até aqui com a sensação de dever cumprido e com muita satisfação durante o trajeto. A Hispanidade é nosso amor muito à maneira de Quevedo, "constante más allá de la muerte". Só esse amor, fraterno, porque é pelo Outro, pelo próximo, pode construir sentido para nossa vida. Lembre-se de que, quando dizemos *vida*, estamos considerando toda a história da humanidade e, por isso, quando pensamos no próximo, estamos considerando também os povos antigos. Recorde-se da lição do grande mestre, o Prof. Dr. Jacyntho Lins Brandão: os povos antigos são uma alteridade aos quais devemos respeito, e esse respeito só se concretiza se os estudamos sem impormos a eles juízos de valor com nossa mentalidade de hoje.

Estudar os antigos em tempos de ativismo pós-moderno é muito difícil ou injusto se insistirmos em julgá-los sob as considerações que hoje conquistamos para grupos minoritários. Para isso, filósofos contemporâneos estão propondo uma nova maneira de pensar as relações humanas, tendo em conta que as ideias pós-modernas se exacerbaram e começam a impedir laços comunitários entre a diversidade, ou seja, é o paradoxo dos discursos identitários, os quais se impõem reivindicando igualdade, mas formam coletivos entre seus iguais e rejeitam as diferenças tanto de características raciais ou físicas quanto de dissonância de pensamento.

Assim, caro leitor, filósofos como Luc Ferry, André Comte-Sponville, Fernando Savater, entre outros, propõem o humanismo secular, isto é, a retomada dos valores humanistas, os quais a pós-modernidade quis contestar, mas despojados do vínculo religioso. A proposta é revalorizar conceitos como o Bem, a Verdade, a Jutiça e instituições como a família e a escola, mas tudo construído pelos homens e entre eles em sua comunidade, e não por instâncias de poder ou por uma concepção transcendente.

Em outras palavras, a proposta é construir, edificar, e não desconstruir, como fez a pós-modernidade. Nessa tarefa estamos nós, pois defendemos que a Hispanidade, como qualquer outra história de formação dos povos, está feita de traumas, mas também de exemplos belos em todos os lados envolvidos na relação. Nunca se trata de uma história na qual de um lado está a vítima e do outro o vilão. Lembre-se sempre do Estreito de Magalhães. Recorde-se de que, antes da chegada dos conquistadores, os povos pré-colombianos já viviam opressões praticadas por sua gente mesma. Também se lembre de que todo ser humano tem dentro de si seu lado obscuro, uns mais, outros menos. Lembre-se de que a escolha de qual lado vamos manter dentro de nós e doar ao outro – a escuridão ou a luz – só cabe a nós.

Podemos começar desde já, pois temos a história e a literatura dos hispânicos antigos para ensinar. Eles nos ensinaram a sublimar a dor da tragédia pela estética, pela beleza do amor, da amizade, da resiliência; até mesmo quando de inimizade se tratou, como em Góngora e Quevedo, eles nos ensinaram a rir disso e de nós mesmos. Pois não é isso que discutimos todo o tempo? A literatura e o riso são eróticos, ou seja, retiram de nós todas as certezas, mostram-nos que não somos donos de nada, muito menos da verdade, fazem com que nos sintamos ínfimos diante da humanidade para depois nos devolver toda a potência da vida. A Hispanidade faz o mesmo por nós, brasileiros, por nos ser estrangeira. Ela nos diz que nosso mundo não é o único que existe e que não somos o umbigo do mundo. Quando nos abrimos pelo amor irrestrito à Hispanidade, o que ganhamos é potência de vida.

{

referências

ALVAR, C.; MAINER, J. C.; NAVARRO, R. Breve historia de la literatura española. Madrid: Alianza Editorial, 2009.

ARGOTE, L. de G. y. Poemas de Góngora. Tradução de Péricles Eugenio da Silva Ramos. São Paulo: Art Editora, 1988.

ARISTÓTELES. Ética a Nicómaco. Madrid: Centro de Estudios Políticos y Constitucionales, 2002.

AYALA, G. P. de. Nueva crónica y Buen gobierno. 1615. Disponível em: <http://www5.kb.dk/permalink/2006/poma/titlepage/es/text/?open=idm45821230787600>. Acesso em: 15 abr. 2023.

BERCEO, G. de. La imagen respetada por el incêndio. ca. 1195. Disponível em: <https://revistaliterariakatharsis.org/Gonzalo_de_Berceo_incendio.pdf>. Acesso em: 15 abr. 2023.

BERCEO, G. de. Milagros de Nuestra Señora. Disponível em: <https://www.cervantesvirtual.com/obra-visor/milagros-de-nuestra-senora–0/html/00259c8c-82b2-11df-acc7-002185ce6064_2.html>. Acesso em: 15 abr. 2023.

BRANDÃO, J. L. Ler a Antiguidade como um exercício de total alteridade. **Suplemento Pernambuco**, Recife, n. 144, p. 8-9, 5 fev. 2018. Entrevista. Disponível em: <https://issuu.com/suplementopernambuco/docs/pe_144_web>. Acesso em: 15 abr. 2023.

CANTIGAS de Santa Maria for Singers. Disponível em: <http://www.cantigasdesantamaria.com/>. Acesso em: 15 abr. 2023.

CANTAR de mio Cid. Disponível em <https://www.cervantesvirtual.com/portales/cantar_de_mio_cid/obra-visor/texto-modernizado-del-cantar-de-mio-cid--0/html/0175c3aa-82b2-11df-acc7-002185ce6064.html>. Acesso em: 15 abr. 2023.

CERVANTES, M. de. **D. Quixote de la Mancha**. eBooks Brasil, 2005. 2 v. Disponível em: <http://www.dominiopublico.gov.br/download/texto/eb000008a.pdf> e em: <http://www.dominiopublico.gov.br/download/texto/eb000014.pdf>. Acesso em: 15 abr. 2023.

CERVANTES, M. de. **El ingenioso hidalgo Don Quijote de la Mancha**. Madrid: RAE, 2004. Versión Kindle.

CIPRESTE, K. F. Mario Bellatin: lo anómalo y lo animalesco transfigurados en erotismo. In: PALMA CASTRO, A. et al. (Coord.). **Bellatin en su proceso**: los gestos de una escritura. Buenos Aires: Prometeo Libros, 2018. p. 149-165.

CRUZ, J. I. de la. Soneto. In: MIRANDA, A. **Poesías de Ibero-América**. Sor Juana Inés de la Cruz. Tradução de Antonio de Miranda. Disponível em: <http://www.antoniomiranda.com.br/iberoamerica/mexico/sor_juana_cruz.html>. Acesso em: 15 abr. 2023.

DELLA MIRANDOLA, G. P. **Discurso da dignidade humana**. 2006. Disponível em: <https://archive.org/details/202684703GiovanniPicoDellaMirandolaDiscursoSobreADignidadeDoHomem/page/n21>. Acesso em: 15 abr. 2023.

ERCILLA, A. de. **La Araucana**. Disponível em: <https://www.cervantesvirtual.com/obra-visor/la-araucana--5/html/ff253bc6-82b1-11df-acc7-002185ce6064.html>. Acesso em: 15 abr. 2023.

FERRY, L. **Aprender a viver**: filosofia para os novos tempos. Rio de Janeiro: Objetiva, 2010.

GÓNGORA, L. de. [Con diferencia tal, con gracia tanta]. In: ADOLFO DE CASTRO, Don. **Poetas líricos de los siglos XVI y XVII**. Madrid: M. Rivadeneyra, 1854. Tomo I. p. 433. Disponível em: <https://www.cervantesvirtual.com/portales/luis_de_gongora/obra-visor/poesias-de-don-luis-de-gongora-y-argote--0/html/0194ee7e-82b2-11df-acc7-002185ce6064_10.htm>. Acesso em: 15 abr. 2023.

GÓNGORA, L. de. [De pura honestidad templo sagrado]. In: ADOLFO DE CASTRO, Don. **Poetas líricos de los siglos XVI y XVII**. Madrid: M. Rivadeneyra, 1854. Tomo I. p. 433. Disponível em: <https://www.cervantesvirtual.com/portales/luis_de_gongora/obra-visor/poesias-de-don-luis-de-gongora-y-argote--0/html/0194ee7e-82b2-11df-acc7-002185ce6064_10.htm>. Acesso em: 15 abr. 2023.

GÓNGORA, L. de. [Mientras por competir con tu cabello]. In: ADOLFO DE CASTRO, Don. **Poetas líricos de los siglos XVI y XVII**. Madrid: M. Rivadeneyra, 1854. Tomo I. p. 432. Disponível em: <https://www.cervantesvirtual.com/obra-visor/poesias-de-don-luis-de-gongora-y-argote--0/html/0194ee7e-82b2-11df-acc7-002185ce6064_9.htm>. Acesso em: 15 abr. 2023.

GÓNGORA, L. de. **Soledades**. Disponível em: <https://www.cervantesvirtual.com/obra-visor/soledades--0/html/fedc9aec-82b1-11df-acc7-002185ce6064_2.html>. Acesso em: 15 abr. 2023.

GÓNGORA, L. de. Rosa vã. In: MIRANDA, A. **Poesías de Ibero-América**. Luis de Góngora. Tradução de Fernando Mendes Vianna. Disponível em: <http://www.antoniomiranda.com.br/iberoamerica/espanha/luis_de_gongora.html>. Acesso em: 15 abr. 2023.

GRACIÁN, B. **Obras completas**. Madrid: Cátedra, 2011.

GREGÓRIO de Matos ("Discreta e Formosíssima Maria": Análise estilística do poema). **Oceano de Letras**, 5 mar. 2013. Disponível em: <https://nuhtaradahab.wordpress.com/2013/03/05/gregorio-de-matos-discreta-e-formosissima-maria-analise-estilistica-do-poema/>. Acesso em: 15 abr. 2023.

GUTIÉRREZ, J. L. Teresa de Ávila: a poesia como colóquio amoroso com Deus. **Revista Pandora Brasil**, n. 16, mar. 2010. Disponível em: <http://

revistapandorabrasil.com/revista_pandora/mujer_poesia/teresa.htm>. Acesso em: 15 abr. 2023.

JUAN DE LA CRUZ, San. A música do êxtase: 4 poemas de San Juan de la Cruz. Tradução de Wanderson Lima. Desenredos, Teresina, ano 2, n. 6, jul./ago./set. 2010. Disponível em: <http://desenredos.com.br/wp-content/uploads/2022/11/06-traducao-San-Juan-wanderson-lima.pdf>. Acesso em: 15 abr. 2023.

JUAN DE LA CRUZ, San. Chama de amor viva. In: JUAN DE LA CRUZ, San. Pequena antologia amorosa. Tradução de Marco Lucchesi. Rio de Janeiro: Lacerda, 2000. Disponível em: <https://blocosonline.com.br/literatura/poesia/pidp/pidp010738.htm>. Acesso em: 15 abr. 2023.

LA VIDA de Lazarillo de Tormes y de sus fortunas y adversidades. Disponível em: <https://www.cervantesvirtual.com/obra-visor/la-vida-de-lazarillo-de-tormes-y-de-sus-fortunas-y-adversidades--0/html/fedb2f54-82b1-11df-acc7-002185ce6064_2.html#I_1_>. Acesso em: 15 abr. 2023.

LAZARILHO de Tormes. Tradução de Pedro Câncio da Silva. São Paulo: Página Aberta; Brasília, DF: Consejería de Educación de la Embajada de Espana, 1992. (Coleção-Collección Orellana, 4). Edição bilíngue espanhol-português. Disponível em: <https://edisciplinas.usp.br/pluginfile.php/5735403/mod_resource/content/2/Lazarillo%20de%20Tormes.pdf>. Acesso em: 15 abr. 2023.

LIÇÕES de Quevedo, 400 anos depois. Banco da Poesia, 25 mar. 2010. Disponível em: <https://bancodapoesia.org/tag/luiz-de-gongora/>. Acesso em: 15 abr. 2023.

MARAVALL, J. A. La cultura del barroco: análisis de una estructura histórica. Barcelona: Ariel, 1990.

McGINN, B. A presença de Deus: uma história da mística cristã ocidental. São Paulo: Paulus, 2012.

MILLARES, S. Ni gesta, ni genocidio. El País, Madrid, 19 out. 2021. Disponível em <https://elpais.com/opinion/2021-10-20/ni-gesta-ni-genocidio.html#?prm=copy_link>. Acesso em: 15 abr. 2023.

MONTAIGNE, M. El cuidado de sí: ensayos. Madrid: Editorial Biblioteca Nueva, 2011.

MONTAIGNE, M. de. Les Essais. version HTML d'après l'édition de 1595. Disponível em: <http://www.bribes.org/trismegiste/montable.htm>. Acesso em: 15 abr. 2023.

PAZ, O. El laberinto de la soledad. México, D.F.: Fondo de Cultura Económica, 1992.

PÉREZ-REVERTE, A. Arturo Pérez-Reverte: "Yo no tengo ideología, tengo biblioteca". La Razón, 26 out. 2020. Entrevista. Disponível em: <https://www.larazon.es/cultura/20201026/mzcmnoh5pfbdrnakmtyeapfacq.html>. Acesso em: 15 abr. 2023.

QUEVEDO, F. de. Amor constante más allá de la muerte. In: QUEVEDO, F. de. Obra poética. Edição de José Manuel Blecua. Madrid: Castalia, 1999. Tomo I. p. 657.

QUEVEDO, F. de. A una nariz. In: QUEVEDO, F. de. Parnaso español. [S.l.]: La Biblioteca Digital, 1648.

RAMÍREZ, S. Una lengua cambiante y múltiple. El País, Madrid, 25 out. 2013. Disponível em: <https://elpais.com/elpais/2013/10/25/opinion/1382699960_000266.html>. Acesso em: 15 abr. 2023.

RIBEIRO, R. P. Cartografia de Orfeu: analogia e assurreição nas Soledades de Luis de Góngora y Argote. Dissertação (Mestrado em Teoria da Literatura e Literatura Comparada) – Universidade Estadual do Rio de Janeiro, Rio de Janeiro, 2013. Disponível em <https://www.bdtd.uerj.br:8443/bitstream/1/6580/1/Rodrigo%20Petronio_dissertacao.pdf>. Acesso em: 15 abr. 2023.

RICO, F. Breve biblioteca de autores españoles. Barcelona: Seix Barral, 1991.

RICO, F. El sueño del humanismo: de Petrarca a Erasmo. Barcelona: Editorial Crítica, 2015.

RICO, F. El texto del "Quijote": preliminares a una ecdòtica del Siglo de Oro. Barcelona/Valladolid: Ediciones Destino/Centro para la Edición de los Clásicos Españoles y Universidad de Valladolid, 2005.

RICO, F. Tiempos del Quijote. Barcelona: Acantilado, 2012.

SALLUM, J. Uma nota sobre notas. Hedra, 5 out. 2021. Disponível em: <https://hedra.com.br/blog/hedra-1/post/uma-nota-sobre-notas-65>. Acesso em: 15 abr. 2023.

SANTA Maria strela do dia. Disponível em: <https://www.cervantesvirtual.com/portales/alfonso_x_el_sabio/>. Acesso em: 15 abr. 2023.

SANTOS, A. L. dos. Poema de Luis de Góngora y Argote. **Mafuá**, Florianópolis, Santa Catarina, Brasil, n. 10, 2009. Disponível em: <https://mafua.ufsc.br/2017/poema-de-luis-de-gongora-y-argote/>. Acesso em: 15 abr. 2023.

SAVATER, F. **Ética como amor propio**. Barcelona: Ariel, 2008.

SAVATER, F. **Humanismo impenitente**. Barcelona: Anagrama, 2006a.

SAVATER, F. **Invitación a la ética**. Barcelona: Anagrama, 2006b.

SAVATER, F. **La tarea del héroe**. Barcelona: Ariel, 2009.

SOROR Juana Inês de La Cruz: Queixa-se da sorte... Tradução de Fabio Malavoglia. **Radio Cultura**, 8 mar. 2019. Disponível em: <http://culturafm.cmais.com.br/radiometropolis/lavra/soror-juana-ines-de-la-cruz-queixa-se-da-sorte>. Acesso em: 15 abr. 2023.

SUTTANA, R. Sete sonetos de Góngora. **O Arquivo de Renato Suttana**. Disponível em: <http://www.arquivors.com/gongora1.htm>. Acesso em: 15 abr. 2023.

TERESA DE JESUS, Santa. **Obras de Santa Teresa de Jesus**. Tradução das Carmelitas Descalças do Convento de Santa Teresa do Rio de Janeiro. Petrópolis, RJ: Vozes, 1951. Tomo V: Opúsculos. Disponível em: <http://www.obrascatolicas.com/livros/Espiritualidade%20e%20Religiao/OBRAS%20DE%20SANTA%20TERESA%20DE%20JESUS%20TOMO%20V.pdf>. Acesso em: 15 abr. 2023.

TRANSVERBERACIÓN. Disponível em: <https://sites.oxy.edu/guillenf/espanol302/recursos/glosario/Transverberaci%C3%B3n.html>. Acesso em: 15 abr. 2023.

VARGAS LLOSA, M. Una novela para el siglo XXI. In: CERVANTES, M. de. **El ingenioso hidalgo Don Quijote de la Mancha**. Madrid: RAE, 2004. Versión Kindle.

VARGAS, C. G.; AGUERRE, H. R.; CABELLO, F. S. Sinopsis del estudio de la iconografía de la *Nueva coronica y buen gobierno* escrita por Felipe Guamán Poma de Ayala. **Historia (Santiago)**, v. 34, 2001.

Disponível em: <https://www.scielo.cl/scielo.php?script=sci_arttext&pid=S0717-71942001003400003>. Acesso em: 15 abr. 2023.

VIEIRA, M. A. da C. A narrativa engenhosa de Miguel de Cervantes: estudos cervantinos e a recepção do Quixote no Brasil. São Paulo: Edusp, 2013.

VIEIRA, M. A. da C. **Dom Quixote**: a letra e os caminhos. São Paulo: Edusp, 2006.

VIEIRA, M. A. da C. **O dito pelo não dito**: paradoxos de Dom Quixote. São Paulo: Edusp, 1998.

VIVO sem viver em mim. Disponível em: <https://www.escritas.org/pt/t/47804/vivo-sem-viver-em-mim>. Acesso em: 15 abr. 2023.

WIND, E. **A eloquência dos símbolos**: estudos sobre a arte humanista. São Paulo: Edusp, 1997.

{

bibliografia comentada

Sobre a Espanha Medieval:

MENOCAL, M. R. O ornamento do mundo: como muçulmanos, judeus e cristãos criaram uma cultura de tolerância na Espanha medieval. Rio de Janeiro: Record, 2004.

Importante estudo investigativo sobre a vida política e cultural na Espanha durante a Idade Média. María Rosa Menocal, que foi uma cubana especialista em história e cultura medieval na Universidade de Yale, demonstra com seus estudos que a Espanha conseguiu manter um clima de tolerância entre as três culturas – muçulmana, judia e cristã – durante a Baixa Idade Média. Trata-se de uma obra indispensável por contestar, com argumentos bem embasados, a ideia equivocada de que o Medievo foi somente uma era de sofrimento e injustiças.

Sobre a Hispanidade:

ROCA BAREA, M. E. Imperofobia y leyenda negra: Roma, Rusia, Estados Unidos y el Imperio Español. Madrid: Siruela, 2016.

> A autora, María Elvira Roca Barea, acadêmica e escritora espanhola, especialista em Idade Média, contesta, nessa obra, as narrativas monocordes que impõem sua versão dos impérios como se da lenda negra se tratasse. No caso específico da Espanha imperial, a autora demonstra que a imposição de sua imagem como unicamente agressiva e exploradora nasceu com os humanistas italianos por vaidade intelectual e foi usada pelos Países Baixos e pela Inglaterra por interesses políticos e econômicos. Assim como Selena Millares, citada em nossa "Introdução", Roca Barea não pretende cometer a desonestidade intelectual de defender a Espanha imperial como vítima de seus detratores e salvadora dos colonizados, e sim tratar os fatos como eles são.

Sobre o êxtase religioso, a literatura e o riso como erotismo:

BATAILLE, G. O erotismo. Belo Horizonte: Autêntica, 2017.

> Georges Bataille, filósofo francês, analisa instâncias com poder de dar ao indivíduo uma sensação efêmera de morte para em seguida trazê-lo de volta à vida com suas potências vitais revigoradas. Erotismo, em sua teoria, é a coragem de colocar a vida nesse jogo aberto a essas instâncias para fruir nessa experiência e voltar à vida. Entre essas instâncias, Bataille se inspirou nos êxtases místicos de Santa Teresa de Ávila para teorizar sobre o êxtase religioso. Livro imprescindível para compreender também o riso como entidade irreverente e muito necessária para potencializar a existência e a poesia como transfiguração do trágico em pulsão de vida.

Sobre as cerimônias astecas como excesso necessário e a incompreensão dos conquistadores:

BATAILLE, G. A parte maldita. Belo Horizonte: Autêntica, 2013.

> Entre as experiências e estilos de vida que inspiraram Georges Bataille em seus estudos sobre o erotismo, o México pré-hispânico recebeu especial atenção. O filósofo francês trabalhou como bibliotecário na Bibliothèque Nationale de Paris e teve a oportunidade de estudar as obras de frei Bernardino de Sahagún e frei Juan de Torquemada. Isso lhe proporcionou um bom conhecimento da história e da cultura pré-colombianas, o que resultou na escrita de dois trabalhos muito importantes para os estudos latino-americanos: L'Amérique disparue (A América desaparecida), publicada em uma edição dedicada à arte pré-colombiana do Les Cahiers de la République des Lettres, des Sciences et des Arts, en 1928, e o capítulo "Sacrificios y las Guerras de los Aztecas", que integra o livro La parte maldita, publicado em 1949. O que os rituais astecas inspiraram em Bataille sobre o erotismo se relaciona com seu caráter de experiência de morte para a reafirmação das energias vitais. Trata-se de um ethos tão pautado na exuberância que foi reprimido no processo de ocidentalização dos pré-hispânicos. A essa cultura asteca que cultivava fascinação pela morte e que até mesmo jogava com ela impôs-se a crença cristã, a qual estimula o temor à morte como recurso de normalização de condutas. Bataille se mostra fascinado pela cultura asteca justamente por seu modo de vida exuberante tanto nos ritos de festa quanto nas sangrentas batalhas que tinham como objetivo as oferendas aos deuses em forma de sacrifício.

Sobre a vida e a luta dos indígenas na América hispânica:

MENCHÚ, R. **Me llamo Rigoberta Menchú y así me nació la conciencia.** Barcelona: Seix Barral, 1994.

> *Rigoberta Menchú, indígena da tribo mayaquiché, da Guatemala, Prêmio Nobel da Paz em 1992, relata para Elizabeth Burgos, jornalista venezuelana, que redigiu o livro, toda a história de seu povo desde suas origens até as injustiças e violências sofridas na ditadura por invasão de terras e tentativas de extermínio dos povos originários. É uma obra muito bonita porque Rigoberta narra todos os rituais de sua tribo, seus costumes e o convívio com a natureza. Comovente também porque os relatos da violência atroz sofrida causam muita dor. Leitura muito necessária até mesmo para refletir sobre as condições de Guamán Poma de Ayala quando escreveu sua crônica e a de Rigoberta e seu povo, ou seja, infelizmente, tudo só piorou.*

Sobre a importância da literatura e da arte da Espanha:

JUARISTI, J.; ALONSO, J. I. **El canon español: el legado de la cultura española a la civilización.** Madrid: La Esfera de los Libros, 2022.

> *Os dois autores, doutores em Literatura Espanhola, oferecem um percurso por toda a cultura espanhola desde seu início e mostram a magnitude de várias representações, como a literatura, a arquitetura, as ciências – tudo. Trata-se de uma viagem pelo cânone espanhol.*

Sobre o humanismo secular e sua importância para tempos posteriores ao esgotamento da pós-modernidade:

FERRY, L. **Aprender a viver**: filosofia para os novos tempos. São Paulo: Objetiva, 2010.

Curso de iniciação à filosofia, o qual seu autor consegue fazer com objetividade sem perder em profundidade. Luc Ferry faz o trajeto da história da filosofia com suas escolas teóricas, mas parte de uma constatação, a de que a pós-modernidade se exacerbou, e, por isso, propõe um novo pensamento para os tempos atuais, inspirado no humanismo, mas despojado da fé católica: o humanismo secular. É um livro muito necessário para quem quer ter uma ideia da história da filosofia com profundidade.

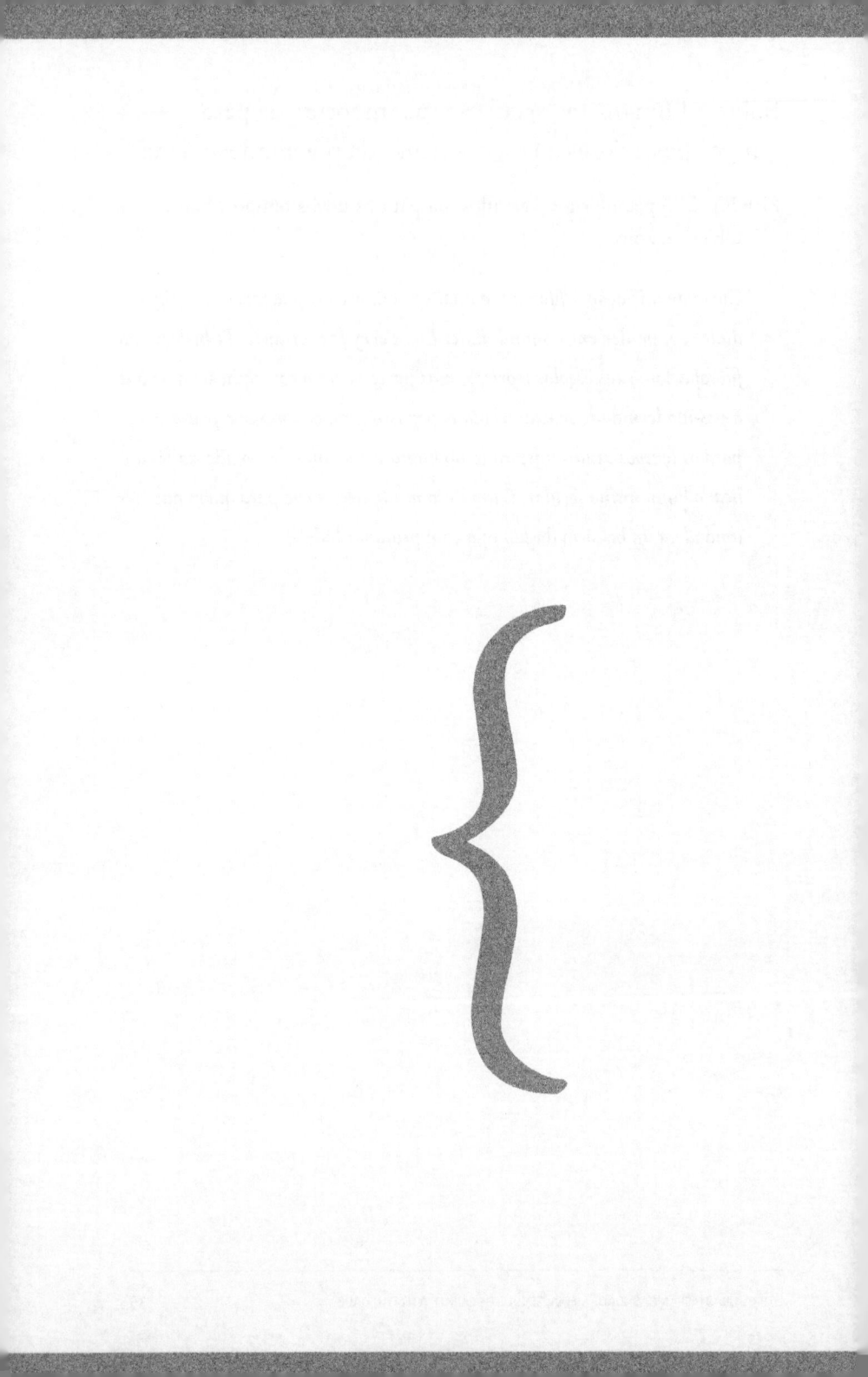

{

respostas

um

Atividades de autoavaliação

1. c
2. b
3. d
4. b
5. d

Atividades de aprendizagem

Questões para reflexão

1. Espera-se que a reflexão contemple a capacidade da voz feminina de sublimar a ausência do amado, e, portanto, o horror da guerra, pelo imaginário erótico ou espirituoso, ou pelo desabafo da dor, o que resulta em uma transfiguração de um fato histórico trágico em um produto estético.

2. A resposta é pessoal, mas espera-se que o texto relate um momento difícil de sua vida ou da vida do país ou do mundo durante o qual você conseguiu ter força ou esperança graças a algum produto artístico (música, filme, livro, poema etc.).

Atividade aplicada: prática

1. Espera-se que o plano de aula contemple atividades que estimulem a prática do gênero *diário* como uma escrita que transfigura os fatos cotidianos e possibilita um exame de consciência.

dois

Atividades de autoavaliação

1. a.
2. c.
3. d.
4.
   a. Versos que representam a luz que são a Virgem e seu Filho:

   Amaba al so Fijo   e amaba a ella,
   tenié por sol al Fijo   la Madre por estrella;

   b. Versos que representam a história e a Paixão de Cristo.

   119   "Gozo ayas, María,   que el ángel credist,
          gozo ayas, María,   que virgo concebist;
          gozo ayas, María,   que a Cristo parist,
          la ley vieja cerresti   e la nueva abrist."

          Cuantas fueron las plagas   que el Fijo sufrió,
          dicié él tantos gozos   a la que lo parió;
          si bono fo el clérigo   e bien lo mereció,
          hobo gualardón bueno,   buen grado recibió.

5. b

Atividades de aprendizagem

Questões para reflexão

1. Espera-se que a resposta contemple a diferença de formalidade e erudição entre as duas formas de poemas, já que as *Cantigas* são populares, e os *Milagros*, eruditos. Uma maneira de explicitar essa ideia é alegar que a forma de versos alexandrinos é mais difícil de escrever e de guardar na memória. Outra demonstração de maior elevação nos *Milagros* é o fato de que o autor usa palavras em latim sem explicá-las. Convém notar também que as *Cantigas* narram os milagres de maneira mais breve e direta, ao passo que os *Milagros* o fazem por meio de palavras feitas imagens, despojados de objetividade e mais centrados na estética.

2. O incêndio causa o mal, pois, apesar de os monges e a imagem da Virgem com o Filho se salvarem, o monastério se destrói. O poema compara o incêndio ao fogo do inferno e ressalta que, assim como a santa salvou os devotos e sua imagem, também o faz com seus fiéis:

> La Virgo benedicta, reina general,
> como libró su toca de esti fuego tal,
> asín libra sus siervos del fuego pereñal,
> liévalos a la Gloria do nunca vean mal.

Atividade aplicada: prática

1. Espera-se que a reflexão seja mais crítica em relação à generalização acerca da Idade Média porque nos dois primeiros capítulos ele pôde ver que havia poemas árabes com voz feminina erótica; poesía feita para ser cantada pelas ruas entre o povo, o que disseminava alegria e proporcionava vínculos comunitários; cantares de gesta e de milagres que enchiam de esperança os povos maltratados.

três

Atividades de autoavaliação

1. d
2. e
3. b
4. c
5. d

Atividades de aprendizagem

Questões para reflexão

1. Muitas são as passagens nas quais os sentidos têm um papel didático. Pode ser citado, por exemplo, o primeiro golpe que Lazarillo recebe do cego. Isso porque, em primeiro lugar, por inocência, ele se deixa seduzir pela promessa de escutar algo distinto: "— Lázaro, encoste o ouvido a este touro e ouvirá grande ruído dentro dele" (Fragmento 3). Em segundo lugar, porque, depois de cair no golpe, o pícaro relata sua aprendizagem recorrendo à visão: "Ele tem razão, tenho que abrir os olhos" (Fragmento 3). Outra passagem importante é a do vinho. Lazarillo descobre o sentido do paladar e, logo, entende que os alimentos não são só para a necessidade do corpo senão que, mais e melhor, para seu prazer refinado. Trata-se de uma educação dos gostos que também edifica a alma e foi essencial para a ascensão do pícaro: "Como eu estava habituado ao vinho, sentia a sua falta" (Fragmento 8).

   A passagem em que o cego tenta descobrir se Lazarillo comeu a linguiça é interessante também porque, por estar desprovido da visão, ele recorre ao olfato e ao tato. Porém, como está tomado pela ira, um vício, os sentidos mais complicam do que resolvem sua vida: "pois à astúcia do maldito cego nada escapava. Levantou-se e agarrou-me pela cabeça para cheirar" (Fragmento 9).

2. Espera-se que se retome essa discussão que já está feita no capítulo e em outros exercícios. A fome como questão somente para saciar a necessidade física acaba por aguçar sobremaneira os instintos. A reflexão é importante para questionar as políticas públicas educacionais em nosso país, pois a fome pode ser um propósito político até mesmo para tirar do povo sua capacidade de raciocinar com refinamento.

Atividade aplicada: prática

1. A passagem era tragicômica para a época, mas hoje é mais difícil rir da linguagem que o irmão usa para rejeitar o pai. De qualquer maneira, o próprio pai ri e diz um palavrão. Isso resultava cômico, mas, ao mesmo tempo, dramático porque é sinal de que a família é pouco racional e muito instintiva. É possível planejar esse tema como debate. Contudo, o mais importante é trabalhar o preconceito racial e a bonita e necessária reflexão de Lazarillo, a qual desvela que a rejeição ao outro deriva de indivíduos egocêntricos.

quatro

Atividades de autoavaliação

1. c
2. b
3. d
4. b
5. c

Atividades de aprendizagem

Questões para reflexão

1. Espera-se que se observe que, nas cantigas, não se fala diretamente com Deus, pois a protagonista é justamente a Virgem Maria, considerada a

intercessora entre Ele e o homem. Logo, na forma, nota-se também que muitos poemas místicos são um diálogo direto com Deus. Ademais, o tom dos místicos é íntimo e sensual, e o das cantigas é cerimonioso.
2. Por se tratar de um texto com um tom mais confessional, espera-se que a reflexão aborde a importância do amor como instância que garante a segurança do indivíduo e os vínculos comunitários.

Atividade aplicada: prática

1. A sequência deverá mostrar claramente que todas as práticas e conteúdos terão como objetivo educar o aluno do Ensino Básico para a consciência da importância de práticas contemplativas na construção de sua autodeterminação e de sua responsabilidade em relação à vida do próximo.

cinco

Atividades de autoavaliação

1. d
2. b
3. c
4. a
5. b

Atividades de aprendizagem

Questões para reflexão

1. Deve-se notar que Ercilla reflete sobre o curso da guerra, que demora, e, como consequência, de seu trabalho de escrita. O poeta se mostra cansado e comovido pelos fatos trágicos; logo, em uma escapada via imaginário, pensa nas criações bucólicas. Contudo, afirma que, uma vez que se colocou o desafio da escrita para si mesmo e sob a extrema verdade dos fatos da guerra, tem de cumprir com o prometido.

2. Espera-se que a reflexão contemple os pensamentos de Pico della Mirandola e Erasmo de Rotterdam, por exemplo, para se concluir que Guamán aceitou o desafio da colonização e da cristianização que a vida lhe impôs como um escultor de si mesmo, ou seja, fazendo uma autorreflexão e negociando o que aceitaria para si da nova cultura e o que manteria de sua herança nativa. Após essa decisão consciente, ele pôde observar os abusos cometidos pelos homens na colônia por ambição de poder e de bens materiais, mas sua honestidade intelectual e seu amor pela humanidade fizeram com que reconhecesse que os problemas de caráter não estavam somente no lado espanhol. Em outras palavras, Guamán não ocultou as faltas e os abusos dos andinos e mestiços para inventar uma narrativa de vitimismo e para culpar somente os conquistadores e jesuítas.

Atividade aplicada: prática

1. Espera-se que se apresente a biografia com os fatos principais relativos à importância da memória, da consciência de pertencimento e em relação à determinação para resistir quando sua cultura está ameaçada.

seis
Atividades de autoavaliação
1. a
2. c
3. c
4. e
5. d

Atividades de aprendizagem

Questões para reflexão

1. Espera-se que se observe que, no início de suas aventuras, Quixote considera a justiça como inquestionável e defende que ela deve funcionar de

maneira totalmente imparcial. Porém, sua obsessão por viver aventuras heroicas aumenta e, por isso, ele mesmo chega a distorcer a justiça para que a situação o favoreça. Sob os valores humanistas, trata-se de uma atitude condenável, porque ele não soube fazer uma autorreflexão nem levar em conta as demandas de sua comunidade. Sobre os tempos atuais de nosso país, está bastante comum que justiceiros com pretensão de boas almas façam ruído e tentem desautorizar a justiça em defesa de indivíduos com crimes muito condenáveis. O episódio dos galeotes mostra que isso pode ser muito perigoso.

2. A ética do herói é controlar suas vontades próprias e agir pelo bem comum. Quixote diz que quer salvar os necessitados, mas sua obsessão por viver façanhas que o coroem como herói faz com que qualquer um lhe pareça injustiçado, ainda que as evidências indiquem o contrário. Portanto, ele liberta os criminosos e deixa a sociedade em perigo. Essa é a incoerência. Seu paradoxo é que, para ser o herói que tanto quer, ele tem de forçar a realidade a obedecer-lhe, mas, ao fazê-lo, deixa de ser herói.

Atividade aplicada: prática

1. A atividade tem como objetivo a reflexão sobre a importância das viagens como encontro com o outro e potência para vínculos comunitários. Ademais, pretende-se trabalhar o diário como gênero textual.

sete

Atividades de autoavaliação

1. 1. c
2. d.
3. b
4. d.
5. a

Atividades de aprendizagem

Questões para reflexão

1. Os dois poetas deixam a constância de seu amor nos sonetos e afirmam que, apesar da rejeição ou do fim que a morte traz, esse nobre sentimento sempre estará vivo porque, na verdade, além de ser forte e sincero o bastante para seguir pulsando, está imortalizado pela arte.
2. Quevedo deixa claro que os bens materiais são feitos para serem gastos em seu mundo, ou seja, o mundano. Ademais, em seu poema, o material também constrói sentido para a vida no plano terrenal. Já o poema de Góngora se refere mais aos prazeres da carne, mas, assim como seu rival, pensa que precisamos gozar esses sentidos enquanto temos vida e juventude.

Atividade aplicada: prática

1. Deve-se estimular a prática de atividades contemplativas – culturais, esportivas e ao ar livre – individuais e em companhia de parentes e amigos. É possível aproveitar modelos culturais hispânicos em textos escritos, áudios, canções, entre outros gêneros textuais, para propor exercícios e reflexões sobre a forma como o aluno e sua comunidade desfrutam de seu tempo livre.

{

sobre a autora

❦ KARLA FERNANDES CIPRESTE é professora doutora com formação pela Universidade Federal de Minas Gerais (UFMG), na qual se graduou em Língua Espanhola e suas Literaturas. Posteriormente, cursou mestrado no Programa de Estudos Literários (Pós-Lit UFMG), orientada por seu grande exemplo, a Profa. Dra. Graciela Inés Ravetti de Gómez (*in memoriam*). No mesmo programa, doutorou-se sob a orientação do Prof. Dr. Wander Melo Miranda, professor emérito da UFMG, nome importante nos estudos pós-coloniais na América Latina. Em 2011, seu projeto de doutorado conquistou a Bolsa Capes para doutorado sanduíche na Universitat Autónoma de Barcelona, onde foi orientada pelo Prof. Dr. David Roas Deus, reconhecido internacionalmente por seus estudos sobre o insólito na narrativa hispânica. Em 2019, de volta à sua *Alma Mater*, fez pós-doutorado com o Prof. Dr. Marcus Vinicius de Freitas, grande humanista com quem aprendeu muito do humanismo espanhol. Seu projeto de pós-doutorado foi selecionado pelo Programa Profesorado Brasil-España da Fundación Carolina para uma bolsa de pesquisa de três meses na Universidade de Cádiz.

Em sua carreira de docente, já ensinou na escola básica, quando foi professora no ensino médio na Escola Santo Tomás de Aquino, em Belo Horizonte. Depois de ter lecionado em cursos de Letras de universidades e faculdades particulares, como Pontifícia Universidade Católica de Minas Gerais (PUC-Minas) e Faminas, ingressou na carreira superior federal em 2013, quando foi aprovada na Universidade Federal de Uberlândia (UFU). Atualmente, desde 2021, é professora da Universidade Federal do Paraná (UFPR).

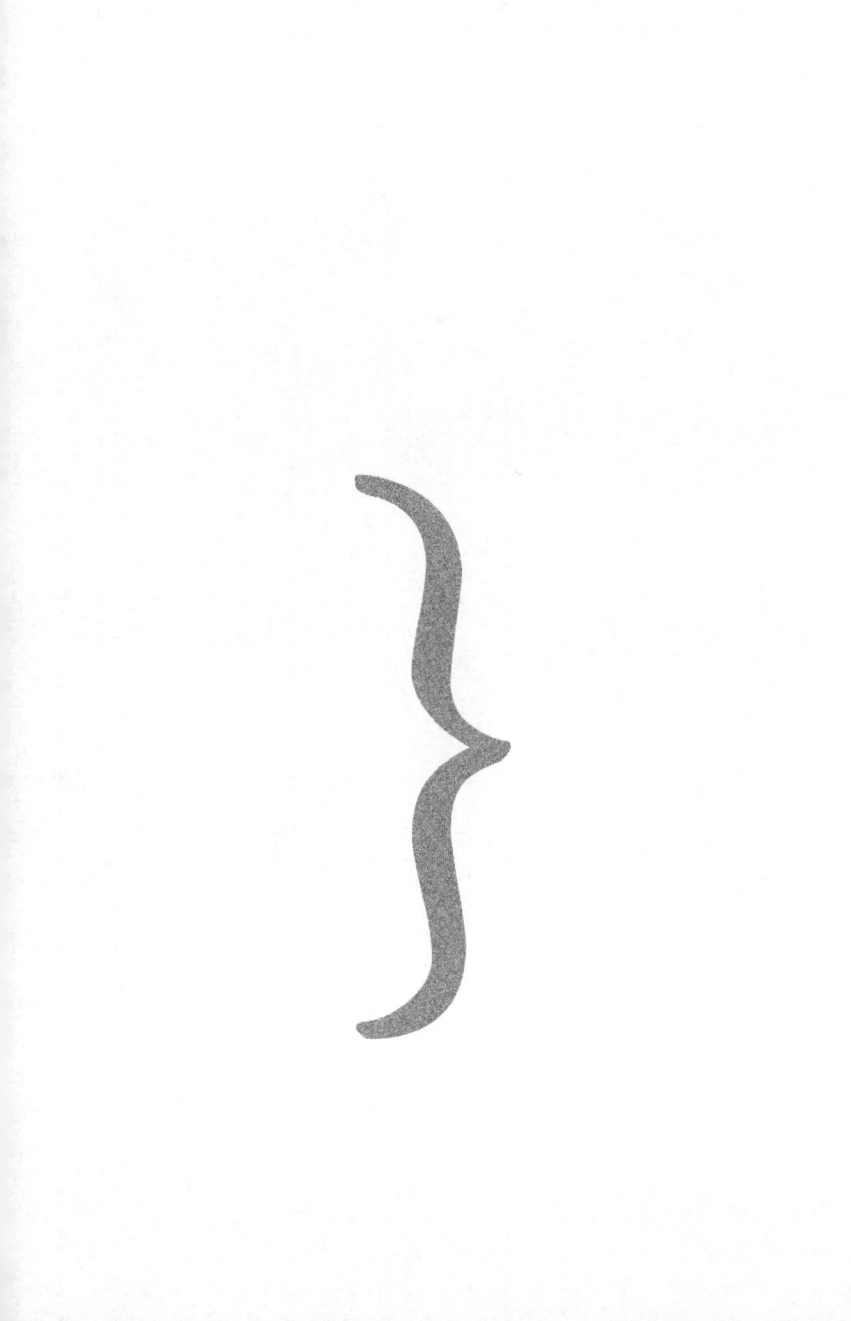

}

Os papéis utilizados neste livro, certificados por instituições ambientais competentes, são recicláveis, provenientes de fontes renováveis e, portanto, um meio **respons**ável e natural de informação e conhecimento.

FSC
www.fsc.org
MISTO
Papel | Apoiando
o manejo florestal
responsável
FSC® C103535

Impressão: Reproset